JN431433

새로운 소비자 정보학

이종희 / 홍성희 / 김민정 / 김성숙

pnc
publishing and culture
피앤씨미디어

머리말

소비자학은 전통적으로 시장에서의 소비자의 구매능력 향상과 소비자 피해 구제, 그리고 소비자의 경제적 복지를 증진시키기 위한 가계재무관리 영역을 중심으로 발달해왔다. 최근 소비시장의 변화와 더불어 이러한 전통적인 영역뿐 아니라 소비자니즈분석, 고객관리 및 소비자전공자를 위한 진로설계까지 그 활용도가 더욱 증가하고 있다. 이에 따라 이 책은 소비자학의 다양한 영역을 개괄하여 소비자학 입문자들에게 소비자학에 대한 기초적인 방향을 제시하고자 하였다.

이 책은 「소비자학」, 「소비자학 입문」 등 소비자학의 전공기초과목과 「소비자 행동」, 「시장경제와 소비자」 등의 교양과목에 적합하도록 다음과 같은 목적을 가지고 집필되었다.

첫째, 소비자학은 '소비자'에 대한 이해에서 출발한다. 소비자에 대한 개념은 학문분야의 관점과 시장참여자의 인식에 따라서 다양하게 정의될 수 있다. 따라서 이 책은 생산자의 관점과 소비자의 관점에서 소비자 행동의 이해도를 높이고자 하였으며, 그 외 다양한 경제주체들의 활동을 설명하고자 하였다. 이를 통하여 소비자학 입문자들이 다양한 관점에서 소비자학을 조망할 수 있도록 하였다.

둘째, 최근 시장 환경과 소비환경은 그 어느 때보다 급변하고 있다. 생산과 소비가 중간단계를 거치지 않고 직접 연결되는 디지털경제의 등장 이후, 로봇이나 가상이 통합되고 사물을 자동적, 기능적으로 제어할 수 있는 시스템이 구축되는 산업상의 변화가 나타나면서 소비자의 행동 및 기업의 행보에도 큰 변화가 일어나게 되었다. 따라서 이 책의 독자들이 이러한 변화에 대한 이해도를 높일 수 있도록 하였다.

셋째, 소비자학 입문자들이 소비자와 소비자를 둘러싸고 있는 외부환경과의 상호작용을 이해하고, 사회적, 정치적 상황을 종합적으로 고려하면서 경제주체들의 활동을 체계적으로 이해할 수 있도록 거시적인 접근을 통하여 개인재무, 가계경제, 국가경제, 법을 개괄하였다.

이 책은 총 8장 22절로 구성되며 소비자학의 기초 원리를 기술하였으며, 변화하는 경제주체들의 시장 활동과 소비환경의 내용을 새롭게 집필하여 소비자학을 입문하는 독자들에게 소비자의 역할과 기능 및 의미를 정립하는데 도움을 주는데 주력하였다. 제1장에서는 소비자학의 의의와 전개를 다루었다. 제2장에서는 소비자의 입장에서 소비자의 의사결정을 설명하였으며, 기업의 입장에서 상품을 기획하고 개발하는 과정을 설명하였다. 제3장에서는 변화하는 시장의 특성과 시장의 유형을 기술하였으며, 제4장에서는 기업의 입장에서 소비자를 관리하는 방법과 정부의 입장에서 소비자를 보호하기 위한 관련법을 설명하였다. 제5장에서는 소비자의 특성을 이해하고 소비자의 행동을 예측하기 위한 방법과 절차를 기술하였다. 제6장에서는 소비자의 관점에서 재무관리를 해야 하는 필요성, 방법을 제시하였고, 실제적 사례에 적용시켜보았다. 제7장에서는 소비자와 소비자를 둘러싸고 있는 환경과의 상호작용을 이해할 수 있도록 거시적 관점에서 가계경제를 설명하였다. 제8장에서는 소비자학전공자들이 전공과 관련한 진로를 찾는데 도움을 줄 수 있도록 관련 정보를 제공하였다. 1장, 7장은 김성숙 교수, 2장은 김민정·이종희 교수, 3장, 8장은 홍성희·김민정 교수, 4장은 김민정·김성숙 교수, 5장, 6장은 이종희 교수가 집필하였다.

이 책에 있는 오류에 대한 책임은 전적으로 저자들에게 있다. 독자들의 지적과 의견은 더 좋은 책이 출판될 수 있는 밑거름이 될 것이라고 사료된다. 끝으로 편집과 출판에 관심을 쏟아주신 피앤씨미디어 출판사께 깊이 감사드린다.

2017년 5월
저자일동

차 례

CHAPTER 04 소비자상담과 관련법

CHAPTER 05 소비자리서치

CHAPTER 06 개인재무관리

CHAPTER 07 소비자, 가계 그리고 경제적 복지

CHAPTER 08 소비자학 전공자의 진로설계

CHAPTER

01

소비자학의 의의와 전개

제 1 장 소비자학의 의의와 전개

1. 소비자에 대한 이해

인간의 생명이 형성되는 순간부터 사망 후까지 인간의 소비과정은 이어진다. 출생 전에는 부모의 의해 소비가 대행되며 태아를 위해 부모들은 기꺼이 화폐를 지불한다. 예를 들어 태아를 위해 임신한 어머니는 영양제를 섭취하고 의료서비스를 정기적으로 이용하여 태아의 건강을 살핀다. 아기의 탄생의 순간에도 의료서비스, 산후조리서비스, 아기의 옷, 침대, 아기만을 위한 식기, 이유식, 분유 등 아기전용 상품과 서비스는 매우 확장된다. 아직까지 아기는 소비의 주체라고 하기는 어렵다. 부모가 아기를 위한 소비의 대리자로서 적극적으로 소비한다. 인간이 소비의 주체자로서 의사결정권을 행사하는 것은 언제부터일까? 이에 대해서는 사회경제적 환경으로부터 영향을 받을 수 있다. 아동이 화폐의 가치를 인식하고 자신의 소비욕구를 표현하며 이를 관철시키는 행동, 더 나아가 적극적으로 시장에서 구매행위를 하는 그 순간 아동은 수동적인 소비자의 역할에서 적극적인 소비자의 역할로 전환하게 된다.

생애주기별로 소비자의 역할은 아동기를 지나 청소년기에 진입하면서 적극적으로 소비욕구를 형성하고 의사결정에 참여한다. 하지만 청소년기 소비자는 구매력의 한계를 가지므로 시장에 미치는 영향은 성인소비자에 비하면 낮다. 성인소비자는 일반적으로 구매력을 가질 수 있으며 따라서 소비의 주체로서도 적극적인 의사결정자이다. 연령이 증가하면서 그 구매력과 소비의사결정이 절정에 이르고 은퇴이후 노년기에 이르면 구매력의 감소에 따라 소비의사결정의 참여가 점차 감소하기 시작한다. 그러나 어떤 소비자의 사망한 후의 장례는 큰 비용과 시간을 필요로 하는 소비과정이므로 인간은 사망 후에도 소비한다고 할 수 있다. 단지 장례행위의 의사결정을 사망 전에 완료했다면 장례행위자는 소비의 대리자 또는 집행자라고 할 수 있다.

아담 스미스(Adam Smith)는 “소비야말로 모든 생산의 유일한 목적”이라고 강조하였다. 전통적으로 소비는 지극히 개인의 만족을 추구하는 즉 효용을 극대화시키려는 개인의 선택에 기초한 사적인 일로 간주되어 왔으나 개인의 소비의사결정은 개인이 속한 사회와 문화에 의해 영향을 받으며 또 개인의 소비 결과는 생태계, 공동체 문화, 지구환경 변화 등에 영향을 미치기 때문에 소비행위의 효율성과 사회성을 동시에 고려해야 한다.

김기옥 외 3인[1)]은 다양한 관점에서 소비자를 살펴보고 있는데, 선택자로서의 소비자, 의사소통자로서 소비자, 탐험가로서의 소비자, 피해자로서의 소비자, 운동가로서의 소비자, 시민으로서의 소비자로 파악하고 있다. 선택자로서의 소비자에 관심을 가지는 학문영역은 경제학이나 경영학으로 소비자의 선택과 의사결정과정에 대한 연구가 축적되어 왔다. 의사소통자로서의 소비자에 관심을 가지는 학문영역은 문화인류학과 사회학이다. 소비제품과 같은 물질적인 사물에 대해 소비자가 부여하는 의미나 느낌에 따라 그 사물의 사회적 가치가 달라지는 점에 주목하여 소비가 그 물건의 소유자의 사회적 위치를 나타내며 상대방에게 의미를 전달해준다고 본다. 탐험가로서의 소비자에 관심을 가지는 학문영역은 마케팅학과 광고학으로 소비자에게 쇼핑과 탐험 행동에 주목한다. 피해자로서의 소비자는 소비자옹호자나 소비자운동가들의 관심의 대상이며, 소비자보호정책의 발전에 기여했다. 운동가로서의 소비자는 소비에 도덕적이고 정치적인 행동의 차원이 존재함을 나타냈고 사회전반에 소비행동과 소비자의 역할에 대한 관심을 일으켰다. 시민으로서의 소비자는 소비자책임, 사회적 자각이 있는 소비자에 대한 사회적 각성을 의미하는데 사회통합과 공동체적 삶의 관점에서 소비자의 역할에 주목한다. 송보경과 김재옥은 소비자운동－저항인가 협력인가－라는 저서에서 소비자운동에서 소비자의 개념은 보다 광범위하다고 지적하면서 소비자는 단지 좋은 구매자만으로는 충분하지 않으며 세계 속의 한 시민으로서 그의 결정을 행사할 것을 요청받고 있다고 강조하였다.[2)]

1) 김기옥, 정순희, 허경옥, 김혜선(2012), 시장경제와 소비자, 교문사.
2) 송보경, 김재옥(1987), 소비자운동－저항인가 협력인가－, 소비자문제를 연구하는 시민의 모임.

2. 소비자학의 발전배경

소비자학의 발전은 초창기에 소비자주의 또는 소비자운동과 관련이 있다. 소비자주의란 경제적인 복지와 소비자의 정치적인 힘을 증진시키고자 하는 단일목적에 따라 최소된 다양한 사회운동[3]이다. 이러한 견해와 달리 소비자주의는 소비자지향, 소비자운동, 소비자행정이라는 종래의 차원에서 벗어나 '인간과 자연을 지킨다는 새로운 가치기준에 입각하여 사회생태학적 균형과 인간복지를 지향하는 보다 높은 차원의 세계를 추구하며, 주로 시장체계와의 상호관련에 있어서 소비자주권을 확립해야 한다는 사상 내지는 이념'이라고 보는 견해도 있다.[4] 미국의 소비자운동은 소비의 영향력을 미국사회에 알리는 기폭제가 된 것은 틀림이 없다. 메이어는 조직적인 소비자 활동이 미국에서는 19세기부터 나타났으며 초기 소비자주의 특징과 결과가 지금까지 소비자에게 계속해서 영향을 주고 있기 때문에 주목해야 한다고 주장한다.

메이어는 미국 소비자운동의 3대시기를 다음 <표 1-1>과 같이 제시한다. 제1기는 대량생산과 대량 소비의 산업화가 극에 달하며 산업화의 문제점이 독과점과 카르텔, 대량 생산 유통된 제품의 안정성과 품질의 문제가 나타난 시기로 소비자인 대중의 분노는 일어났지만 소비자 의식은 현대적이지 않있고 도시석인 소비자운동이 발생하지 못했다.

미국 소비자운동의 제2기는 가전제품이나 치약 비누와 같은 개인 위생용품이 대량 보급 이용되던 시기로서 기업의 공격적인 판매 전략이 급증했던 시기로 소비자 선택이 복잡하게 되었던 시기이다. 이에 대한 대항행동으로 소비자연맹 등 소비자대표가 발생한 시기이기도 하다. 소비자연맹은 소비자리포트(Consumer Report)라는 객관적인 소비자 정보지를 발행함으로써 미국 전국의 소비자 선택에 큰 영향을 미쳤다.

제3기 미국소비자운동은 케네디 대통령의 의회에 보낸 소비자교서(1962년 3월 15일)에서 소비자권리장전(Consumer Bill of Rights)을 선언하는 것을 시작으로 본다. 여기서 제시한 소비자권리는 안전, 정보, 경쟁적 가격으로 다양한 재화와 서비스 중에서 선택, 그리고 소비자정책의 수립에 대해 정부에 공정한 의견 개진에 대한 권리이다. 약품안전법이 강화되고, 소비자업무담당 대통령보좌관이 임명되는 등 소비자보호가 활발히 전개되었던 시기이다. 이 시기에는 유명한 랄프 네이더의 책 '어떤 속도에서도 안전하지 않

---

3) 로버트 메이어(Mayer, Robert)(1989), 이기춘, 여정성, 조은정, 조유현 옮김(1996), 소비자주의 -시장을 지키는 파수꾼-, 도서출판 하우.

4) 三上富三郎(1982), 이기춘 외(2001), p.224 재인용.

다' 출판을 계기로 대중적인 소비자운동이 전개되었으며 이는 소비자선택과 소비자보호에 대한 학술적인 연구를 자극하는 계기가 되었다.

〈표 1-1〉 미국 소비자주의 3대시기

시기	1기 19세기로의 전환기	2기 1920년대와 1930년대	3기 1960년대와 1970년대
시장특성	• 전국적인 제품 보급 브랜드 부여	• 대량생산 • 가전제품 확산 • 이미지 광고	• 제품 급증 • 신용사용 확대 • 복잡한 신기술 • 생산과 소비의 세계화
새로운 광고매체	• 신문, 잡지	• 라디오	• 텔레비전
주요 관심사	• 식품과 약품의 안전 • 시장경쟁규제	• 객관적인 정보 • 소비자대표성	• 제품안전 • 광고의 사회적 영향 • 보상받는 방법
주요인물	• 싱클레어 • 윌리	• 체이스 • 칼레트 • 윈	• 네이더 • 피트척 • 울프
주요책자	• 정글	• 당신이 소유한 화폐의 가치 • 1억 마리 실험용 쥐	• 어떤 속도에서도 안전하지 않다 • 가난한 사람이 더 많이 지불한다
소비자 조직	• 전국소비자리그	• 소비자연맹 • 소비자조사연구소 • 농촌 전기소비조합	• 미국소비자연합 • 시민 대중 • 미국소비자학회
주요법률	• 식의약품법 • 육류도매법 • 연방공정거래법	• 연방식품의약품법 • 운송거리법	• 국가교통안전법 • 대부규제법 • 소비자제품안전법 • 마그너손-모스 보증법
활동감퇴	• 1차세계대전	• 2차세계대전	• 레이건 행정부

자료: 로버트 메이어(1996), p.20.

우리나라의 소비자운동도 역시 소비자학의 발전에 기여한 바가 크다. 우리나라의 소비자운동을 연구한 송보경, 김재옥은 우리나라 소비자운동의 발전과정을 1960년대, 1970년대 후반, 1980년대 후반을 계기로 변화된 것으로 보고 있다. 태동기인 1960년대는 기존의 여성단체에서 소비자문제와 소비자보호에 관심을 가지기 시작하고 불량상품이나 우수공산품 등을 소개하는 등 소비자문제에 대한 인식이 생기기 시작하였다. 주도한 여성단체는 YWCA, 주부클럽연합회, 주부교실중앙회, 한국 부인회, 여성단체협의회 등이다. 1970년대 후반 정부의 소비자단체에 대한 재정적인 지원이 시작되면서 소비자운동이 활발해 졌다.

1980년에 소비자보호법이 제정되면서 소비자전문단체의 활약도 시작되었는데 소비자연맹, 소비자문제를 연구하는 시민의모임, 소비자교육원, 소비생활연구원, 녹색소비자연대 등이 있다. 1980년대 후반에는 한국소비자보호원(현재 한국소비자원)의 설립으로 소비자행정이 본격화되었다. 1990년대 이후에는 다양한 소비자운동캠페인의 전개, 소비자상담의 폭발적 증가, 다수의 소비자관련 법률의 제정 등 소비자운동 및 보호활동은 발전을 하여 왔으며 거대 사회단체인 YMCA, 경실련, 참여연대 등도 소비자문제를 다루었다. 이처럼 다수의 사회활동 및 법률의 제정은 소비자학에 대한 연구의 필요성을 증폭시켜왔다.

3. 소비자학의 정의와 의의

우리는 하루에 수많은 물건들을 사들이고 사용하며 원하던 원하지 않던 수도 없이 광고에 접하게 된다. 현대 '소비사회'에서 개인은 소비를 통해 일상생활을 하고 자신을 표현하며 남을 이해한다. 만약 소비라는 행위가 없다면 우리의 삶은 어떻게 달라질 것인가를 생각해 보라. 소비를 하지 못한다면 단지 불편함을 느끼는 수준을 넘어서 생활의 엔진이 꺼지게 될 것이다. 소비자는 개인의 생활, 산업체의 현장, 시장에서 유통기관에서 주요 관심의 대상이 되고 있다. 마케팅, 소비자학, 광고학, 법학, 사회학, 인류학, 사학 등 다양한 학문 분야의 연구 대상이 되고 있다. 각 학문분야에서는 독창적인 연구방법을 사용하여 소비 그리고 소비자에 대한 연구가 축적되어 오고 있다.

소비자학은 '소비자'에 대한 이해에서 출발하며, 학문적인 연구방법론을 사용하여 얻어진 다양한 소비자관련 이론을 기초로 한다. 소비자학의 정의를 파악하기 전에 우선적으로 학문 분야에 따라 다양한 소비자에 대한 정의를 살펴볼 필요가 있다. 모든 사람이 소비자이지만 경제생활에서 인간이 담당하는 역할 가운데 하나로 벌어들인 소득을 가지고 필요한 물자를 시장에서 조달하기 위해 지출하고 미래를 위해 저축하는 의사결정을 하는 사람으로 이해된다.

이러한 소비자에 대한 개념은 학문분야의 관점에 따라서, 시장참여자의 인식에 따라서 다양하게 이해된다. 공급자에 대립하는 관점에서 소비자란, '개인적인 욕구충족을 위해 제품과 서비스를 구입·사용하는 자 또는 거래과정의 가장 최종적인 단계에서 구매자로 나타나는 자'로 정의된다. 현행 소비자기본법 제2조 제1호에서는 '소비자라 함은 사업자가 제공하는 물품 또는 용역(시설물 포함)을 소비생활을 위하여 사용하는 자'로 명시되어 있다. 시장에서의 소비자는 다양한 거래단계에서 존재한다. 가령 생산을 위한 원료를 구입하는 제조업자, 소매업자에게 판매하기 위해 제품을 구입한 중개상인이나 소매상인이 있으며, 병원이나 공장, 음식점 등 영업장에서 사용하기 위하여 각종 제품과 서비스를 구입하는 경우가 있다. 하지만 법상 소비자는 최종소비자를 의미하며, 중간소비자나 산업사용자를 포함하지 않고 있다. 학문적인 관점에서 소비자를 반드시 최종소비자만을 의미하지 않는다.

이기춘 등[5]은 소비자학을 소비자와 소비자를 둘러싸고 있는 외부환경과의 상호작용을 연구하는 학문으로 정의하였다. 이들은 소비자학이 기초-응용, 미시-거시, 사적-공적 차원을 모두 포함하는 학문이라고 규정하면서 소비자학이 여러 학문분야의 통합적(interdisciplinary) 학문으로 이해하였다. 소비자학은 가계경제에서 출발하였으나 경제학, 경영학, 법학, 심리학, 정치학, 통계학, 교육학, 사회학 등 인접학문과의 관련성이 높으며 다양한 학문적 이론을 통합적으로 적용하는 응용 학문적 성격을 가진다([그림 1-1] 참조).

송인숙은 1999년에 소비자학 학문분야의 성과를 평가하는 논문에서 '소비자학 분야는 과거 대학에서 가정관리학과 내에서 한 하위 전공으로서 가정경제라는 명칭아래 연구 교육되어 오다 학문적인 발전과 가정관리학과 의 분야별 전문화 요구에 따라 최근 독립적으로 또는 다른 한 두 개의 전공과 함께 비중 있게 운영되는 학교가 증가하고 있으며 그 추세가 학과의 명칭변경에도 많이 반영되는 등 외형적으로 많이 성장한 것으로 보인다고 총평한 바 있다. 또 소비자학은 기존에 대부분 가정관리학과 안에서 여러 전공분야와 통합적으로 운영되면서 전문화되지 못하고 전공자의 사회진출 필요성이 더욱 커지면서 소비자상담과 소비자재무설계를 각각 전공학생의 사회적 진출을 통한 기여가능 분야로 보고 이들 분야의 사회적 수요와 해당업무에 필요한 능력, 그리고 이에 따른 교과과정의 검토와 함께 인증 제도를 시행하는 노력이 이루어져 왔다고 평가하였다.[6]

---

5) 이기춘 외(2001), 소비자학의 이해, 교문사.

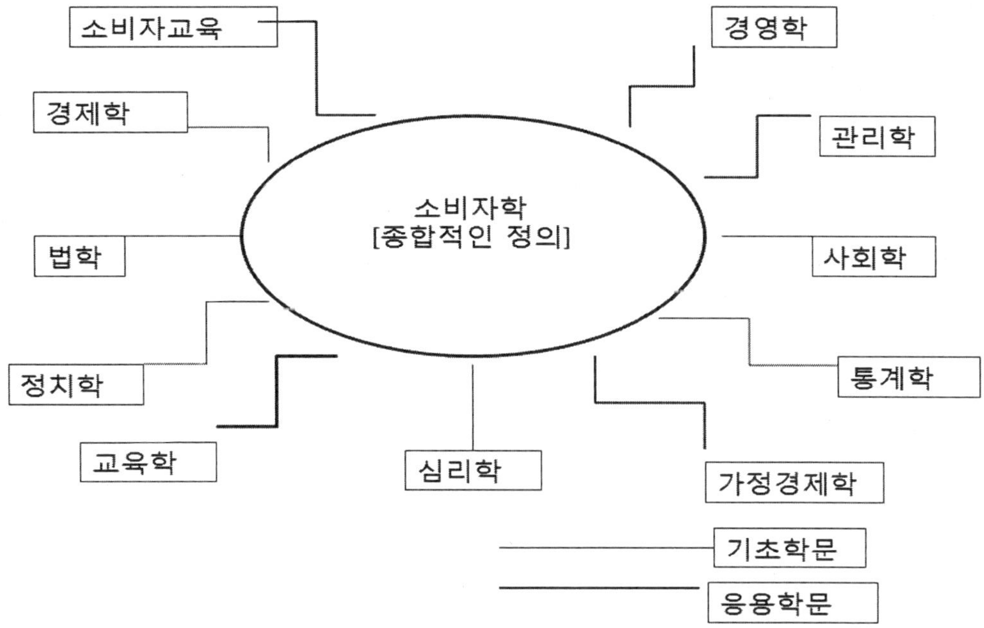

자료: Goebel, K.P. & Miller, N.H.(1983), p.103;최은숙외(1990), 소비자학의 성립과 연구영역, 소비자학연구, 1(1), p.23에서 재인용.

[그림 1-1] 소비자학과 관련학과의 관련성

학문적인 영역에서 소비자에 주목한 분야는 가정학이다. 우리나라 가정학 분야에서 '소비' 그리고 '소비자'에 대한 관심이 학문적으로 부각된 것은 1970년대 후반이다. 가계의 경제생활과 경제문제를 연구하던 '가정경제학' 영역에서 현대소비사회의 전개에 영향을 받아 소비생활과 소비자문제에 대한 연구로 연구 주제의 확대가 이루어졌다.

소비자학이 우리나라에 정착하기까지의 역사적 과정을 살펴보면[7] 1960년대 후반 가정학 내에 가정경제학에서 가정의 경제생활에서 소비에 대한 관심이 시작되었으며 이는 대학교육과정의 개설은 소비자학 역사의 시발점이 되었다. 1970년대는 이미 앞에서 기술한 바와 같이 미국 소비자주의의 활성기로 미국에서 중·고등학교와 대학교육에서 소비자교육이 증가하였다. 이에 영향을 받아 우리나라에서도 1970년대 후반 소비자경제학(Consumer Economics)이라는 학문분야가 대두되었다. 이때 미국 가정학(Home Economics)은 변혁기에 접어들면서 College of Human Ecology라는 명칭을 사용하기 시

6) 송인숙(1999), 소비자학 연구, 우리는 어디에 와 있는가?, 한국가정관리학회 제26차 학술대회 발표.
7) 이기춘, 여정성, 최현자, 김난도, 나종연(2007), 소비자학의 재조명과 조망: 학부교육을 중심으로, 소비자학연구, 18(4) : 93-111에서 정리하였음.

작했지만 대학 간에 통일된 학문명칭이나 단과대학 명칭이 형성된 것은 아니었다.

1980년대에서는 미국 코넬대학교 Dept. of Consumer Economics & Housing, 위스콘신대학교의 Dept. of Consumer Science가 설립하기 시작했다. 한국에서는 서울대학교가 1980년에 소비자경제학의 일부과목을 교과과정에 소개하였으며 숙명여대에서 상경대학의 새로운 학과로 소비자경제학과가 신설되었다. 1988년 서울대학교 학과 명칭이 소비자아동학과로 변경되었고 1989년 '한국소비자연구회'가 창립되어 소비자에 대한 체계적이고 학문적인 접근이 가능하게 되었다.

1990년대는 소비자학 분야의 학부교육과 연구가 활성화되어 1997년 서울대에서 소비자학과가 단일학과로 분리되었으며 한국소비자학회 학술지(1990년 창간호) 등을 시작으로 다수의 소비자관련학회가 활성화되었다. 2000년대에는 디지털시대라는 환경적 변화로 소비자에게 새로운 역할을 요구하기 시작했고 소비자교육이나 소비자정보가 중요한 소비자연구에서 이슈로 등장하였다. 이에 한국소비자교육지원센터가 2002년에 설립되어 활동을 전개하고 있고 '소비자전문상담사'는 국가공인자격증으로 승격되었다. 뿐만 아니라 소비자만족이 기업의 생존 경쟁력 가운데 가장 중요한 요소임이 널리 인식되면서 기업, 정부, 공공기관, 대중매체에서 고객서비스와 고객만족이 가장 중요한 이슈가 되었다.

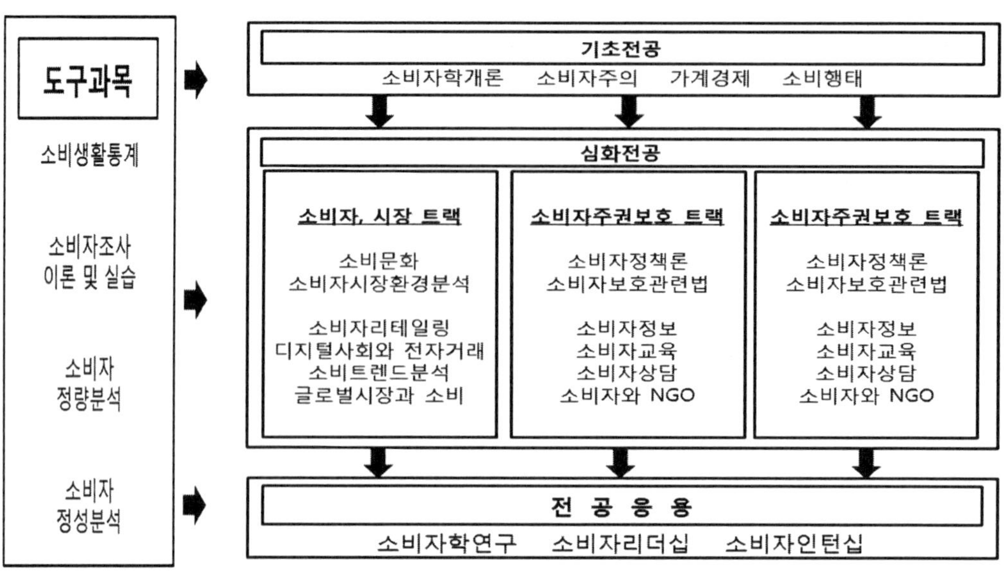

자료: 이기춘, 여정성, 최현자, 김난도, 나종연(2007).

[그림 1-2] 소비자학 학부 교과과정의 예

가정경제학 분야에서 소비자에 대한 연구는 가계경제, 소비자행동, 소비자문제, 소비자정책과 보호, 소비문화 등으로 확대 발전하면서[8] 1990년대에 점차 가정경제를 포함하는 광의의 소비자학이 가정학 내에서 독립적으로 형성되었다. [그림 1－2]는 소비자학과 학부의 교과과정의 개요이다.

더 생각해보기

- 소비자학의 사회적 기여에 대하여 토론해 본다. 실천적인 측면과 학문적인 측면에서 우리 사회 그리고 전 세계에 어떻게 공헌할 지를 생각해본다.
- 자신이 소비자학의 세부 분야에서 관심이 있는 분야를 찾기 위해 관련 서적들을 찾아본다. 책의 내용을 소개하고 소비자학과의 관련성을 설명한다.
- 전 세계 소비자운동의 역사에 영향을 미친 책들을 읽고 소개된 내용을 정리하고 이로 인해 변화된 모습을 찾아본다.

---

8) 1983년 숙명여대에 '소비자경제학과'가 신설되고 1987년에 서울대학교 가정관리학과가 '소비자·아동학과'로 명칭변경이 되었다.

CHAPTER

02

소비자행동과 기업

제 2 장 소비자행동과 기업

1. 소비자의사결정

1) 소비, 소비자의 정의

"나는 소비한다. 그러므로 존재한다." 이는 장 보드리야르(Jean Baudrillard, 1929~2007)의 <소비의 사회>에 나오는 말이다. 이 말은 현대사회에서 소비가 매우 중요한 요소로 작용하고 있음을 함축적으로 보여준다. 현대와 같은 자본주의 체제에서는 내가 무엇을 소비하는가 하는 것은 단순히 생존에 필요한 재화나 서비스를 선택하는 것 이상의 의미를 지닌다는 것을 뜻한다. 즉 내가 무엇을 소비하는가는 내가 어떻게 사는가를 보여주는 단서가 된다는 의미가 된다.

여기서는 「소비」, 「소비자」와 같은 용어들이 등장한다. 우선 「소비」는 대체로 제품이나 서비스, 아이디어, 경험의 획득 및 이용, 처분을 포함하는 광범위한 의미로 사용된다. 여기서 「획득」은 시장에서의 구매뿐만 아니라 우연한 발견이나 부모로부터의 상속, 가계생산(home production), 타인으로부터의 대가없이 받는 것 등을 포함한다. 또한 「사용」은 재화와 서비스를 소모하는 모든 행동, 예를 들어 수집, 양육, 저장, 청소 등 매우 다양한 행동을 포함한다. 「처분」은 타인에게 주거나 폐기하거나 삭제하는 행동을 일컫는다(김경자, 2010).

「소비자」는 학문에 따라 다양하게 정의되고 있다. 과거의 경제학이나 마케팅에서는 소비자를 시장에서 물건을 생산하고 공급하는 생산자(producer)에 대응하여 물건을 구매(buy)하는 역할을 하는 주체를 표현하는 용어로 정의하였다(김경자, 2010). 반면 최근의 소비자 연구자들은 이기적으로 자신의 효용극대화를 위해 합리적으로 행동한다는 가정 대신에 유동적인 선호를 가진 비합리적인 인간, 이기적이면서 동시에 이타적이고 유기체처럼 상황에 적응하는 인간으로서 소비자를 정의하기도 한다(유동운, 2006). 법률적인 관점에서는 다음과 같이 소비자의 정의하고 있다. “소비자라 함은 사업자가 제공하는 물품 및 용역을 소비생활을 위하여 사용하거나 이용하는 자 또는 대통령령이 정하는 자”를 말한다(법 제2조제2호). 따라서 사업자가 제공하는 물품 및 용역을 "소비생활을 위하여"사용하거나 이용하는 자는 모두 소비자라고 볼 수 있다. 또한 대통령령으로 정하는 자도 소비자보호법이 적용되는 소비자로 볼 수 있다(국가법령정보센터, 1987).

2) 소비의 의미

전술하였듯 소비가 단순히 생존에 필요한 재화나 서비스를 선택하는 것 이상의 의미를 지닌다면 과연 소비는 어떠한 의미를 지닌다는 것인가? 소비는 내가 무엇을 소비하느냐는 나의 계층을 남과 구분하는 지표가 되기도 하며, 내가 남을 평가하는 기준이 되기도 한다. 우리는 소비를 통하여 자신을 표현하기도 한다. 또한 소비와 관련된 사회적인 이미지나 상징 등을 이용하여 행복, 풍요, 사랑, 공허함 등 주관적이고 심리적 가치까지 표현해내기도 한다. 현대 사회에 있어 소비는 사용상의 효용 그 이상의 의미를 지난다.

3) 소비자 의사결정

우리는 일상생활을 영위하면서 소비와 관련된 수많은 의사결정의 순간을 맞이하고 있다. 예를 들어 어떠한 카페에서 테이크아웃 커피를 선택할지와 같은 작은 의사결정에서부터 장기적으로 투자자금을 운용하기 위한 금융상품을 선택하거나 어떠한 브랜드의 자동차를 구입해야 할지와 같은 비교적 중대한 의사결정까지 다양하다. 이러한 의사결정 상황에서 소비자는 무엇을, 얼마나, 어떻게, 어디서 소비할 것인지에 대한 여러 문제들을 결정하여야 한다. 또한 의사결정을 통하여 선택이 이루어졌다면 소비자들은 자신이 내린 결정에 만족스러워 하며, 다음번에 유사한 상황을 맞이하게 되면 똑같은 의사결정을 내릴 수도 있고, 자신의 지인에게 자신의 선택에 대해서 추천할 수도 있을 것이다. 반면에 자신이 내린 결정에 불만족스러워 하며 다음번에는 그러한 의사결정을 내리지 않기 위해 주의할 지도 모른다.

점점 복잡하고 다양해지는 현대 시장 환경 속에서 소비자는 보다 나은 소비생활을 영위하기 위하여 의사결정과 관련된 여러 문제에 해결하기 위해 노력한다. 소비자가 의사결정을 어떻게 하느냐 하는 것은 소비자 자신의 복지뿐 아니라 기업의 경쟁력, 국민경제에도 영향을 미친다. 따라서 소비자의 효율적인 의사결정은 소비자 만족 뿐 아니라 기업의 자율경쟁을 촉진시켜 결과적으로는 사회경제발전에도 기여할 수 있는 핵심 부분이라고 할 수 있다(김영신, 박지영, 2005).

다음 장에서는 소비자의사결정과 관련된 이론들의 살펴보고, 소비자 의사결정과정 유형과 각 단계들에 대해 알아보고자 한다.

4) 소비자의사결정 관련 이론

경제학적, 심리학적 이론을 통하여 소비자의사결정이 어떻게 설명될 수 있는지 소개하고자 한다.

(1) 경제학적 접근

소비자의 의사결정을 경제학적 접근을 통해 설명하려는 시도는 주로 미시경제학자들에 의해 시작되었다. 이들은 몇 가지 이론을 통하여 소비자의 의사결정을 보다 구체적으로 설명하고자 하였다. 예를 들어 소비자를 합리적 선택에 의한 효용극대화 하는 존재로 보는 소비자수요이론을 이용하거나 제품 자체가 아닌 제품의 속성이나 특성으로부터 효용이 발생한다는 특성이론을 이용하였다. 그러나 이러한 경제학적 접근방법은 소비자를 합리적이며 이성적 인 판단을 하는 존재로 가정하였다는 점에서 인간의 비합리적 의사결정행동을 설명하지 못한다는 비평을 받고 있다. 경제학이론의 한계점을 지적한 제도학파는 소비자 의사결정이 경제학적 요인 이외에도 소비자가 속한 사회·문화·심리적 측면과 같은 비경제적 요인에 의해서도 영향을 받을 수 있다고 보았다(박명희 외, 4인, 2013).

① 소비자수요이론

소비자수요이론은 소비자의 의사결정을 설명하는 대표적인 경제학적 이론으로서 소비자들의 행동 예측 및 추세를 파악하는 데 유용한 이론이다. 소비자들에게 있어서 가장 기본적인 행동은 시장에서 재화 및 서비스를 선택하는 것이다. 소비자는 재화 및 서비스를 선택하여 소비함으로써 소비자의 다양한 욕구를 충족시키게 된다. 경제학자들은 이러한 소비를 통하여 소비자들의 효용이 극대화될 수 있다고 보았다. 그러나 소비자의 욕망은 무한한데 반하여, 소비자가 갖는 경제적 자원은 제한되어 있다. 즉, 소비자는 제한된 자원 하에서 자신의 효용을 극대화할 수 있는 합리적인 의사결정을 한다고 본다. 따라서 경제학적인 관점에서 소비자의 의사결정을 설명하기 위해서는 예산 제약, 소비자 선호, 기회비용과 같은 개념을 이해하여야 한다.

가. 예산제약

대부분의 소비자들은 좋은 물건을 더 많이 소비하고자 한다. 멋진 자동차를 운전하거나 최고급 휴양지에서 휴가를 보내고 싶어 한다. 그러나 소비자들이 이 모든 것을 할 수 없는 것은 주어진 소득에 제한이 있기 때문이다. 먼저 소득과 지출의 관계를 살펴보자.

분석을 단순화하기 위해 어떤 소비자가 피자와 콜라만 소비한다고 가정하자. 이것은 단순한 가정이므로 현실세계에서는 더욱 다양한 재화와 서비스를 이용하게 될 것이다. 먼저 소득이 콜라와 피자의 소비량에 어떠한 제약을 주는지 살펴보자. 이 소비자는 한달 용돈이 25만원이고 용돈의 전부를 콜라와 피자를 소비하는데 써버린다고 가정한다. 콜라는 1병에 5,000원이며, 피자는 1판에 10,000원이다.

다음의 <표 2-1>은 소비자가 한달 동안 선택할 수 있는 콜라와 피자의 소비량의 조합을 나타낸 것이다. 표 제1행은 소비자가 용돈을 피자 소비에 전부 사용한다면 한달에 25판을 먹을 수 있지만 콜라는 한병도 먹을 수 없음을 나타낸다. 제2행은 콜라 10병와 피자 20판의 조합을 나타내고 있다. 한편 제6행은 콜라 50병만을 살 수 있으며 피자는 한판도 살 수 없음을 의미한다. 이 두 행을 포함하여 표에 있는 모든 재화묶음은 정확히 25만원 어치가 된다.

〈표 2-1〉 소비자의 선택가능성

콜라 (단위:병)	피자 (단위: 판)	콜라구입액 (단위: 원)	피자구입액 (단위: 원)	총지출 (단위: 원)
0	25	0	250000	250000
10	20	50000	200000	250000
20	15	100000	150000	250000
30	10	150000	100000	250000
40	5	200000	50000	250000
50	0	250000	0	250000

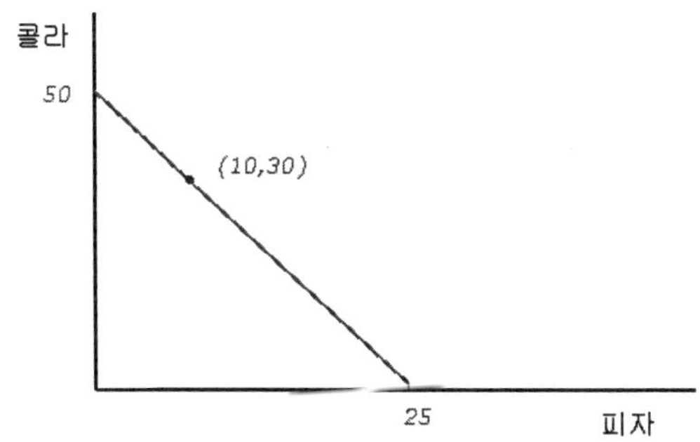

[그림 2-1] 소비자의 예산제약선

[그림 2－1]은 소비자가 선택할 수 있는 상품묶음을 그래프로 나타낸 것이다. X축은 피자의 양을 Y축은 콜라의 양을 의미한다. (25,0)점에서는 피자를 25판을 구입하고 콜라를 전혀 구입하지 않는 것을 의미한다. (0,50)점에서는 콜라를 50병 구입하고 피자를 전혀 구입하지 않는 것을 의미한다. (10,30)점에서는 피자 10판과 콜라 30병을 구입하는 것을 의미한다. 이러한 점들은 소비자가 선택할 수 있는 많은 상품묶음 중 일부이다. 소비자는 (25,0)점과 (0,50)점 사이에 있는 어떠한 상품묶음도 선택할 수 있다. 이 직선을 예산제약선(budget constraint)라고 부른다.

예산제약선의 기울기는 소비자가 한 재화가 다른 재화로 대체될 수 있는 비율을 의미한다. 아래의 그림에서는 기울기 -2이다. 즉, 피자 1판의 기회비용은 2라는 뜻이다. 여기서 기회비용이란 하나의 선택으로 인해 나머지 포기한 용도에서 얻을 수 있는 이익의 평가액을 의미한다.

나. 소비자 선호

소비자의 효용극대화 행위를 이해하기 위해서는 소비자의 선호체계가 어떤 것인지 살펴보아야 한다. 소비자수요이론에 의하면 소비자는 일정한 선호체계를 가지고 있어 이에 따라 어떤 재화나 서비스를 얼마만큼 구입할 것인지를 알 수 있기 때문이다. 전술한 대로 소비자는 예산제약 하에서 상품묶음(commodity bundle)을 선택하게 된다. 그렇다면 과연 소비자는 다양한 상품묶음 중에서 어떠한 상품묶음을 선택하게 되는 것일까? 이 이론에 의하면 소비자는 다양한 상품묶음 중에서 가장 큰 만족감을 주는 것을 상품묶음을 선택하게 된다. 하나의 상품묶음을 통하여 소비자가 얻을 수 있는 만족감의 크기를 비교하여 더 높은 만족감을 주는 상품묶음을 선택하게 된다는 것이다.

이와 같이 다양한 상품묶음을 비교하여 특정한 상품묶음을 선택하는 것을 '**선호관계**'라고 한다. 소비자가 선택할 수 있는 상품묶음간의 선호관계가 존재하게 되면, 소비자의 선택행위를 보다 구체적으로 설명할 있는 방법이 필요하다. 이러한 목적으로 사용되는 것이 바로 '**효용함수**'(utility function)이다. 효용함수는 소비자에게 특정한 상품묶음이 주는 만족감의 정도를 나타내 주는 함수이다. 그러나 상품묶음이 선호관계를 갖는다고 모두 효용함수로 표시할 수는 없다. 선호체계가 효용함수로 대표되기 위해 갖추어야 할 조건은 다음과 같다.

완비성(completeness)

완비성이라는 어떠한 두 개의 상품묶음이 있을 경우 둘 사이에 반드시 선호가 존재한다는 것을 의미한다. 즉 모든 상품묶음에 대해 선호관계를 설정할 수 있음을 뜻한다. 예를 들어, 아래와 같은 경우를 가정해 본다면, 셋 중에 하나의 대답을 할 수 있어야 하며 판단을 유보하지 않아야 한다는 것이다.

브랜드 A의 제품과 브랜드 B의 제품 중 어느 것을 더 선호하는가? 브랜드 A를 더 선호한다. 또는 브랜드 B를 더 선호한다. 또는 두 브랜드 사이에 차이를 못 느낀다(무차별)

이행성(transitivity)

이행성이란 소비자의 선호는 일관되어야 한다는 것이다. 예를 들어 노트북을 구입하기 위해 세 개의 브랜드인 브랜드 A, 브랜드 B, 브랜드 C가 있다고 가정한다. 이 때, 브랜드 A가 브랜드 B 보다 좋고, 브랜드 B가 브랜드 C보다 좋다면, 브랜드 C보다 브랜드 A가 좋아야 한다.

브랜드 A ≥ 브랜드 B이고 브랜드 B ≥ 브랜드 C이면 브랜드 A ≥ 브랜드 C 이다.

단조성(monotonicity)

전술한 피자와 콜라의 상품묶음을 생각해보자. [그림 2-1]에서 (1,1)은 피자 1판, 콜라 1병을 의미한다. (2,2)은 피자 2판, 콜라 2병을 의미한다. 그렇다면, (2,2)을 (1,1)보다 선호한다는 것이다. 즉, 피자와 콜라를 각각 한병, 한판씩 사는 것 보다는 각각 두병, 두 판씩 살 때 소비자는 더 큰 만족감을 느낀다는 것을 의미한다. 즉, 다다익선으로 많으면 많을수록 만족감이 올라가며, 어떠한 경우에도 만족이 포화된 상태는 없다고 가정한다.

(2,2) > (1,1)

연속성(continuity)

연속성은 상품묶음 들 사이에 아주 작은 차이만 있다면 선호에서도 아주 작은 차이만 존재해야 한다는 것이다. 전술한 피자와 콜라의 상품묶음을 다시 생각해보자. 피자 3판과 콜라 3병이라는 상품묶음과 피자 100병과 콜라 2병인 상품을 비교해 본다고 가정해보자. 이 때, 피자 3판과 콜라 3병을 고른다면 이는 연속성이 없다고 판단하는 것이다. 소비자가 콜라를 너무 좋아한 나머지 피사가 몇 판이든 상관없이 콜라의 숫자면 중요하다면 연속성이 없다고 보는 것이다.

연속성이 이헤를 위하여 연속성이 배제된 사례를 생각해보자. 연속성이 배제된 구체적인 사례로는 올림픽에서 수여하는 메달과 순위를 들 수 있다. 국가별 올림픽의 순위는 메달의 순위 집계 방식에 따라 결정된다. 가장 대표적인 방법으로는 금메달 우선 순위방식이다. 즉, 금메달을 딴 숫자에 의해 순위가 정해지는 방식이다. 한국을 비롯한 대부분의 국가에서 채택하는 방식이다. 이 방법은 은메달을 딴 숫자가 아무리 많더라도 금메달이 하나라도 더 많으면 그 나라가 상위에 랭크되는 방식이다. 금메달을 딴 숫자가 동일하면 은메달을 비교하고, 은메달을 딴 숫자가 동일하면 동메달을 비교하는 방식이다. 이러한 방식은 연속성이 배제된 사례라고 할 수 있다.

Rank	Nation	Gold	Silver	Bronze	Total
1	Germany (host nation)	33	26	30	89
2	United States	24	20	12	56
3	Hungary	10	1	5	16
4	Italy	8	9	5	22
5	Finland	7	6	6	19
	France	7	6	6	19
7	Sweden	6	5	9	20
8	Japan	6	4	8	18
9	Netherlands	6	4	7	17
10	Great Britain	4	7	3	14

출처: https://en.wikipedia.org/wiki/1936_Summer_Olympics

[그림 2-2] 올림픽 순위 결정

다. 기회비용

소비자 수요이론에서는 소비자가 자신의 예산제약 하에서 어떠한 선택을 하게 되면 이로 인하여 포기된 선택의 비용인 기회비용(opportunity cost) 개념을 제시한다. 즉, 소비자는 시간, 돈 등 자신에게 주어진 자원이 제한적인 상황에서 다양한 기회를 만나게 되지만 모두를 선택할 수 없다. 어떠한 기회를 선택하게 되면 나머지 기회들은 포기하여야 하며 그에 대한 포기를 의미한다.

전술한 소비자수요이론의 전제조건은 몇 가지 측면에서 문제가 지적되었다(박명희 외, 4인, 2013). 첫째, 소비자가 만족을 극대화하기 위해 항상 합리적이고 이성적인 의사결정만을 하는 것은 아니라는 점이다. 둘째, 경제학적 분석에서는 소비자의 소비현상 자체에만 관심을 둘 뿐 소비가 왜 일어나는지 혹은 어떻게 소비해야 하는지에 대해서는 관심을 갖지 않는다. 셋째, 소비자가 사회, 환경, 문화적 배경, 사회·심리적 측면에 영향을 받지 않는다는 전제에 있어 한계점이 나타났다.

② 특성이론

특성이론은 소비자의 태도는 구매행동으로 연결된다고 가정하고, 속성과 태도간의 관계를 설명하고자 하였다. 이 이론에 따르면 소비자는 소비자가 구매하는 제품 자체로부터 만족을 얻는 것이 아니라 제품의 속성이나 특성으로부터 만족을 얻는다고 가정한다(Lancaster, 1971). 또한 소비자에 따라 제품이 가진 속성들에 대해 느끼는 중요도가 다르다고 전제하였다. 소비자의 의사결정을 설명하려는 이론이다. 제품이 지닌 각 속성의 가중치와 그 속성들의 대해 평가된 숫자들의 곱을 모두 합한 값으로 계량화하여 제품에 대한 태도를 설명할 수 있다고 보았다. 따라서 이 이론은 기본적인 경제학적 틀을 이용하여 소비자의 의사결정을 설명하려 한다. 이 이론은 소비자의 행동을 예측하는 데 있어서 설득력이 있는 이론중의 하나로 실제 마케팅 현장에서 기본적 사용되는 이론중의 하나이다.

특성이론과 소비자수요이론은 소비자의 만족감에 기초하여 소비자의 의사결정을 설명하고 주어진 예산조건하에서 최적의 의사결정을 한다는 경제논리를 적용한다는 점에서 공통점이 있다. 그러나 전술한 바와 같이 전통적인 소비자수요이론은 소비자는 합리적인 행동을 하며 개인의 만족감을 증가시키기 위해 재화의 소비한다는 효용함수를 따르며, 소득 및 가격 등과 같은 경제적 변수에 의해 소비자의 의사결정이 설명될 수 있다는 전제에서 탈피하여 특성이론은 제품의 속성이나 특성에서 만족감을 얻는다고 가정한다는 점에서 소비자수요이론과는 차이가 있다. 그러나 특성이론은 소비자가 각 제품들의 다양한 속성 및 특성을 객관적이고 간단하게 분류하고 측정하는 것이 어려울 수 있다는 점이 한계점으로 지적되고 있다.

예를 들어 자동차를 구매하는 경우를 생각해보자. 소비자는 자동차 그 자체로부터 만족감을 얻는 것이 아니라 자동차의 속성 혹은 특성인 디자인, 승차감, 색상, 연비 등으로부터 만족감을 느끼며, 이러한 속성 혹은 특성을 비교하여 자신이 원하는 속성에 가장 근접한 자동차를 선택 한다. 다양한 자동차 브랜드에서 제공하는 속성 및 특성이 다르므로 소비자는 자신의 예산제약 하에서 최대의 만족감을 얻기 위해 자신이 바라는 속성 및 특성을 가진 제품을 선택하게 되는 것이다.

출처: daum 자동차 비교.
http://search.daum.net/search?w=tot&DA=YZR&t__nil_searchbox=btn&sug=&sugo=&q=%EC%9E%90%EB%8F%99%EC%B0%A8+%EB%B9%84%EA%B5%90

[그림 2-3] 자동차 비교

(2) 심리적 접근

심리학적인 접근을 통해서도 소비자의 의사결정을 설명하려는 시도가 이루어졌다. 이러한 접근방법에 의하면 소비자는 항상 합리적이고 이성적인 선택을 하지 않으므로 소비자의 의사결정을 이해하기 위해서는 심리적 요인을 고려해야 한다고 보았다. 그러나 이러한 심리학적 접근은 소비자의 의사결정을 이해하는 데에는 유용하나 소비자 행공에 대한 논리적이고 명확한 체계를 제공하지 못하는 한계점이 있다(박명희 외, 4인, 2013). 심리학적 섭근과 관련된 몇 가지 이론들을 소개한다.

① 다속성 태도모델

마케팅에서는 소비자의 의사결정을 설명하기 위하여 소비자의 태도에 관심을 갖고 소비자의 제품속성 신념과 태도형성의 관계를 설명하고자 하였다. 이를 위하여 소비자가 제품이나 상표의 여러 가지 속성에 대해 가지고 있는 신념이 태도의 바탕이 된다는 전제로 하여 현재 마케팅조사 실무에서 활용되는 측정구조와 방법의 이론적 근거가 되고 있다. 이 중 피쉬바인(Fishbein)이 제시한 모델(Fishbein & Ajzen, 1975)이 가장 널리 사용되었다.

피쉬바인의 다속성 태도 모델은 소비자가 구매를 결정할 때 여러 대체 가능한 상품들 중 각 상품이 갖는 속성들을 고려하게 되는데 그 속성이 하나 이상의 다수이며, 소비자가 느끼는 중요도에 따라 속성에 가중치를 부여하고, 가치가 가장 높게 평가되는 제품을 구매한다는 것이다. 즉, 특정 상품에 대한 태도는 특성 상표가 갖는 속성을 얼마나 만족시키는지에 대한 소비자의 평가를 소비자가 해당 속성에 부여하는 중요도의 가중치를 곱하여 계산하고, 계산된 결과는 각각의 상품에 대한 전반적인 태도를 추정하는 것이다. 따라서 그 값이 가장 높게 나오는 상품을 구매하게 된다. 태도 모형은 다음과 같은 수식으로 나타낼 수 있다.

$$Aj = \sum_{i=1}^{n} Bij \times Eij$$

Aj : 대상 j에 대한 태도
i : 속성
n : 속성의 수
Bij : j가 i라는 속성을 갖고 있다는 신념의 강도
Eij :속성 i에 대한 평가

예를 들어 종합건강검진상품을 결정하려한다고 가정해보자. <표 2-2>에 의하면 소비자 A가 중요하게 여기는 속성은 건강검진 가격, 건강검진의 안정성, 병원의 명성, 건강검진 후 후속조치라고 가정한다. 소비자 A에 있어서 가장 중요한 속성은 '건강검진 후 후속조치'이며, 그다음으로 중요하게 여겨지는 속성은 '건강검진의 안정성'이다. 각 속성의 중요도의 값은 속성의 오른쪽에 제시된 값이다. 병원 1의 속성에 대한 소비자의 태도점수는 각각 3, 5, 3, 5이며, 병원 2 의 속성에 대한 소비자의 태도점수는 각각 2, 5, 5, 3이며, 병원 3의 속성에 대한 소비자의 태도점수는 각각 5, 3, 3, 3이다. 피시바인 모델은 각 속성의 중요도에 따라 가중치가 다르므로 최종 계산한 값은 다음과 같다.

〈표 2-2〉 건강검진상품 구매 시 고려되는 속성과 태도점수

속성	중요도	병원 1	병원 2	병원 3
건강검진 가격	0.2	3	2	5
건강검진의 안정성	0.3	4	5	3
병원의 명성	0.1	3	5	3
건강검진 후 후속조치	0.4	5	3	3

병원 1=(0.2×3)+(0.3×4)+(0.1×3)+(0.4×5)=4.1
병원 2=(0.2×2)+(0.3×5)+(0.1×5)+(0.4×3)=3.6
병원 3=(0.2×5)+(0.3×3)+(0.1×3)+(0.4×3)=3.4

따라서 피쉬바인 모델에 의하면 소비자는 가중 점수가 가장 높은 병원 1을 선택하게 된다. 이처럼 다속성태도 모델은 소비자들이 중요 속성들을 바탕으로 상품의 대안들을 어떻게 평가하는지 분석함으로써 브랜드들 간의 강점과 약점을 진단하는 데 도움을 줄 수 있다.

② 귀인이론

귀인이론(attribution theory)는 호주의 심리학자 프리츠 하이더(Fritz Heider)가 1958년 ≪The psychology of interpersonal relations≫(Heider, 1958)에서 제시한 사회심리학 이론이다. 이 이론은 사람들이 자신 또는 타인의 행동의 원인을 추론하는 방식에 관한 이론이다. 여기서 귀인이라는 단어의 사전적 의미는 특정한 행동이 발생한 원인을 추론하는 것을 뜻한다. 귀인이론은 자신이나 다른 사람들의 행동의 원인을 찾아내기 위해 추론하

는 과정을 설명하는 이론이라고 할 수 있다.

이 이론에 의하면 사람들은 다른 사람의 행동을 보고 그렇게 행동하는 원인을 찾아내기 위해 추론하게 된다는 것이다. 사람들은 다른 사람들이 어떠한 행동을 할 때, 원인은 크게 두 가지로 볼 수 있는데 하나는 그 사람이 그러한 행동을 할 수밖에 없는 상황적인 측면에 의한 것이라고 보는 것이며, 다른 하나는 다른 사람이 그 행동을 할 만한 개인의 내적이거나 기질적인 특성에 의한 것이라고 추론하는 것이다. 여기서 다른 사람의 특정한 행동의 한 이유를 상황적인 측면에 의한 것이라고 귀인 하는 것을 '상황적 귀인'이라고 하며, 반대로 개인의 내적이거나 기질적인 측면에 의한 것이라고 귀인하는 것은 '기질적 귀인'이라고 한다(김재휘, 2013).

예를 들어, 광고의 신뢰성을 이 이론에 적용하여 생각해보자. 귀인이론에 의하면 소비자에게 있어 기업의 광고를 다른 사람의 행동으로 볼 수 있으며, 소비자는 광고에 내재된 원인, 즉 기업이 광고를 하는 이유를 다음과 같이 추론할 수 있다는 것이다.

〈상황적 귀인〉
- 그 기업이 광고를 할 수밖에 없는 상황에 처해 있기 때문에 광고를 할 것이다.

〈기질적 귀인〉
- 단순히 광고주가 제품을 수익을 올리려는 욕구 때문에 광고를 할 것이다.

이러한 귀인 과정에서 다른 사람의 행동을 내부적인 특성으로 귀인하는 기본적 귀인 오류(fundamental attribution error)를 범하기도 한다. 예를 들어 존스와 해리스(Jones & Harris, 1967)는 귀인 과정에서 발생할 수 있는 오류를 발견하기 위하여 실험을 수행했다. 그들은 실험 참여자들에게 당시 쿠바의 정치가이자 혁명가인 피델 카스트로(Fidel Castro)에 대한 글을 쓰도록 했다. 참여자들의 일부는 자신의 신념을 반영하여 카스트로에 대하여 자유롭게 옹호하거나 비판하는 글을 쓰도록 하였고, 나머지 참여자들은 개인의 신념과 무관하게 강제적으로 카스트로에 대한 글을 쓰도록 했다. 즉, 카스트로를 옹호하는 성향의 학생에게 카스트로를 비판하는 글을 쓰도록 하거나, 카스트로를 반대하는 성향의 학생에게 카스트로를 옹호하는 글을 쓸 수도 있다는 것이다. 이러한 실험 설계 하에서 실험의 참여자들은 다른 사람들에게 카스트로에 대해 쓴 글을 보여준 후, 글을 쓴 사람이 카스트로에 대해 가진 태도를 추론하도록 하였다. 그 결과 자신의 의견대로 자유롭게 카스트로에 대하여 글을 쓰게 한 참여자들의 글을 읽은 경우에는 카스트로를 옹호하는 글을 쓴 실험 참여자에 대해 친-카스트로 성향일 것으로 추론하였고, 카스트로를 비판하는 글을 쓴 참여자들은 반-카스트로 성향일 것으로 추론하였다.

반면 자신의 신념과는 상관없이 카스트로에 대하여 쓰게 한 참여자들의 글을 읽은 경우에는 연구자들은 평가하는 사람들에게 실제로는 카스트로를 반대하지만 자신의 신념과 상관없이 실험설계 때문에 카스트로를 지지하는 글을 쓰게 되었다는 것을 안다하여도 글 쓴 사람이 카스트로에 대하여 긍정적인 태도를 지니고 있다고 판단한다는 것이다. 반면 실제로는 카스트로를 옹호하지만 자신의 신념과 상관없이 카스트로를 비판하는 글을 쓰게 되었다는 것을 안다하여도 글 쓴 사람이 카스트로에 대하여 비판적인 태도를 지니고 있다고 판단한다는 것이다. 즉, 참여자의 행동(카스트로에 대하여 긍정적 혹은 부정적으로 글을 쓰는 것)에 대해 참여자가 처한 상황(실험의 설계)을 무시하고, 글쓴이의 내적이거나 기질적인 측면(즉, 카스트로에 대한 개인의 신념)에 귀인한 것이라고 보았다. 이 실험의 결과는 사람들이 타인의 행동의 원인을 추론할 때 타인이 처한 상황적인 요인을 무시하고 행동을 한 사람의 기질이나 성향에 쉽게 귀인하는 오류를 설명해준다.

5) 소비자의사결정의 단계

학자에 따라 조금씩 다른 정의를 내리고 있지만 일반적으로 소비자 의사결정은 몇 가지 단계로 이루어진다. 소비자 의사결정 중 구매와 관련된 의사결정은 (1) 문제인식, (2) 정보탐색, (3) 대안의 평가, (5) 구매 후 평가와 같은 순서로 이루어진다고 본다.

(1) 문제인식

문제 인식은 소비자 의사결정의 첫 번째 단계이다. 소비자가 문제를 인식한다는 것은 소비자가 현재 상태와 그렇게 되었다면 하고 바라는 기대상태의 차이를 인식하는데서 시작된다. 만약 소비자가 바라는 기대상태와 현재 자신의 상태가 일치한다면 소비자는 특별한 문제를 인식하지 못할 것이다. 그러나 일반적으로 대부분의 소비자는 현재 상태와 그렇게 되었다면 하고 바라는 기대상태의 차이(gap)가 존재하므로 문제를 인식하게 되는 것이다. 이렇듯 소비자가 불충분한 욕구를 인식하는 것을 욕구의 환기라고도 하는데, 소비자는 욕구의 환기상태를 만족시키기 위해 목표 지향적인 행동을 하게 된다.

일반적으로 문제의 인식은 구매행위의 필요조건이 된다. 문제의 인식은 다음과 같은 내적요인과 외적요인들에 의하여 일어난다. 내적요인은 소비자 스스로가 문제를 인식하게 되는 것이며, 외적요인은 소비자가 처한 환경 혹은 마케팅 자극으로 인하여 문제를 인식하게 되는 것이다.

〈내적요인〉
- 제품소진 : 현재 갖고 있는 핸드폰의 고장으로 교체가 필요한 경우
- 불만족 : 현재 사용하고 있는 카메라의 해상도가 떨어져 작업에 불편을 미치는 경우
- 새로운 욕구/필요 : 취업을 한 이후 통근을 위해 차량을 구입해야 하는 경우
- 속성 및 여건의 변화 : 체중의 증가로 현재 입고 있는 의상을 입지 못하여 큰 사이즈의 의상이 필요한 경우
- 준거집단의 영향 : 주변에 있는 친구들 대부분이 안드로이드폰이 아닌 아이폰 사용자들인 경우

〈외적요인〉
- 파생제품(신규/기존) : 다음 달 현재 갖고 있는 핸드폰보다 새로운 모델의 핸드폰이 출시된 경우
- 광고 : ○○ 화장품이 6월 2일부터 6월 4일까지 3일간 최대 50% 할인한다는 광고를 본 경우
- 촉진 : △△ 자동차가 5년 무이자 할부판매를 실시하는 경우
- 준거집단 : 내 주변의 많은 지인들이 E-book reader기를 이용하여 책을 구매하고 읽는다는 사실을 안 경우

(2) 정보탐색

소비자는 자신의 현재 상황과 기대하는 상황과의 차이를 인식하게 되면 이러한 차이를 해소하기 위하여 의사결정이 과정에서 발생할 수 있는 여러 가지 위험을 감소시키고자 정보를 탐색하게 된다. 의사결정을 하는데 관련된 여러 가지 대안에 대한 정보를 얻으려는 노력을 하게 된다. 이렇듯 대안의 장, 단점에 대해 정보를 얻기 위해 수행되는 소비자의 정신적, 육체적 행동을 정보탐색이라고 한다.

소비자가 위험을 얼마나 인식하느냐 하는 것은 정보탐색에 직접적인 영향을 미치게 된다. 따라서 소비자가 구입과 관련된 의사결정을 하는 경우라면 소비자가 구입하고자 하는 상품의 가격과 위험성 등에 의해 소비자 추구하는 정보의 양이 크게 영향을 받게 된다고 할 수 있다.

소비자의 정보탐색의 과정에는 내적탐색과 외적탐색이 있다. 내적 탐색이란 소비자의 기억 속에 욕구충족과 관련이 있을지도 모를 정보가 저장되어 있으면, 이러한 정보가 문제인식에 따라 자연스럽게 회상하고 검토하는 심리적 과정이라 할 수 있다. 내적탐색을 위한 정보의 원천으로는 태도, 정보, 과거의 경험 등이 있다. 내적탐색의 영향요인으로는 소비자의 기억 속에 있는 유용한 정보의 양과 저장정보의 적합성과 제품에 대한 관여도를 들 수 있다. 여기서 관여도란 소비자들이 재화나 서비스를 구매할 때 정보 탐색 과정에 시간과 노력을 기울이는 정도를 의미한다.

외적탐색은 문제자체가 어렵거나, 기억으로부터 회상될 수 있는 충분한 정보가 부족한 경우 더 많은 정보를 획득하기 위하여 외부로부터 정보를 탐색하는 것을 의미한다. 즉, 내부탐색으로 충분하지 않을 때 추가적으로 다른 원천으로부터 새로운 정보를 수집하는 과정을 말한다. 외적탐색을 위한 정보의 원천으로는 기업이 제공하는 원천으로는 인터넷, 전문가, 광고물, 판매원, 점포진열 등이 있으며, 개인적 원천으로는 가족, 친구, 지인 등이 있다. 중립적 원천으로는 제품시험 잡지물, 정부발행물, 뉴스 등이 있다. 예를 들어, 한국소비자원은 따르면, 국제거래 소비자포털(crossborder.kca.go.kr)을 통해 2017년 5월 1일부터 5월 31일까지 SNS를 통한 가짜 해외 유명 브랜드 가방 판매사례를 게시하였다. 한국소비자원에서는 페이스북 및 인스타그램 등 해외 SNS 사업자에게 광고 검증을 요청하는 등 소비자 피해 확산을 막기 위해 적극적으로 대응하고 있다([그림 2-4]).

외적탐색의 영향요인으로는 소비자특성, 시장특성, 제품특성 등을 들 수 있다. 소비자특성으로는 제품의 지식, 관여도, 지각된 위험, 정보탐색의 비용, 정보탐색에 드는 시간 등이 있으며, 시장특성으로는 점포, 붐비는 정도, 점포 내 분위기 등이 있다. 또한 제품특성으로는 제품의 가격대, 상표 대안들 간에 차이가 클 때, 상표대안의 수가 많을 때 등이다.

소비자들은 이러한 내적 혹은 외적 정보 원천으로부터 자신의 의사결정에 있어 유용한 정보를 획득할 수 있어야만 한다. 유용한 소비자정보란 의사결정을 하는데 있어서 절대적으로 필요한 정보이어야 하며, 최신의 것이어야 하며, 소비자가 충분히 정보처리의 동기를 가질 수 있으며, 신뢰할 만하여야 한다.

(3) 대안의 평가

대안평가는 정보의 탐색 단계에서 탐색된 여러 정보들을 바탕으로 대안을 평가하는 것을 의미한다. 이때 소비자는 여러 가지 기준에 따라 평가를 하게 되는데, 그 기준은 대개 소비자, 제품, 상황 등에 따라 각각 다르다.

대안평가의 방식에는 보상적 평가방식, 비보상적 평가방식 이라는 두 가지 방식이 있다. 이런 방법들을 통하여 우리는 보다 합리적인 대안평가를 실시하고 의사결정을 하게 된다.

① 보상적 평가방식

보상적 평가방식은 대안의 약점이 되는 속성이 장점이 되는 속성에 의하여 상쇄되는 방식으로 각 대안에 대한 전반적 태도를 형성하는 것이다. 즉, 소비자가 생각하는

< SNS를 통한 해외 유명 브랜드 판매 광고>

페이스북 광고	인스타그램 광고	

<SNS 광고를 통한 피해사이트 목록>

품목	홈페이지	인터넷주소
클로에 (CHLOE)		www.louri.com www.zam3d.com http://sanisox.com www.badonkas.com www.gotodog.com
펜디 (FENDI)		http://cepisiu.com http://autoworl.com www.makaiimg.com www.savewuev.com www.darchart.com www.wellceo.com www.naswebed.com
미우미우 (MIU MIU)		www.cheapmiumiuoutlet.com www.zonecp.com www.seoyoda.com

* 인터넷 주소(URL)는 다르지만 홈페이지 화면과 사업자 이메일주소 (jewelrys@solotte.info)는 동일함.

출처: 한국소비자원(2017).

http://www.kca.go.kr/brd/m_32/view.do?seq=2240&multi_itm_seq=0

[그림 2-4] 중립적 원천의 사례

평가기준에 가중치를 두어서 가장 점수가 높은 대안을 선택한다. 이러한 방식은 소비자기 고려하는 평가기준의 상대적 중요성을 알 수 있다. 예를 들어 소비자 △△씨는 자동차의 구입하기 위하여 보상적 평가방식을 이용하며, 가격, '연비', '디자인', 'A/S'를 가장 중요한 평가기준으로 생각한다고 가정해보자.

〈표 2-3〉 보상적 평가방식을 이용한 자동차의 구매 의사결정

평가기준	중요도	자동차모델 A	자동차모델 B	자동차모델 C
가격	0.4	8	7	5
승차감	0.3	4	6	7
디자인	0.2	4	7	8
A/S	0.1	2	4	6

위 표로 보상적 평가방식을 사용할 경우

자동차 모델 A=(0.4×8)+(0.3×4)+(0.2×4)+(0.1×2)=5.4

자동차 모델 B=(0.4×7)+(0.3×6)+(0.2×7)+(0.1×4)=6.4

자동차 모델 C=(0.4×5)+(0.3×7)+(0.2×8)+(0.1×6)=6.3

각각의 대안의 값을 계산하여 가장 높은 값을 가지는 대안인 자동차 모델 B를 선택한다. 물론 가격이 다른 대안(자동차모델 A)과 비교하여 다소 낮 점수를 받았으며, 승차감 면에서 다른 안(자동차모델 C)과 비교하여 다소 낮은 점수를 받았지만 좋은 디자인과 A/S가 이러한 단점을 상쇄해줄 수 있기 때문입니다.

② 비보상적 평가방식

보완적 평가방식은 보상적 평가방식과는 다르게 대안의 속성 중 약점이 되는 속성이 다른 강점이 되는 속성에 의해서도 상쇄가 되지 않는 평가방식이다. 비보상적평가방식의 방법은 사전편찬집식(백과사전식), 순차적제거식(접속식), 결합식(부문별 탈락식), 분리식(비접속식) 4가지로 분류될 수 있다.

사전편집식은 소비자가 가장 중요하다고 생각하는 평가기준에서 가장 높은 점수를 받는 대안을 선정하는 것이다. 즉, 소비자가 가격을 가장 높게 여긴다고 가정할 경우 자동차 모델 A가 선정된 대안이 된다.

순차적제거식은 사전편찬식과 유사하지만, 평가기준의 최소한의 점수, 즉 하한선을 두어 가장 중요하다고 생각되는 평가기준부터 평가하여 하한선을 통과하지 못한 대안을 탈락시키고, 마지막으로 하나의 대안이 나올 때까지 이러한 과정을 반복하는 방법이다.

예를 들어 소비자 △△씨가 '가격'의 최소점수가 6은 되어야 한다라고 생각한다면 자동차모델 C는 5점을 받아쓰므로 대안은 탈락되어 자동차 모델 A와 자동차 모델 B 만이 남게 된다. 그 다음으로 중요도가 높은 '승차감' 이 최소한 4는 넘어야 한다고 생각하는 경우 자동차 모델 A와 모델 B는 모두 최소점수를 넘었으므로, 모두 고려하는 대안으로 남는다. 그 다음으로 중요도가 높은 '디자인' 이 최소한 5는 넘어야 한다고 생각하는 경우 자동차 모델 A는 탈락되어 자동차 모델 B만 대안으로 남게 된다.

결합식은 평가기준 별로 각각 최소치를 정하고, 모든 속성에 하한선을 설정하여 그 하한선을 모두 통과한 대안을 선정한다. 즉 모든 속성별로 최소한의 기준을 통과한 대안만이 고려 대상이 된다.

예를 들어, 만약 소비자가 모든 속성에 대해 수용기준을 6점으로 두었다고 가정해 보자. 그럴 경우 모든 자동차 모델은 그러나 이를 충족하지 못하기 때문에 선택되지 못할 것이다. 모든 속성에 대해 수용기준을 5점으로 두었다고 가정하면 자동차모델 C가 대안으로 선택되는 것이다.

분리식의 경우에는 평가기준 별로 각각 최소치를 정하고, 각 대안이 어느 한가시 평가기준에시라도 최소치를 초과하면 그 대안을 선택하는 방식이다.

예를 들어 소비자 △△씨가 한 소비자가 '가격' '승차감'을 가자 중요시여기며, 최소한 이 두 가지 기준에서 6점을 넘어야 한다고 가정하자. 이 경우 자동차 모델 A의 경우 '승차감'에서 6점보다 낮은 점수를 받았으므로, 결국 남는 대안은 자동차 모델 B가 될 것이다.

〈표 2-4〉 분리식 평가방식을 이용한 속성별 평가의 사례

평가기준	중요도	자동차모델 A	자동차모델 B	자동차모델 C
가격	0.4	8	7	5
승차감	0.3	4	6	7

(4) 구매

대안의 평가를 통하여 최적의 대안이 선정된 이후에는 점포선택, 제품 구매, 대금 지불 등의 구매 관련 행동들이 이어진다. 소비자들은 재화 혹은 서비스를 구매하기 위한 의사결정 과정에서 많은 관심을 갖고 시간과 노력을 들이기도 하고, 최소한의 시간과 노력으로 신중한 의사결정 과정 없이 신속하게 의사결정을 종결해 버리기도 한다. 이는 제품의 특성이나 소비자 자신의 구매경험에 따라 달라진다. 즉, 소비자가 해당 재화나 서비스를 최초 구매하는 것인지 혹은 재구매하는 것인지 여부와 소비자가 해당 재화나 서비스에 대하여 갖고 있는 개인적인 중요성이나 관심도의 수준 정도에 따라 달라지게 된다. 여기서 소비자의 개인적인 중요성이나 관심도의 수준정도를 '관여도'라고 한다. 제품의 특성이 관여도가 높은 제품(고관여제품)인지 관여도가 낮은 제품(저관여제품)인지 여부에 따라 다른 구매행동을 수행하게 된다.

저관여 제품의 경우 저관여 구매행동으로 이어지고 고관여 제품의 경우 고관여 구매행동으로 이어진다. 저관여 구매행동은 소비자가 재화나 서비스에 대해 개인적인 중요도와 관심도가 낮아서 구매 전 정보탐색 과정이 비교적 짧은 경우이다. 일반적으로 해당 재화나 서비스의 가격대가 낮을 경우, 구매 빈도가 빈번할수록, 브랜드간 기능이나 디자인에 차이가 뚜렷한 차이가 없을수록 저관여 구매행동이 나타난다. 이때에는 적극적인 정보 탐색 및 대안의 평가를 수행하지 않고 최소한의 시간과 노력만으로 구매결정을 내린다. 고관여 구매행동은 소비자가 재화나 서비스에 대해 개인적인 중요도와 관심도가 높아서 구매 전 많은 시간과 노력을 기울여 정보 탐색 및 대안의 평가를 적극적으로 수행하는 경우이다. 비교적 고가이면서 구매 빈도가 낮을수록, 브랜드간 기능이나 디자인에 차이가 뚜렷할수록 고관여 구매행동이 나타난다. 예를 들어, 의료상품, 자동차. 주택 등이 대표적인 예이다. 또한, 비교적 저가의 재화라 할지라도 구매 목적이 선물용일 경우에도 고관여 구매행동을 보일 수 있다.

고관여 제품이면서 소비자가 구매한 경험이 없는 경우에는 복잡한 의사결정과정을 거치게 된다. 그러나 고관여 제품이면서 소비자가 구매한 경험이 있는 경우라면 동일한 상표를 반복하여 구매하는 행동으로 나타난다. 이렇듯 특정 상표의 제품을 다른 상표의 제품보다 반복적으로 구매하는 상황을 상표 충성도(Brand loyalty)를 갖는다고 한다. 이렇듯 고관여도를 가진 상품군에 대해서는 소비자들이 신중한 의사결정 과정을 거치기 때문에 일단 특정 브랜드의 선택이 이루어지고 난 이후에 재구매를 할 경우에는 그 브랜드에 충성하여 전환이 쉽게 일어나지 않는 경향이 있으므로, 기업은 소비자를 유인하기 위한 노력이 필요하다.

저관여 구매행동이 일어나는 상품군에서는 비교적 브랜드 전환(brand switching)이 쉽게 일어난다. 특히 소비자가 구매한 경험이 없는 경우에는 다른 상표를 구매하는 등의 상표전환 행동이 쉽게 일어난다. 예를 들어 신제품이 출시되었을 경우, 소비자들은 단순히 새로운 제품이라는 이유만으로 쉽게 시도를 해볼 수가 있다. 그러나 저관여 제품이면서 소비자가 구매한 경험이 있는 경우라면 습관적 구매가 일어날 가능성이 크다. 습관적 구매는 과거경험을 근거로 하여 그 의사결정이 만족스러웠다면 정보탐색과 대안평가의 필요성을 감소시켜 단순화된 의사결정을 수행하는 것이다.

(5) 구매 후 평가

구매가 이루어지고 난 이후에는 소비자의 평가가 이어진다. 소비자는 재화나 서비스를 구매한 이후 그것을 사용해 봄으로써 그 재화나 서비스에 대한 자신의 주관적인 평가를 내리게 되는 것이다. 소비자의 주관적인 평가는 만족 혹은 불만족으로 나타날 수 있는데 소비자행동연구에 있어서 소비자 구매의사결정의 결과변수가 되는 것이다.

심리적 이론에 의하면 소비자의 기대와 평가 차이가 곧 만족 혹은 불만족으로 나타나게 된다. 즉, 기대보다 실제평가가 높으면 만족이 발생한 것이며, 기대보다 실제평가가 낮으면 불만족이 발생한다고 본다. 소비자가 만족을 한 경우에는 행복감. 편안함, 안락함과 같은 긍정적 감정 유발하며 자신이 구매한 재화나 서비스에 대한 호의적인 태도를 갖게 될 것이며, 동일 제품(및 동일 브랜드)의 재구매 의도를 높이거나 타인구매에 영향을 미칠 수 있다.

더 생각해보기

- 보상적 의사결정규칙에 따라 최근 자신이 구매하고자 하는 재화의 의사결정 사례를 적용해보자.
- 비보상적 의사결정규칙에 따라 최근 자신이 구매하고자 하는 재화의 의사결정 사례를 적용해보자.
- 다섯 가지 의사결정 단계에 따라 최근 자신이 구매하고자 하는 재화의 의사결정 사례를 적용해보자.

2. 상품기획과 개발

기업은 막대한 개발비용이 들더라도 지속적으로 연구개발 및 아이디어 도출을 통해 끊임없이 신상품을 개발하고자 노력을 경주하고 있는데, 그 이유는 신상품 개발이 기업을 성장시키는 핵심 원동력이며 기업의 존속에 크게 영향을 미치는 중요한 핵심 업무 중 하나이기 때문이다. 상품 및 서비스 기획과 개발은 새로운 상품 및 서비스 아이디어를 도출하고 실제로 현업에서 사용가능한 개발 기획의 전 과정을 스스로 진행해 보고 산업체에서 바로 적용하여 활용할 수 있는 과정이다. 이를 위해 상품 및 서비스 개념 정립, 상품 및 서비스 라이프싸이클(PLC: Product Life Cycle)에 대한 개념정립을 토대로 한 신상품 및 서비스 개발과정에 대한 이해, 환경분석 및 고객분석 등 시장분석과 이를 바탕으로 하는 아이디어 도출, 정련화 및 출시에 필요한 브랜드 전략, 네이밍, 구전(WOM: Word Of Mouth) 및 소셜 마케팅 등 출시 초기 전반적인 마케팅 계획을 포괄하는 신상품 개발 및 마케팅 프로세스 전반에 대한 것을 포함한다.

1) 상품 및 서비스에 대한 개념 이해

과거의 상품 개념은 특정 물품이나 제품에 한정되었으나 상품의 범위는 서비스로 확장되고, 최근에는 즐거움을 주는 경험과 시간 모두를 포괄하여 소비자들이 효용을 느끼고 지불할 의향을 가질 수 있는 가치를 모두 상품의 영역으로 이해할 수 있다. 이러한 개념은 사이버공간의 상시 활용을 통해 더욱 확장되고 있는 추세이며, 따라서 전통적 의미에서의 하드웨어 제품 뿐 아니라 소비자가 효용가치를 느끼는 모든 것들을 상품화 할 수 있고, 창의적 아이디어의 중요성이 더욱 커지고 있다.

(1) 상품, 서비스 및 경험에 대한 정의

전통적 의미에서의 상품은 특정 물품이나 제품에 한정되어 생각되었으며, 소비자들의 관심집중, 구매 및 사용, 소비를 통해 소비자의 니즈와 욕구를 충족시켜 주는 모든 재화를 의미하는 것으로 정의되어 왔다. 서비스란 소비자 만족을 증진시킬 수 있도록 제공되는 핵심편익이 소유할 수 없는 모든 무형의 활동, 편익을 포괄하는 것으로 정의한다. 경험은 소비자가 경험 자체에 대해 만족을 느끼고 그에 합당한 대가를 지불할 수 있는 모든 무형의 편익을 의미하며 최근 개발이 활발하고 유료로 거래되는 교육, 엔터테인먼트 및 여가활동 등 즐거운 경험 자체에 대한 편익을 포괄하며, 상품의 범주에 가장 최근에 추가된 개념이지만 향후 지속적으로 관련된 상품의 범위가 확장될 것으로 예상되며, 획기적인 아이디어를 기반으로 고 부가가치의 신상품 개발 잠재력이 큰 시장이라 할 수 있다.

(2) 핵심편익에 기반한 상품개념의 확장

상품은 사실 핵심편익 뿐 아니라 다양한 측면에서의 편익을 가지고 있으며, 소비자 관점에서 중요한 편익도 있지만 기업의 제품 기획 및 개발자 입장에서 생산효율성을 고려하여 구성해야 하는 어려움도 있다. 그럼에도 불구하고 신상품을 시장에 출시하였을 때 일정한 규모 이상의 시장 지배력을 가지며 성공적으로 안착하는 상품을 만들기 위해서는 소비자 관점에서 상품을 구성하는 가장 중요한 핵심편익(Core Benefit)을 이해하고 소비자가 진정으로 구매하려는 것이 무엇인가를 이해하는 것이 무엇보다 중요하다 하겠다.

소비자가 원하는 핵심 편익을 전달하는 상품을 구체화하기 위해서는 필요한 제품 및 서비스 구성요소, 디자인, 품질 및 네이밍 등 브랜드 이슈, 포장 등 전반적인 기획에 대한 이해가 필요하다. 이러한 도구들은 핵심편익을 소비자에게 보다 쉽게 이해시키고 구매를 유도하는 중요한 역할을 담당하게 되며, 기업의 마케팅 활동에 있어서의 핵심적인 부분을 차지하게 된다. 따라서 핵심편익에 대한 토탈 마케팅 관점에서 상호 유기적인 기획이 필요하며 이 부분에 필요한 통합적 마케팅 커뮤니케이션의 필요성에 대해 이해해야 할 것이다.

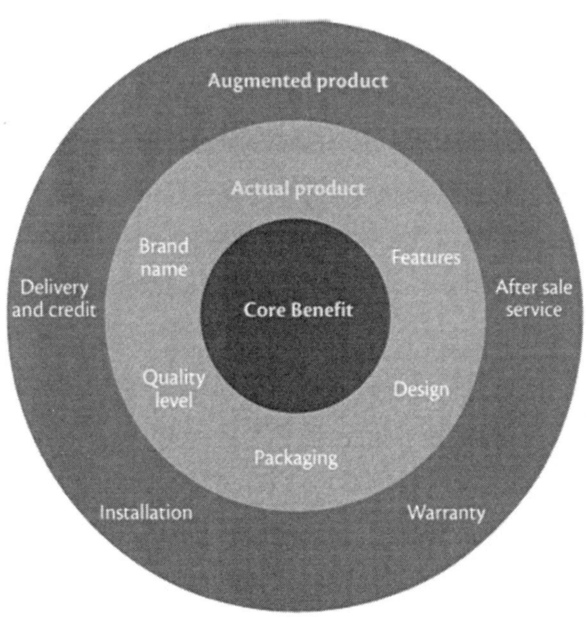

[그림 2-5] 상품과 서비스의 핵심편익과 확장에 대한 수준(Kotler, 2009)

하나의 신상품에 대한 핵심편익과 혁심편익에 대한 통합적 마케팅 커뮤니케이션 도구 이외에도 기존 판매 제품이나 경쟁 제품과의 시장 구도에 대한 이해도 중요하다. 코틀러(Kotler, 2009)는 상품과 서비스의 핵심편익과 확장에 대한 수준을 나누어 [그림 2－5]와 같이 도식화하였다.

(3) 신상품에 대한 개념과 중요성

기존 품목의 포장만 바꾼 것에서부터 세계최초의 새로운 상품에 이르기까지 소비자 관점에서 차별화되었기 때문에 새로운 편익에 대한 비용을 지불할 의사가 있는 모든 상품이 신상품에 해당한다. 상품도 라이프싸이클이 있어서 성공적인 기존 상품을 여러 개 가지고 있다고 하더라도 노후화되고 수명주기가 다해가기 전에 지속적인 소비를 유도함으로써 시장을 방어하고 새로운 시장을 개척할 수 있도록 해 주는 신상품의 개발이 필수적이며 신상품의 개발 시간은 해당 제품의 특성에 따라 시간 차이가 있지만 출시 전까지 아이디어를 도출하고 정련하는 일련의 과정을 반드시 거치게 되어 있기 때문에 기존 보유 상품의 수명주기를 고려하여 지속적인 상품개발 노력이 필요하다.

성공적인 신상품 개발 자체가 매우 어려운 과제로, R&D를 통해 새롭게 개발/출시되어 성공하는 비율은 일반적으로 5% 미만으로 알려져 있으며, 성공을 확신하고 출시하는 경우에도 시장의 유기적인 변화에 따라 예측과 다르게 고전할 가능성도 높기 때문이다. 따라서 시장의 변화와 소비자의 니즈를 적기에 반영하고 트렌드를 주도할 수 있도록 다양한 방법의 시장조사 및 수요예측, 시제품 테스트 과정을 거치게 된다.

어렵게 개발한 신상품도 성공하지 못하는 경우가 상당하다. 신상품 성공의 요인을 박찬수(2009)는 아래와 같이 정리하였다. 먼저 소비자 니즈를 충족시킬 수 있는 차별화된 핵심 편익이 있는가, 또 타겟 시장은 성장 잠재력이 있고 지속가능한 소비가 이루어질 수 있는가와 같이 소비자 니즈와 트렌드에 대한 이해와, 기업체 내부의 신상품 개발 과정에 대한 표준화 및 의사결정 관련자들의 역량, 재무적 투자여력, 기술적 우위와 혁신 및 경쟁우위를 누릴 수 있는 여건과 개발기간 등에 대한 요인으로 나누어 <표 2－5>와 같이 정리하였다. 또 신상품 실패 요인으로는 앞에서 언급되었던 성공을 위한 요건들이 갖추어지지 못했을 때나 시장 내 유통 및 서비스 업체 등 유관업체와의 협력 단계에서의 불협화음 등을 지적하였다.

〈표 2-5〉 신상품 성공 및 실패 요인 (박찬수, 2009)

성공요인	실패요인
• 표적시장 소비자 니즈에 부합되고 실질적인 편익 제공 • 성장잠재력 있는 시장 • 회사 내부 능력에 맞는 적정수준 • 최고경영자의 일관된 지원 • 부서 간 원활한 협조 • 기술적 우위와 혁신 • 체계적인 신상품 개발과정 표준화 • 경쟁사 대비 유리한 시장 환경 • 개발기간의 단축 등	• 성공요인들의 부족 • 새롭거나 차별화되지 못한 상품 • 유통업자 등 유관업체와의 협조 부족 • 시장에 대한 부정확한 예측 • 과도한 부자 • A/S 등 출시 후 지원 미흡 등

2) 상품 및 서비스개발/기획과정 이해

(1) 신제품 유형과 성공요인에 대한 이해

신제품은 그 구분의 기준에 따라 ① 완전 신제품, ② 신제품 라인, ③ 기존세품 라인의 추가제품, ④ 기존제품 개선 또는 수정 제품, ⑤ 포지셔닝 변경제품, ⑥ 비용절감 제품 등 다양하게 나눌 수 있다. 반드시 혁신 기술을 기반으로 지금까지 한 번도 출시되지 않았던 제품을 새롭게 만드는 것만이 신제품이 아니며, 핵심편익과 부가편익을 조화롭게 구현하여 새롭고 차별화된 가치를 부여할 수 있는가에 따라 다양하게 구분할 수 있다는 것을 전제로, 각 신제품의 유형별 특징을 살펴보기로 한다.

✔ **완전 신제품**(new-world products) : 기술혁신 및 R&D 활동을 통해 과거 시장에 출시된 적이 없었던 새로운 제품을 출시하는 경우로 주로 기술적 혁신을 기반으로 하는 신제품들을 의미한다.

✔ **신제품 라인**(new product lines) : 기존 제품을 확장하거나 카테고리를 달리하여 제품믹스의 폭을 넓히는 과정에서 출시되는 신제품을 의미하며, 제품 라인을 달리함으로써 기존 제품의 확장 및 연장선 상에서 이해할 수 있다.

✔ **기존제품 라인의 추가제품**(additions to existing product lines) : 제품믹스의 길이를 확장하기 위해 같은 제품 카테고리 혹은 제품 라인 내에서 추가로 가격존이나 특징을 달리하여 몇 가지 부가가치를 추가하거나 타겟 소비자를 달리하여 별도로 출시되는 제

품을 의미한다.

✔ **기존제품 개선 또는 수정제품**(improvements and revisions of existing products) : 기 출시되었던 기존 제품의 핵심편익과 관련된 부분이나 부가가치를 더하여 줄 수 있는 요인을 개선 또는 수정보완하여 새롭게 출시하는 제품을 말하며, 고객의 개선 건의사항이나 소비자 불만사항을 반영하는 경우도 여기에 속한다. 이 경우, 기업의 입장에서는 신제품 생산에 대한 재무부담을 경감하고 마케팅활동을 통해 새롭게 차별화 시킬 수 있는 비용효율적 접근이 가능하다.

✔ **포지셔닝 변경 제품**(repositioning) : 기 출시 된 기존 제품의 포지셔닝을 바꾸어 리포지셔닝하는 제품을 의미하며, 이 경우 기 출시된 기존 제품이 가지는 시장 내 포지셔닝이 성공적이지 못하거나 경쟁 심화 시장 내에서의 포지셔닝이 부적절한 경우에 주로 고려해 볼 수 있는 경우라 할 수 있다. 포지셔닝 변경은 주로 마케팅 믹스의 대폭적인 수정이 필수적이며, 제품 생산라인을 추가하거나 제품 자체를 새롭게 만드는 것이라기보다는 포지셔닝을 위한 제품 컨셉 정련화의 과정에서 출발하는 것이 일반적이다. LG텔레콤이 LG 유플러스 LTE로 리포지셔닝을 시도한 것을 예로 들 수 있다.

✔ **비용절감 제품**(cost reduction) : 주로 프리미엄 급으로 출시된 기 출시 제품의 보급형 제품을 출시하는 경우에 해당된다. 기업체 내부적인 비용절감도 중요한 이슈로 작용할 수 있지만 기출시 제품이 프리미엄급으로 타겟 소비자가 제한되어 있고 성공적인 출시로 워너비 제품이 되었을 때 시장의 확대와 매출 증대를 위해 핵심편익을 강조한 비용절감 제품을 새롭게 추가로 런칭함으로써 제품믹스의 길이를 늘리면서 소비자 입장에서는 프리미엄 급 제품의 핵심편익을 보급형 가격존으로 사용할 수 있는 장점이 있다. 단, 비용절감 제품이 지나치게 저급하다고 인식될 경우, 연결된 기 출시 제품에 대한 부정적 인식도 피드백 될 수 있다는 점을 감안하여 기 출시된 제품과의 연관성을 고려한 신제품 출시 전략을 수립해야 할 것이다. 삼성이 프리미엄 전략을 고수하다 중국이나 제3 세계국가 시장을 개척하기 위해 보급형 중저가폰을 출시한 것을 예로 들 수 있다.

(2) 신제품의 성공과 실패 요인

신제품 개발은 기업의 핵심업무 중 하나이며 일정규모 이상의 투자가 필요한 활동이지만 일반적인 신제품의 실패율은 사실 90% 이상으로 매우 높다. 우수한 아이디어라고 할지라도 생산을 위해 투자해야 하는 재정규모가 너무 크거나 제품 기획단계에서 예상하지 못했던 소비자 태도 변화 등 다양한 개발 리스크가 존재하기 때문이다. 따라서 출시 성공률을 높이기 위한 기업의 사전 노력이 중요하고, 제품 특성과 성공에 대한 목표수준 설정을 면밀히 검토하여 개발 리스크를 최소화 하는 것이 필요하다.

신제품의 성공요인을 좌우하는 요인은 다양하지만 과거 출시된 성공적인 제품의 사례를 볼 때, 제품력이라고 표현할 수 있는 제품 자체의 독특하고 우수한 신제품 특징을 가진 경우에는 그렇지 않은 경우에 비해 신제품의 성공률이 상대적으로 높은데, 이때 제품 자체의 독특하고 우수한 특질은 소비자 입장에서의 핵심편익 측면에서의 유니크한 특장점이라는 점을 잊지 말아야 할 것이다.

이와 같은 관점에서 신제품을 성공시키기 위해서는 다음 두가지 측면에서의 고려가 필수적이다. 첫째, 목표 소비자 집단의 특징와 니즈 파악, 제품에 대한 요구사항 및 잠재적 불만사항 파악, 구체적인 소비자 혜택 등을 신중하게 정의할 필요가 있다. 둘째, 첨단 기술을 반영한 혁신제품의 경우, 기술과 소비자 니즈의 적합도, 소비자가 느끼는 제품에 대한 매력도 등 소비자 관점에서의 핵심편익이 무엇이 될 수 있는지에 대한 고민과 노력이 중요하다.

(3) 신제품 개발 프로세스

신제품 개발 프로세스는 일반적으로 아이디어 도출 및 정련화, 제품 컨셉 개발 및 수용도 탐색, 사업성 분석 및 마케딩전략 수립, 테스트 및 상업화로 나누어진다. 제품이나 산업의 특성에 따라 수용도 탐색 및 테스트 등의 소비자 반응에 대한 과정을 중요히 게 기칠 수 있는 경우와 그렇지 않은 경우가 나누어지므로 각 과정은 산업체의 특성에 따라 조절이 가능하지만 체계적인 신상품 개발 프로세스를 표준화하는 것이 신상품 성공의 중요한 요인 중 하나가 될 수 있으므로, 신상품 개발 프로세스를 표준화하여 사용하는 것이 중요하다. 표준화된 프로세스를 따르며 개발 제품의 특성을 반영하여 피드백을 거치는 것이 개발과정에서 비용 소모적으로 느껴지더라도 출시 후 상품 성공여부를 가름하는 중요한 기준이 될 수도 있다.

신제품 개발 프로세스 각 단계별 진행과정은 아래와 같다.

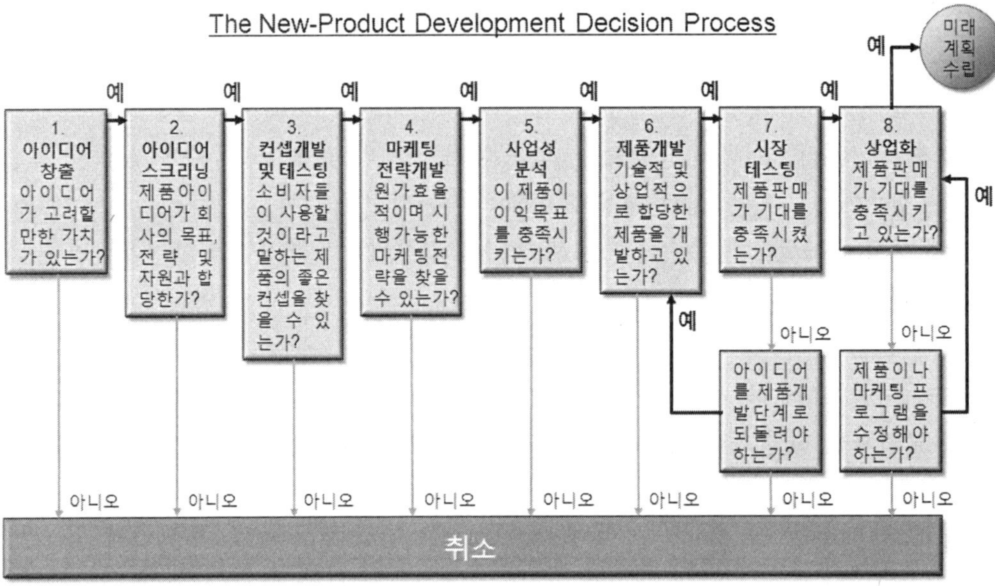

[그림 2-6] 신제품 개발 프로세스 8단계와 단계별 의사결정 과정(Kotler, 2009)]

① 1단계. 아이디어 창출

소비자들의 미충족된 요구나 기술혁신 등을 찾아보는 단계를 의미하며, 새롭게 차별화 될 가능성이 있는 모든 생각이 다 아이디어로 활용이 가능하다. 따라서 아이디어 창출 단계에서는 현재 출시된 제품과 시장상황에 대한 분석 등 현상 분석을 통해서 뿐 아니라 창의적인 다양한 접근방법이 모두 적용가능하다. 소비자의 입장에서 추가될 수 있는 핵심편익 혹은 부가편익 모두를 발전시킬 수 있는 작은 팁이라도 이 단계에서는 모두 유용하게 사용할 수 있다. 아이디어 창출 단계에서 최근 기업들이 대학생 패널이나 다양한 잠재 소비자층의 의견 선도자들을 아이디어 도출의 풀로 사용하는 것도 이 같은 맥락이라 할 수 있다.

② 2단계. 아이디어 스크리닝(idea screening)

1단계에서 다양하게 도출된 아이디어는 2단계 아이디어 스크리닝 단계를 거쳐 선정되고 보다 상품의 컨셉으로 발전시킬 수 있는 형태로 정련화되는 과정이 필수적이다. 도출된 아이디어들 중에서 선정하는 중요한 기준이 되는 것은 해당 아이디어가 제품으로 상용화 될 수 있는 가능성이 있는지 여부와 아이디어 자체의 가치가 소비자 관점에서 핵심편익 또는 매력적인 부가편익으로 받아들여질 수 있는지 여부에 대한 평가 과정을 거쳐 선별되어야 한다.

아이디어 스크리닝 단계는 소비자의 관점과 기업의 상용화 가능성을 모두 검토해야 하는 중요한 단계가 되므로, 회사별로 신제품 검토 위원회 등 별도 검토 조직 운영이 일반적인 형태라 할 수 있으며, 소비재 제품의 경우, 소비자 모니터링이나 소비자 평가단도 함께 운영하는 경우도 있다.

아이디어 스크리닝 단계는 상용화 여부를 판단할 때 중요하게 살펴보아야 할 부분 중 하나가 개발 단계가 진행됨에 따라 제품 개발비용 투입이 얼마나 추가될 것인가 하는 재무적 투자 검토가 필요하다. 이는 상용화를 위한 생산설비 투자 가능성까지 제품화되기 위해 필요한 사전 투자와 출시 후 요구되는 초기 마케팅 비용 등 다양한 관점에서의 재무적 검토가 사전에 이루어져야 함을 의미한다.

③ 3단계. 컨셉 개발 및 테스팅

스크리닝 단계를 거쳐 선정한 아이디어는 보다 구체적인 상품화를 위해 컨셉으로 정리되고, 소비자 인식상의 핵심편익을 고려하여 브랜드 컨셉까지 발전시키는 과정이 필요하다. 제품 컨셉 개발은 개발자의 관점이 아니라 소비자의 관점에서 매력적인 요인을 강조하고 차별화 할 수 있는 명확한 커뮤니케이션 포인트로 작용할 수 있어야 하므로 컨셉은 이해가 쉽고 명확하며 그 아이디어가 의미하는 바를 정확히 전달할 수 있어야 한다.

제품 컨셉의 테스팅 단계는 제품에 대한 구체적인 상용화 계획을 포괄하는 컨셉이 개발되면 해당 컨셉을 소비자들이 얼마나 매력적으로 느끼는지, 개선해야 할 부분이나 보완해야할 부분은 없는지 시장의 반응을 점검해 보는 단계이다. 이 단계를 거쳐 제품 컨셉이 더욱 명확해지게 되고, 마케팅 전략 수립에도 중요한 참고자료로 활용할 수 있다. 단, 경쟁이 치열한 시장이거나 신상품 개발 기간이 상대적으로 짧은 소비재의 경우, 컨셉 테스트를 진행하는 것이 신상품 개발과 관련된 정보의 유출 가능성을 높이고 유사한 경쟁제품이 동시에 출시되는 경우도 있기 때문에 보안에 각별히 신경을 쓰는 것이 중요하다. 컨셉 테스트는 시제품을 이용한 개선 건의사항이나 수정보완사항 도출, 또 아이디어 보완 등을 위해 정성적 탐색방법을 적용하는 경우와 계량적 통계기법을 활용하는 정량적 접근방법 두 가지로 나눠 볼 수 있으며 경우에 따라 선택적으로 활용할 수 있다.

④ 4단계. 마케팅 전략개발

시장에 대한 이해를 돕고 제품 출시 후 실패를 최소화 하기 위해 실시한다. 목표시장의 규모, 구조, 소비자행동 분석 등 시장의 니즈 파악하고, 제품 포지셔닝에 필요한 소비자 인식 상의 포지셔닝을 분석한다. 기존 제품의 런칭 초기부터 현재까지의 매출 및 시장점유율을 토대로 신제품을 출시할 때 초기 최소한의 마케팅 목표를 설정하고 달성가능성을 점검한다. 신제품 출시에 필요한 4P 믹스 전략과 조달 가능한 예산을 점검한다. 신제품의 제품수명주기에 따른 장기적인 매출 및 이익목표, 각 단계별 마케팅 믹스 전략의 대략적인 Out-line을 설정한다.

⑤ 5단계. 사업성 분석

사업적인 매력도를 평가하는 단계이다. 총 매출 추정(estimated total sales), 손익분기점 분석(break-even analysis)과 위험분석(risk analysis)을 실시한다.

⑥ 6단계. 제품개발

제품 아이디어를 기술적, 상업적으로 출시/전환시킬 수 있는지의 가능성 여부를 충분히 검토하여 결정하되 재무적 투자에 대한 고려도 필요하다. 소비자 조사를 통해 분석해 낸 고객 인지 속성의 리스트를 만들고 이를 개발자 중심의 품질 속성으로 변경하여 상용화 가능한 여부를 점검하고 추가적으로 보완되어야 할 부분들을 점검한다.

⑦ 7단계. 시장 테스팅

브랜드명과 패키징을 부착한 제품을 실제 시장에서 테스트한다. 시용 등을 통해 초기 구매행동을 파악하고 반복구매의 의향을 점검한다. 런칭 후 초기 수요를 예측한다.

⑧ 8단계. 상업화(출시)

본격적으로 제품을 시장에 출시하는 단계로 대규모 투자의사결정이 필요하고 출시를 위한 부품조달부터 유통에 이르기까지의 내부 흐름 전개에 대한 정교한 계획과 설계가 필요하다. 상업화를 위해 기존의 기업 자원과 신규로 투자되어야 하는 자원을 나누어 적절히 배분하고 상호 시너지를 낼 수 있도록 효율성을 극대화하는 생산관리가 필요한 단계이다. 출시가 선발주자인지 후발주자인지 여부에 따라, 타겟시장의 지리적 범위에 따라 한 지역시장, 여러 지역시장, 전국시장, 해외시장 등 출시 범위를 결정한다.

(4) 혁신제품 출시 후 수용과정과 혁신제품 수용 촉진 요인

혁신제품이란 사람들에 의해 새롭다고 지각되는 재화나 서비스, 아이디어 및 기술의 발전이 제품을 선도하는 경우로, 소비자 니즈로부터 신제품 출시가 결정되기 보다는 주로 첨단기술(High-Tech) 관련 제품을 개발할 때 적용된다.

혁신제품 소비자들은 초기 혁신 수용자들의 특성에 따라서, 또 오피니언 리더 집단의 반응에 따라서 확산의 속도와 영향력이 크게 달라지게 되므로 초기 확산 속도를 높이고 강화시키기 위해서는 일반적인 혁신의 확산과정에 대한 이해와 확산 과정에 영향을 미치는 요인을 발굴하는 것이 무엇보다 중요한 성공요인이 될 수 있다.

소비자의 혁신에 대한 수용과정은 아래에서 도식화 한 것처럼, 타겟 소비자 집단의 2.5% 내외에 해당하는 초기혁신 수용자 집단이 최초 반응을 보인 후, 2단계로 조기 수용자 집단으로 확산되고, 조기 다수자로부터 후기 다수자, 최후 수용자 집단으로 일반화 할 수 있다.

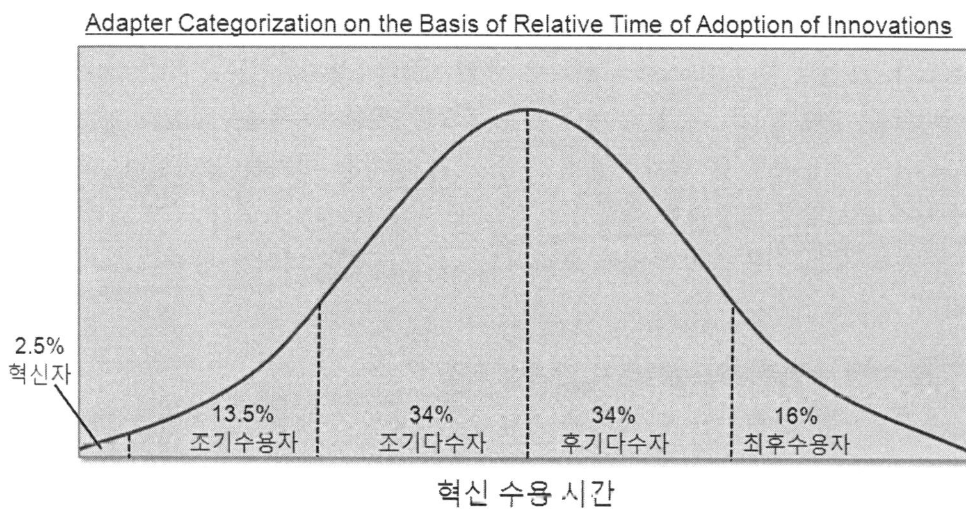

[그림 2-7] Consumer Adoption Process(Kotler, 2010)

① **혁신확산과정**(Innovation Diffusion Process)

혁신확산과정이란 발명이나 창조의 원천에서 최종 사용자나 수용자까지로 혁신 자체의 활용이 전파되는 과정을 의미한다. 주로 혁신적 첨단기술을 바탕으로 개발된 혁신 신제품의 최초 수용자부터 범용화 되는 모든 전파과정을 통칭한다. 혁신확산의 속도를 높일수록 혁신제품 성공률도 높아지고 투자회수가 가능해 지므로 기업의 입장에서는 확산속도관리가 중요한 마케팅 포인트가 될 수 있다.

② **혁신수용과정**(Innovation Adoption Process)

소비자가 혁신에 대해 알게 되면서부터 실제로 활용하도록 수용할 때까지 거치게 되는 인지프로세스를 혁신수용과정(Innovation Adoption Process)이라고 한다. 혁신 수용과정은 소비자들이 혁신제품을 알게 되고, 혁신 제품의 속성에 대해 관심을 보이는 단계를 거쳐 구매여부를 판단하는 평가 단계와 초기 사용과정을 통해 혁신제품 수용 여부를 결정하는 인지 프로세스를 거치게 된다. 구체적인 단계별로 나누어 보면 ① 인지(awareness), ② 관심(interest), ③ 평가(evaluation), ④ 시용(trial), ⑤ 수용(adoption: 혁신을 완전하고 정규적으로 사용하겠다는 결정)의 5단계로 나누어 볼 수 있다. 각 단계는 소비자의 제품이나 광고 수용에도 동일하게 적용되나, 혁신의 수용과정에서 강조되는 부분은 ④ 시용(trial)단계에서의 혁신제품 편익에 대한 판단이다. 혁신제품의 경우는 기존의 사용경험이나 판단이 전무한 경우이므로 시용 후 판단은 추후 혁신제품의 확산과 성공 여부에 중요한 영향을 미치는 요소가 된다.

혁신수용과정에 영향을 미치는 요소로는 개인의 혁신성과 주위 사람들의 영향력에 달려있다. 개인의 혁신성(Innovativeness)은 어떤 개인이 사회의 다른 구성원보다 새로운 아이디어를 상대적으로 더 빨리 수용하는 정도를 말한다. 주변구성원의 영향(personal Influence)이 수용과정 중 평가과정에 가장 크게 영향을 미치는 요인이며, 초기 혁신 수용자가 의사결정 영향력을 행사하는 정도에 따라 확산의 속도가 크게 달라질 수 있으며, 초기 혁신 수용자의 특성이 오피니언 리더일 경우 이러한 영향력은 배가될 수 있다.

(5) 제품 수명주기와 수명주기 단계별 특징

제품도 시장에 출시된 후, 초기에 기업체의 막대한 투자와 비용지출을 통해 시장에 안착하는 시기로부터, 투자비용을 회수하고 일정규모 이상의 매출신장을 이룩하며 성장하는 단계, 그리고 더 이상의 추가적인 마케팅 비용 투자 없이도 계속적인 매출증가를 이루는 효자상품이 되는 단계, 마지막으로 제품에 대한 시장의 니즈가 줄어들고, 경쟁제품이나 혁신제품이 출시되면서 소비자들의 인식상에 차츰 매력도가 하락하고 매출이 하락하는 쇠퇴기의 단계 등 제품 수명주기(PLC; Product Life Cycle)가 존재한다. 신제품 런칭 후 기업은 최대한 런칭 제품의 수명을 늘리면서 매출을 극대화하고 이윤을 높이기 위한 단계별 노력을 경주하게 되므로 제품의 수명주기(PLC; Product Life Cycle)에 따른 각 단계별 특징을 이해하고 그에 적합한 전략을 수립하는 것이 효율적으로 시장을 공략하고 지켜나가는데 중요하다 할 수 있다. 제품의 수명주기(PLC; Product Life Cycle)는 ① 도입기(Introduction Stage), ② 성장기(Growth Stage), ③ 성숙기(Maturity Stage), ④ 쇠퇴기(Decline Stage) 등 4단계로 구분하며, 각 단계별 이익기준과 함께 도식화 하면 다음과 같다.

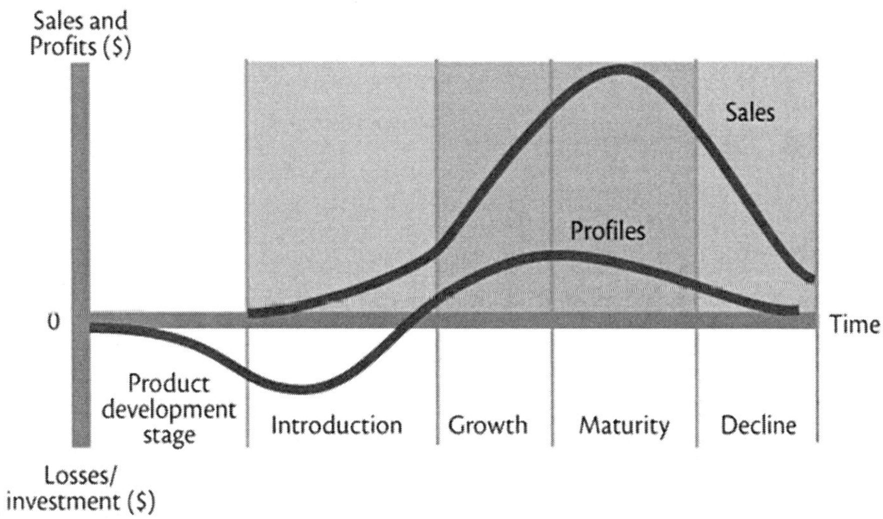

[그림 2-8] 제품수명주기와 매출 및 이익 도표(Kotler, 2009)

① **도입기**(Introduction Stage)

제품이 시장에 출시되는 출시 초기시점을 말한다. 제품을 개발하는 단계에서 이미 일정규모 이상의 투자와 생산설비 구축, 마케팅 전략에 따른 준비 등이 진행되고, 시장에 처음 제품을 출시하고 나서도 소비자들에게 제품에 대해 알리고 유통 및 촉진 노력을 경주해야 하는 단계로, 성공적인 시장 진입이 목표인 단계라고 할 수 있다.

② **성장기**(Growth Stage)

신제품이 출시되어 성공적으로 시장에 안착한 후, 급격하게 매출신장을 이루며 성장이 이루어지는 단계를 말한다. 성장기 단계에 진입했더라도 소비자 집단은 여전히 출시된 제품을 신제품으로 인식하는 단계가 되므로, 지속적인 마케팅 비용은 계속 발생하게 되며, 적절한 마케팅 비용의 투자가 이루어질 때 보다 강력한 성장 드라이브를 걸 수 있게 된다.

③ **성숙기**(Maturity Stage)

출시 제품이 시장에서 일정규모 이상의 시장점유율을 확보하고 안정적인 매출 규모를 확보하여 반복구매가 이루어지는 단계를 말한다. 이 단계에서는 소비자들도 출시된 제품에 대해 충분히 인지하고 사용하게 된다.

④**쇠퇴기**(Decline Stage)

매출 규모 자체가 점차 감소하는 단계로, 제품이 시장 내에서 존속하기 어려운 단계에 이르기 까지를 말한다. 기술혁신 및 사회 변화에 따라 더 이상 사용되지 않는 사양제품으로 인식되어가거나 제품 자체의 활용도가 감소하는 단계라고 할 수 있다.

3) 신상품 개발과 마케팅 프로세스

기업이 신제품을 개발하여 시장을 공략하기 위해 필수적으로 수립해야 하는 마케팅전략의 일환으로서의 4P 믹스(Product, Price, Place & Promotion) 전략 중 상품 및 서비스에 대한 개념 이해 부분에서 학습한 제품을 제외한 가격전략과 유통전략, 광고 프로모션 전략이 필요하다. 또 제품의 실제적인 시장 출시를 위해 광고 프로모션 전략과 별도로 브랜드 아이덴티티를 설정하고 네이밍과 패키징, 로고 등 관련된 브랜드 전략을 수립해야 한다.

(1) 4P 믹스 전략

4P 믹스전략이란 기업이 신제품을 시장에 출시하기 위해 필요한 마케팅 전략의 일환으로서 제품(Product), 가격(Price), 유통(Place) 및 촉진(Promotion)을 포괄하는 마케팅 전략을 의미한다. 대상이 되는 제품과 제품의 가격, 그리고 제품을 어떻게 유통시킬 것인지에 대한 전략과 광고 홍보 등의 커뮤니케이션을 포함한 판매 촉진 전략이 포함된다. 4개의 중요한 전략적 고려사항 각각에 대해 통일되고 일관된 방향성과 전략이 있어야 성공적으로 시장 진입할 수 있다. 앞에서 다루었던 제품을 제외한 3전략에 대해 살펴보자.

① 가격관리(Price) 전략

가격은 누가 가격을 결정하는가하는 가격결정 메커니즘에 따라 다음과 같이 분류된다. 첫째, 판매자가 가격을 결정하고, 구매자는 그 가격에 살 것인지의 여부만 결정한다. 둘째, 구매자가 가격을 결정하고, 판매자는 그 가격에 공급할 것인지의 여부만 결정한다. 셋째, 판매자가 주도하는 경매로 잠재 구매자의 수가 판매될 상품의 수보다 많고, 잠재 구매자마다 해당 상품에 대해 느끼는 가치가 달라서 획일적인 가격을 붙이기 어려울 때 주로 활용한다. 넷째, 구매자 주도 경매로 구매자가 잠재 판매자의 원가 구조를 모르기 때문에 가격을 섣불리 정하기 어려운 경우에 주로 활용하게 된다. 그 외 협상 및 거래소를 활용하는 가격결정 행태도 특수한 경우에 한해 활용하고 있다. 또 제조업자 관점에서는 출고가격이 '가격'전략의 핵심이 되지만 소매업자 관점에서는 소매가격이 '가격'전략의 핵심이 된다.

가격은 다음과 같은 특성을 가진다. 첫째, 가격은 쉽게 바꿀 수 있지만, 가격 이미지는 쉽게 바꿀 수 없다. 둘째, 이익에 즉각적으로 커다란 영향을 미칠 수 있는 파괴력이 있다. 셋째, 가격 경쟁은 가급적 피하는 것이 바람직하다. 가격은 이익 뿐 아니라 시장 판도에도 파괴력 있는 영향력을 미치게 된다. 따라서 가격경쟁은 가능한 피하고 차별화 경쟁으로 나아가야 한다.

개별가격을 결정(pricing)할 때 가격의 목표는 원가를 커버하는 것이 아니라 고객이 지각한 가치만큼을 설정하는 것이다. 가격 결정시 기본적인 고려요인은 ① 고객의 심리와 행동에 기반한 고객의 지각한 가치 정도를 계량화한 영향력, ② 기업 내부의 이익목표와 원가, 그리고 ③ 시장 내 경쟁자의 원가와 가격 등을 꼽을 수 있다. 그 외, 해당 산업이나 제품의 특징에 따라 유통업자와 판매사원의 반응이나 산업의 구조적인 요인, 정부의 규제 등도 가격 결정에 영향을 미칠 수 있다. 이에 소비자는 가격결정의 메카니즘을 이해해야 현명한 선택이 가능하다.

가격은 개별상품의 가격 뿐 아니라 고객과 출시 시간의 변화에 따른 시장 판도의 변화, 상품의 할인과 프로모션 등 전반적인 시장에서의 유통구조에 이르기까지 다양한 관점과 다양한 시점에 대한 고려가 필요하다. 소비자들은 가격에 민감하므로 논리적으로 수용될 수 있는 가격 운영 전략이 없을 경우 혼란을 느끼고 불신하게 된다.

② 유통관리(Place) 전략

일반적으로 유통이란 유통경로(distribution channel)와 물리적 개념으로서 물류(logistics)에 대한 관리로 크게 나누어 볼 수 있다. 유통경로란 물리적 개념으로서 제품 서비스가 생산자로부터 소비자로 이동하는 과정에서 관여하는 유통조직체를 의미하며, 물류란 논리적 개념으로 생산자로부터 소비자까지의 최종 제품의 물적 흐름에 대한 관리를 의미한다. 기존의 오프라인에서의 유통단계는 보통 생산자 → 도매상 → 소매상 → 소비자의 단계를 거치는데 인터넷거래는 생산자 → 소비자의 단계로 직거래가 가능해진다. 인터넷의 장점은 유통단계의 축소에 따른 유통비용의 감소에 있다. 또 실물세계에서는 제품의 물리적 흐름을 강조하지만 인터넷에서는 정보의 흐름이 중시된다. 하지만 복잡하고 다양해지는 인터넷에서 소비자와 판매자가 서로 거래의 효율성을 증대시키기 위해 신뢰할만한 제3자의 개입이 필요하다. 이들을 정보중개인(infomediary)이라고 하며, 주로 생산자, 도매상, 소매상으로부터 습득된 정보와 소비자나 제3의 독립적인 조직이나 사람으로부터 정보를 얻어 소비자와 판매자를 연결시켜주는 역할을 한다.

기업이 유통경로를 결정할 때는 통제가능성과 투자비 사이 균형을 유지하려는 노력이 중요한 구조적 전략의 핵심이라고 할 수 있다. 통합적인 유통경로(integrated distribution channel)는 기존의 유통경로의 효율성을 극대화하기 위한 전략적 접근으로 기존 유통경로를 잘 구축해 놓은 경우에 활용 가능하다. 제품의 특성 상 기존의 유통경로에는 적합하지 않거나 유통 경로의 구조를 분리하는 것이 더 효율적인 경우에는 독립적인 유통경로(independent distribution channel)를 선택 할 수 있다. 유통경로가 매우 중요한 역할을 담당하는 경우에 유통경로의 계열화 또는 수직적 마케팅 시스템(VMS; vertical marketing system) 구축할 수 있다. 유통경로에 대한 관리와 통제를 위해 계열화 하거나 수직적인 마케팅 시스템을 구축하는 것을 말하며, 투자비용과 성과를 잘 계산하여 사전 예측을 통해 효율적인 방법을 택하는 것이 바람직하다.

③ 광고 및 판매촉진(Promotion) 전략

촉진 믹스란 기업이 고객들을 상대로 자사의 제품이나 서비스에 대한 가치와 효용을 알림으로써 호의적인 반응을 얻어내기 위한 광고, 홍보활동 등 마케팅 커뮤니케이션과 판매촉진을 포괄하는 개념이다. 촉진전략의 목표는 고객들과의 커뮤니케이션을 통해 자사제품이나 서비스를 구매하도록 하는 데 있다. 마케팅 커뮤니케이션 도구는 광고를 포함한 다양한 방식으로 확장되고 있다. 확인된 스폰서(광고주)가 비용을 지불하고 다양한 청중 대상 비인적 매체를 통해 이루어지는 커뮤니케이션 활동인 광고(advertising)와 불특정 다수의 청중(다양한 기업 이해관계자 집단) 대상 기업과 소비자간 우호적인 관계를 형성하기 위해 수행되는 모든 활동들(예: 기업광고, 기부활동, 특집기사 등)을 가르키는 PR 및 퍼블리시티(publicity), 기업이나 그 기업이 소유한 브랜드를 구체적인 이벤트나 자선활동과 연계시킴으로써 소비자들로 하여금 기업과 기업의 브랜드에 대한 관심을 제고시키기 위한 커뮤니케이션 활동인 스폰서십 마케팅(sponsorship marketing)이 있다. 구매자의 즉각적인 (구매)행동을 자극하기 위해 혹은 단기적인 제품매출을 증대시키기 위해 사용되는 모든 형태의 마케팅 커뮤니케이션 활동(예: 쿠폰, 샘플, 경품 및 컨테스트, 가격할인 등)인 판매촉진(sales promotion)과 인적판매(personal selling)로 영업사원이 자사제품 혹은 서비스를 구매하도록 유망고객에게 정보를 제공하고 설득하기 위해 사용하는 대면커뮤니케이션 활동 등이 있다.

광고, DM, 판매촉진, PR 등 다양한 커뮤니케이션 수단들의 전략적인 역할을 비교, 검토하고, 명료성과 정확성 측면에서 최대의 커뮤니케이션 효과를 거둘 수 있도록 이들을 통합하는 총괄적인 계획의 수립과정을 모두 포괄하는 총체적 개념으로 통합적 마케팅 커뮤니케이션(IMC; Integration Marketing Communication)이라는 Big Picture Thinking(Helicopter View)가 필요하다.

통합적 마케팅 커뮤니케이션(IMC; Integration Marketing Communication) 전략을 수립하기 위해서는 먼저 마케팅 전략에 대한 전반적인 검토를 통해 표적 소비자 집단과 표적 소비자 집단에게 커뮤니케이션해야 하는 컨셉에 대해 결정하고 마케팅믹스 전반에 대한 검토를 바탕으로 어떤 커뮤니케이션으로 접근하는 것이 가장 효과적일 것인지에 대한 목표 설정과 다양한 커뮤니케이션 도구들의 비교검토를 통해 포트폴리오를 구성해야 한다. 이러한 커뮤니케이션 도구별 전략적 역할에 대한 정리가 어느 정도 이루어지면 그에 따른 예산의 확보와 배정이 이루어지게 된다.

커뮤니케이션이란 결국 '정보의 전달' 혹은 발신자와 수신자 간에 인지 및 생각의 틀에 있어서의 공통 영역을 구축해 나가는 과정이라고 정의 할 수 있다. 커뮤니케이션 과정 중에서 메시지를 만들고 전달하는 기업의 입장에서 중요한 구성은 광고 메시지를 보내는 주체로서의 발신자(Sender), 발신자의 생각을 단어, 상징, 그림 등을 통해 상징적인 형태로 표현한 부호화(Encoding) 시킨 전달물, 그리고 발신자가 수신자에게 전달하고 싶은 정보를 언어적 혹은 비언어적 수단 또는 시각적, 청각적 수단이나 상징 등을 통해 표현한 메시지(Message)와 이러한 메시지(Message)를 전달하는 매체가 되는 커뮤니케이션 채널로 이루어진다. 커뮤니케이션 과정에서 수신자 입장에서의 중요한 구성은 수신자가 메시지를 해석하는 과정을 의미하는 해독화(Decoding) 단계와 메시지를 전달하고자 하는 표적청중을 의미하는 수신자(Receiver), 그리고 메시지 정보를 통해 메시지 수신자들이 제품에 대한 인식 또는 지식을 형성하고 제품 지식을 토대로 제품에 대한 태도를 형성하거나 구매의도를 갖게 되는 반응(Response) 단계와 발신자에게 수신자가 보내는 다양한 반응으로서의 피드백(Feedback)단계를 나누어 볼 수 있다. 그 외, 커뮤니케이션 과정 전반에 영향을 미치는 잡음(Noise) 요소는 전체적으로 메시지가 전달되는 과정의 방해요소로 작용할 수 있는 다양한 요소를 포괄하며 영향을 미치게 된다.

판매촉진은 구매를 독려하는 모든 직접적이고 적극적인 활동이다. 제품을 소개하고 커뮤니케이션을 통해 설득하는 광고 및 PR 등의 활동과 달리 구매행동 유발을 목표로 인센티브를 제공하는 등의 직접적인 촉진 활동을 의미한다. 판매촉진을 판촉이 일어나는 주체를 중심으로 나누어 보면 직접적으로 소비자에게 인센티브를 제공하는 ① 소비자 판촉과 유통업자에게 판매를 강화할 수 있도록 유도하는 ② 중간상 판촉, 제조업자의 보상을 받고 유통업자가 소비자에게 다양한 판촉활동을 펼치게 되는 ③ 소매업자 판촉 등으로 나눌 수 있다.

소비자 판촉에 사용될 수 있는 다양한 판촉 수단으로 주로 광고메시지를 전달하는데 초점을 둔 광고지향적으로 접근으로 TV, 라디오, 신문, 잡지 등 4대 매체 와 다양한 신규채널 들을 활용한다. 또리베이트, 무료샘플, 충성고객 보상프로그램(보너스팩, continuity 프로그램), 쿠폰, 프리미엄, 경품(sweepstake) 및 컨테스트(contests) 등처럼 메시지의 전달보다는 구매행동유발을 위한 판촉활동에 초점을 둘 수 있다.

(2) 브랜드 아이덴티티의 개념과 브랜드 전략에 대한 이해

브랜드란 판매기업의 제품이나 서비스를 식별시키고, 경쟁기업의 브랜드와 차별화하기 위한 의도된 이름, 단어, 사인, 상징, 디자인의 총체적 결합체를 말한다. 브랜드는 구매의사결정을 단순화시켜주고, 브랜드에 대한 생각이 지불하는 가치를 높여주고 구매의사결정에 영향을 미쳐 보다 쉽게 선택할 수 있도록 도와주게 된다. 기업에게 브랜드는 제품관리를 용이하게 해주고 자산으로서 무형의 부가가치를 창출해 준다. 기업의 입장에서 브랜드 충성도가 높은 브랜드는 강력한 경쟁우위의 수단으로 작용할 수 있는 무기로 활용될 수 있다.

브랜딩(branding)이란 제품이나 서비스에 브랜드 파워를 부여하고 차별성을 갖도록 하는 것을 의미한다. 브랜드의 아이덴티티를 형성하는 것은 소비자들이 같은 제품범주 내에 있는 브랜드들과 다르다고 생각하도록 차별화하는 것이 브랜드를 만드는 작업의 핵심이 된다. 소비자가 의사결정을 명확히 할 수 있도록 제품과 서비스에 대한 지식을 잘 조직화하도록 도움을 주어 브랜드와 관련된 지식구조(knowledge structure)를 만드는 것이 중요하다고 할 수 있다.

브랜드 자산(Brand Equity)은 가격, 시장점유율, 수익성뿐 만 아니라 소비자가 브랜드를 어떻게 생각하고, 느끼고 행동하는가에 영향을 줌으로써 제품과 서비스에 부가적이 가치를 부여해 주는 것으로, 눈에 보이지 않는 무형의 자산이지만 그 부가가치나 파급력은 엄청나게 영향을 미칠 수 있기 때문에 더욱 중요하다. 브랜드의 가치를 결정하는 요소로는 소비자, 브랜드에 대한 소비자 지식 및 지식의 결과로서의 마케팅 활동에 대한 소비자의 반응을 꼽을 수 있다. 브랜드 자산은 높은 브랜드 인지도와 긍정적 브랜드이미지에 의해 형성되므로 브랜드 자산을 높이기 위해서는 브랜드의 인지도와 긍정적인 브랜드 이미지를 만드는 것이 무엇보다 중요하다. 브랜드 인지도는 브랜드 자산의 필요조건이지만 충분조건은 아니다. 브랜드 자산은 높은 인지도와 독특하고 강력한 브랜드 이미지로부터 나온다.

더 생각해보기

- 미래 상품에 대한 개념 확장에 대한 아이디어 토의
- 신기술 적용 혁신제품에 대한 아이디어 도출 과정 토의
- 윤리적 소비행동과 관련된 신제품 및 서비스 개발 관련 아이디어 토의

CHAPTER

03

소비자행동과 시장

제 3 장 소비자행동과 시장

1. 소매유통과 소매유통환경

1) 유통이란?

우리의 일상생활을 한번 살펴보자. 아침 식탁에서는 전국 산지에서 올라온 농수산물로 차려진 음식을 마주 하게 되며, 음식을 조리할 시간이 없다면 간편식이나 대용식을 구입해 식탁을 차리기도 한다. 아침식사를 할 여유가 없을 때는 등교 길에 가까운 편의점에 들러 샌드위치와 음료수를 살 수 있다. 또 주말이면 대형 소매유통점포에 나가 제철 과일과 여러 나라에서 수입된 열대과일들을 둘러보고 먹거리뿐 아니라 옷이나 생활용품 등 일상생활에 필요한 대부분의 상품을 한 곳에서 일괄 구입할 수 있다. 만약 점포에 나갈 시간이 없다면 인터넷과 모바일로 상품을 검색하고 구매하는 편리를 선택할 수도 있다. 이처럼 현대사회에서 소비자는 필요한 재화를 다양한 곳에서 구입해 소비하면서 물질적으로 풍요로운 생활을 영위하고 있다.

우리들이 이처럼 풍요로운 소비생활을 할 수 있게 된 배경은 무엇일까? 첫 번째는 과학 분야와 산업계의 기술혁신에 의한 생산력의 향상을 들 수 있다. 제조업체의 대량생산이 가능해져 상품이 안정적으로 공급되며 가격을 낮출 수 있어 합리적인 가격에 상품을 판매할 수 있다. 그러나 풍부하게 생산되는 상품도 필요로 하는 사람에게 적절한 시기에 공급되지 못하면 판매와 소비가 이루어지지 못한다. 즉, 상품을 사고자 하는 소비자들에게 적절한 시기에 적절한 양과 가격으로 제공해주는 것이 유통이다.

현대사회에서 일반적인 경제활동은 생산된 상품이 유통단계를 거쳐 소비자에게 전

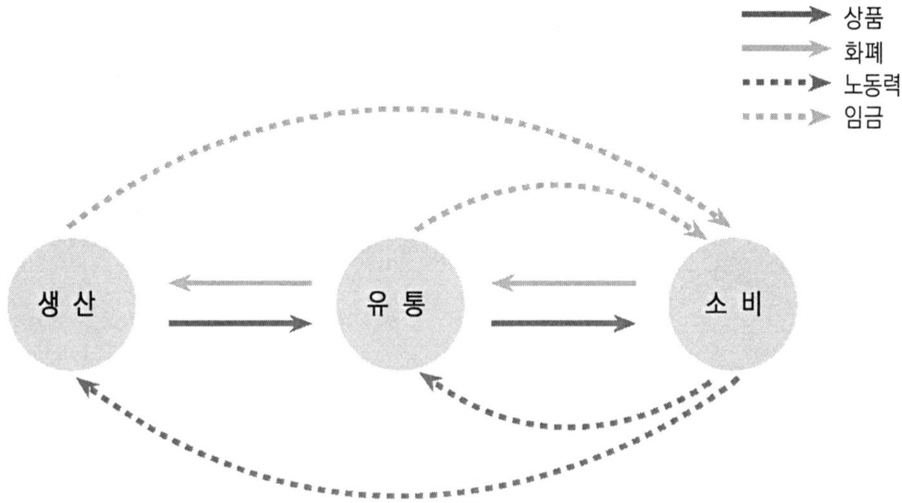

출처: 박봉두·박종희·노정구·김상조·문성암·성 민(2016), 디지털시대의 유통론, 한경사, p.19.

[그림 3-1] 경제활동의 순환

달되어 소비로 이어지는 생산－유통－소비의 구조를 가지고 있다. 생산단위인 기업은 소비단위인 가계로부터 노동력을 조달받아 다른 생산요소와 결합시켜 상품을 생산한다. 생산된 상품은 유통업체에 판매되고, 유통업체는 최종소비자에게 재판매한다. 이러한 순환구조 내에서 유통은 생산과 소비의 중간에서 이를 중개하는 역할을 한다. 그러므로 유통은 '생산단계로부터 소비·사용단계에 이르는 재화 및 서비스의 사회적 이전에 관련된 모든 인간활동'으로 정의할 수 있다(박봉두 외, 2016).

2) 유통의 주체 : 소매유통

유통은 상품 및 서비스의 생산부터 소비까지의 전 과정이다. 그러므로 넓은 의미에서 유통에 참여하는 주체로는 생산자, 도매상, 소매상, 운송과 보관 등 보조유통업, 소비자까지 포함된다. 그러나 이 절에서는 유통과정에서 소비자의 전 단계에 위치한 소매유통업(소매상)을 중심으로 그 기능을 소개한다.

(1) 소매유통의 기능

소매상은 최종소비자에게 소비재를 판매함으로써 수익을 추구하는 주체로, 제조업이나 도매상에 비해 각 지역에 많은 수가 다양한 규모와 형태로 분산되어 있다. 이들은 제조업 및 도매상과 소비자의 중간 위치에서 양쪽과 거래하므로 이들을 연결해주는 기능을 하게 된다.

① 제조업 및 도매상을 위한 기능

A. 판매 대리 기능

소매상은 제조업으로부터 상품을 사들여서 소비자에게 재판매함으로써 수익을 창출한다. 이러한 소매상의 기능으로 인해 제조업체는 소비자들에게 상품을 직접 판매하지 않아도 되며 상품 생산이라는 고유한 기능에 집중할 수 있다.

B. 재고의 보관 및 위험부담 기능

제조업에서 만든 상품을 소매상이 사들임으로써 제조업이 생산한 재고의 일정량을 보관, 유지해준다. 소매상이 재고를 보관하는 동안 발생될 수 있는 상품의 훼손 등 물리적 손실과 미판매될 경우의 경제적 손실 등 위험 또한 소매상이 부담한다. 따라서 제조업은 재고유지비와 위험 부담을 줄일 수 있다.

C. 시장정보 제공 기능

유통의 전 과정에서 상품과 소비자에 대한 정보가 발생되는데, 특히 소매유통업은 최종소비자들에게 직접 상품을 판매하므로 소비자의 반응과 욕구를 가장 잘 파악할 수 있다. 소매유통업은 제조업체와 거래하는 과정에서 소비자의 상품에 대한 반응과 전반적인 시장 동향 등 정보를 전달해준다.

D. 금융 기능

자금이 풍부한 대규모 소매유통업체는 중소 세소업체나 도매상에게 신용을 제공하거나 상품의 대금을 우선 지급해주는 금융기능을 제공할 수 있다.

② 소비자를 위한 기능

A. 구매 대리 기능

소매상은 소비자가 필요로 하는 상품들을 제조업체로부터 대신 구매해 재판매함으로써 소비자가 직접 상품을 선택하고 비교하는데 소요되는 시간과 비용, 노력들을 절감할 수 있게 해준다.

B. 구색 갖춤

소매상은 여러 제조업체와 공급자로부터 상품을 공급받아 판매함으로써 소비자 한 사람 한 사람이 제조업체를 찾아다니며 상품을 구하는 것에 비해 더 다양한 가격, 형태, 기능 등의 선택 폭을 넓혀준다.

C. 정보 제공

소매상은 상품을 진열하고 광고와 판매촉진활동, 판매원의 사용법 안내서비스 등을 제공함으로써 소비자에게 상품에 대한 정보를 알려주는 기능을 한다.

D. 금융 기능

소매상은 소비자에게 상품을 판매할 때 신용판매 또는 할부판매 등의 금융기능을 제공한다. 소비자가 한 번에 지출하는 부담을 덜어주고 현금 없이도 미래에 지불을 조건으로 필요한 상품을 구매하고 원하는 시기에 사용할 수 있도록 해준다.

E. 서비스 제공

소매상은 소비자에게 배달서비스를 비롯하여 판매 상품에 대한 사후서비스를 제공한다. 또한 지역사회의 소비자를 위해 문화센터와 같은 교육공간, 휴게공간을 갖추고 행사를 열어 소비자들에게 생활의 편의와 문화 혜택 등의 서비스를 제공한다. 신세계는 스타필드코엑스몰 내에 독서와 휴식, 문화 체험이 가능한 도서관 '별마당 도서관'을 2017년 5월 31일 개장했다. 이 도서관은 책 판매는 전혀 하지 않고 무료로 이용할 수 있으며, 책과 최신 잡지를 진열하고 아이패드를 통해 책을 볼 수 있는 전자책(e-book) 시스템도 도입하여 이용자들이 좋아하는 방식으로 편안한 의자에 앉아서 휴식을 취하면서 책을 읽을 수 있다(조선비즈, 2017. 5. 16). 이처럼 백화점, 복합쇼핑몰, 아울렛 등 대형 소매유통업은 상품 판매의 기능 이외에 매장을 찾는 소비자와 지역사회 주민에게 문화센터, 공연장, 도서관, 놀이시설 등을 갖추고 문화와 오락, 휴식 등을 제공하는 서비스 기능을 추가하고 있다.

(2) 소매유통업의 유형과 특징

소매유통업(이하 소매상)은 직접 소비를 목적으로 상품을 구매하는 최종소비자에게 상품을 판매하는 유통기관이다. 이에 비해 도매상은 소매상, 기업 등을 대상으로 상품 또는 재료를 판매, 유통시킨다. 도매상은 소매상에 비해 규모가 크고, 거래단위가 크며, 판매단가가 소매판매단가에 비해 낮은 것이 일반적이다. 그러나 소매유통업 중에서도 할인점, 백화점 등은 도매상보다 매장의 규모가 클 뿐 아니라 여러 개의 매장을 동시에 운영하는 다점포 소매상으로 과거의 도매상보다 더 큰 규모로 운영된다. 따라서 도매상과 소매상의 차이는 최종소비자를 주 대상으로 하는가에 따라 구분한다.

소매상은 취급하는 제품의 종류, 판매방식, 경영방식, 규모 등에 따라 여러 가지로 분류할 수 있는데, 그중 점포보유여부에 따른 분류와 특징을 알아보자.

① 점포소매상

점포소매상은 특정 지역에 점포를 내고 소비자에게 상품을 소개하거나 판매하는 소매상이다. 전통시장 내의 영세한 상점, 편의점과 같은 소형점포부터 대형 할인점, 도심의 백화점, 복합쇼핑몰, 교외의 아울렛에 이르기까지 다양한 점포소매상이 존재한다. 이들이 제공하는 점포의 특성, 즉 접근성, 규모, 판매하는 상품의 유형 및 다양성, 가격, 서비스 수준 등에 차이가 있으며, 각 특성의 조합에 따라 한 소매상이 다른 소매상과 차별화되거나 경쟁력을 갖게 된다.

점포소매상 중 편의점, 할인점, 복합쇼핑몰에 대해 알아보자. 편의점은 유동인구가 많은 도심 및 인구밀집지역에서 원하는 시간에 영업을 하는 소규모 매장으로 출발했다. 최근에는 주택가 골목 상권에 적극적으로 진출하여 가까운 거리에서 24시간 생활용품과 간이식품, 비상약품 등을 소량으로 간편하게 구매하려는 소비자들에게 상품을 판매하고 있다. 즉, 편의점은 소비자들에게 시간의 편의, 장소의 편의, 상품구색의 편의를 제공하는 특성을 가지고 있다. 편의점의 숫자가 지속적으로 증가함에 따라 카페형 매장으로 차별화된 매장도 등장해 이용자들의 호응을 얻고 있다. 또 주택가 골목 상권까지 진출해 많은 매장을 확보하고 있는 인프라를 활용해 일부 매장에서 택배서비스를 대행하거나 '여성안심지킴이' 등 안전서비스를 제공하기도 한다.

할인점은 묶음 또는 대용량의 식품과 생활용품을 저가격에 판매해 소비자들에게 가격의 이점을 제공하는 업태이다. 할인점이 저가격을 실현할 수 있는 배경은 다점포에서 사들이는 대량의 구매력(buying power)으로 구매단가를 낮추며, 셀프시비스로 고용인력과 인건비를 최소화하며, 재고회전율이 높은 유명 제조업체 상품을 판매함으로써 재고비를 절감하는 등 원가와 운영비를 낮추는 것이다. 할인점의 효시는 1948년에 개점한 미국의 콜벳(Korvette)이며, 현재 Wal Mart가 전 세계에 가장 많은 매장을 보유하고 있다. 우리나라의 할인점은 신세계 이마트가 1993년 서울 창동에 개점한 이마트를 시작으로 점포시설과 서비스를 축소하는 대신 연중 할인된 가격으로 판매하는 상시 저가격 정책(Everyday Low Price)을 도입하였다. 이 전략은 이후 많은 소매유통업에서 가격파괴를 표방하고 소비자들이 소매상을 선택하는 요소로 가격을 우선적으로 고려하는 계기를 제공했다. 현재 국내외 할인점은 저렴한 가격과 쇼핑의 편리성을 제공하는 온라인쇼핑과 경쟁하며 대량구매를 선호하지 않는 1인가구의 증가 등의 여파로 그 성장세가 둔화되고 있다. 이에 대응해 각 할인점은 저가격을 유지하면서도 유명 제조업체상품과 상품의 특성 면에서도 차별화된 자체브랜드(Private Brand) 상품을 개발하고 상품구성 비중을 늘려나가고 있다.

상품의 판매 뿐 아니라 소비자들에게 볼거리와 놀거리 등을 제공하는 소매유통업으로 최근 복합쇼핑몰이 등장하고 있다. 복합쇼핑몰은 백화점을 비롯한 전문점, 레저스포츠 시설, 영화관, 놀이공원 등을 한 건물에 유치한 유통업이다. 2017년 현재 우리나라에서 가장 큰 복합쇼핑몰은 2016년 9월 개장한 '스타필드 하남'으로, 연면적이 축구장 70개와 맞먹는 46만㎡(약 13만9300평)에 백화점과 명품 매장, 창고형 할인매장, 테마 전문점과 수영장, 스포츠 시설, 영화관 등의 부대시설이 있다(조선닷컴, 2016. 9. 6). 복합쇼핑몰은 대형매장에 여러 업태를 동시에 유치해 소비자에게 일괄구매(one-stop shopping)의 편의와 선택을 제공하며, 여가시간을 보내고 새로운 것을 체험하는 장소, 사람들을 만나고 식사를 즐기는 기회를 제공하는 등 다양한 활동의 장소가 된다.

이처럼 점포소매상은 유통기업의 여건과 소비자의 요구에 따라 기존의 유형 중 경쟁력을 잃거나 반대로 새로운 유형이 등장하면서 다양한 소매상이 공존하고 있다.

② 무점포소매상

무점포소매상은 점포 없이 상품을 판매하는 소매상을 말한다. 가장 오래된 무점포소매상은 방문판매이다. 이는 판매원이 잠재적 고객을 직접 찾아가 제품을 보여주고 설명하면서 판매하는 유형이다. 우리나라의 일부 화장품, 야쿠르트 등 유제품의 경우 방문판매가 활성화되어 있다.

인터넷과 IT 등 기술적 환경의 비약적 발전에 따라 새로운 유형의 무점포소매상이 등장하며, 매우 빠른 속도로 확산되고 있다. 홈쇼핑(home shopping)은 케이블 TV(CATV) 채널을 통해 진행자가 상품을 일정 시간동안 보여주면서 소개하고 소비자가 전화로 주문하면 직접 배달되는 무점포 소매상이다. TV화면으로 상품의 장점과 사용법을 반복적으로 소개하고 시연, 시식, 시험을 통해 상품에 대한 신뢰와 현실감을 전달한다.

홈쇼핑 이외에 인터넷상거래, 모바일상거래, SNS상거래와 같이 생산자와 구매자 간에 디지털통신기술에 의해 수행되는 상거래활동을 전자상거래라고 한다. 전자상거래는 인터넷과 웹브라우저의 등장으로 네트워크에 접속 가능한 모든 사람들이 상거래에 참여할 수 있는 개방형으로 발전되었다.

전자상거래가 개방형 네트워크를 통해 이루어짐에 따라 거래주체도 기업과 소비자뿐 아니라 정부 및 행정기관, 소비자와 소비자 등 다양화되고 있다. 기업과 소비자 간(business to consumer) 전자상거래는 기업이 디지털 유통경로를 이용하여 소비자에게 상품을 유통시키는 것으로, 대표적으로 인터넷쇼핑몰, 모바일쇼핑몰을 열고 소비자에게 상품을 제시하고 판매하는 형태이다. 기업과 기업 간에 인터넷 또는 전용 네트워크를 통해 거래와 이에 수반되는 업무를 수행하는 것을 기업 간(business to business) 전자상거래라고 한다. 한 기업이 자재 및 부품을 공급해줄 수 있는 다른 기업에 대한 정보를 탐색하고 협상, 계약, 대금 지불 등의 거래과정에서 장소와 거리의 제약을 받지 않고 시간과 비용을 절감할 수 있는 장점이 있다. 네트워크에 접속 가능한 모든 사람이 참여할 수 있는 전자상거래의 특징으로 인해 소비자와 소비자 간(consumer to consumer) 상거래도 가능하다. 농수산물의 생산자가 전통적인 유통경로를 이용하지 않고 인터넷쇼핑몰을 열어 소비자에게 생산물을 직접 판매하는 직거래를 들 수 있다. 정부 또한 정부의 사업 추진이나 업무에 필요한 물자를 조달하기 위해 전자상거래의 주체로 참여할 수 있으며, 거래의 상대방은 기업 또는 개인 소비자이다. 기업과 정부 간(business to government) 전자상거래는 정부가 조달사업을 인터넷에 공지하면 기업이 공급자로 입찰에 응하는 방식이다. 소비자와 정부 간(consumer to government) 전자상거래는 정부기관이 국민에게 증명서 발급, 세금고지 및 납부 등을 전자적 방식으로 시행하는 경우이다.

인터넷쇼핑은 인터넷 상에서 판매자가 쇼핑몰을 개설해 상품을 소개하고 정보를 제공하는 것이 특징이다. 인터넷과 PC의 보급으로 전 세계의 모든 소비자와 판매자가 시간과 공간을 초월해 판매와 구매를 할 수 있다. 최근에는 모바일 기기에서 인터넷에 접속할 수 있게 됨에 따라 이동 중에도 필요한 상품을 검색하고 주문할 수 있는 모바일 쇼핑이 소비자의 편리성을 더해주고 있다.

홈쇼핑, 인터넷쇼핑, 모바일쇼핑 등 무점포유통의 가장 큰 장점은 구매의 편리성이다. 소비자는 언제 어디서나 전 세계의 가상점포를 자유롭게 방문해 상품에 대한 정보를 구하고 구매하는 것이 가능하다. 또한 자신의 PC나 모바일로 상품 정보를 탐색할 수 있어 특정 기업이나 소매점이 제공하는 한정된 정보에 비해 더 다양하고 객관적인 정보력을 갖게 된다. 즉, 다양한 정보를 가지고 구매계획을 세우고 대안을 평가하는 과정을 거쳐 구매여부와 구매할 상품을 선택하는 합리적인 소비를 할 수 있다. 한편 판매자에게는 점포를 개설하는 비용이 거의 들지 않아 진입장벽이 낮다. 또한 판매에 시공간의 제약이 없으므로 잠재고객이 상대적으로 많다. 판매하는 상품의 표적고객을 설정하고 접근하는 것이 보다 쉬우며 고객을 상대로 일 대 일 마케팅도 가능하다. 이처럼 판매자에게도 많은 이점이 있어 진입장벽이 낮지만 경쟁자가 많아지는 현상도 나타날 수 있다. 현재 인터넷쇼핑 또는 모바일쇼핑은 개인사업자, 전문몰, 종합몰, 제조업체의 쇼핑몰, 소셜커머스(social commerce), 전통적 점포소매상이 온라인에 진출해 점포 판매와 무점포 판매를 병행하는 옴니채널(omni channel) 등 다양한 유형으로 발전되어 왔으며 앞으로도 새로운 유형으로 확장될 수 있다.

무점포소매상의 발전에서 볼 수 있듯이 미래에는 기술적 환경의 발전이 소매유통에 미치는 영향과 속도가 더욱 빨라질 것이며, 구매의 편리성에 대한 소비자의 기대와 욕구 또한 커질 것이다.

3) 소매유통환경의 요소와 유형

유통은 환경과 상호작용하면서 발전한다. 유통 주체를 둘러싼 환경은 끊임없이 변화하고, 유통환경의 변화는 유통주체와 유통활동에 영향을 미친다. 그러므로 유통을 알기 위해서는 먼저 환경에 대한 이해가 필요하다.

(1) 소비자

유통업에서 가장 주의를 기울여야 할 대상이 소비자이다. 연령에 따라 점포 방문을 선호하는지 또는 방문에 드는 시간과 비용을 절약해주는 인터넷 쇼핑, 모바일 쇼핑 등을 선호할지 차이를 보인다. 마찬가지로 점포를 이용하는 소비자의 성별, 거주 지역, 소득, 가족구조, 라이프스타일 등에 따라 선호하는 소매유통의 유형과 업체 등이 다를 수 있다.

소비자는 자신의 개인적 특성과 유행, 새로운 경쟁업체의 등장 등 가변적인 요소에 따라 지금까지 가지고 있었던 선호를 바꿀 수도 있다. 대학생이던 소비자가 직장인이 되었다면 활동하는 지역에 변화가 생기거나 필요로 하는 상품이 달라질 것이며 같은 상품이라도 더 비싸지만 질이 좋은 상품을 구매할 수 있다. 이처럼 소비자 개인의 특성과 선호는 가변적이므로 특정 유통업에 대한 선택도 가변적이다.

최근 YOLO(You Only Live Once)라는 라이프스타일이 청년들의 관심을 끌고 있다. 현재 자신의 행복을 가장 중시하는 소비태도를 보이는 소비자를 뜻하는 YOLO족은 '한 번 뿐인 인생'을 위해 현재의 삶의 질에 투자한다. 미래를 위해 현재를 희생하지 않고 현재의 행복을 위해 소비하는 라이프스타일로, 우리나라에서는 청년 1인가구의 증가, 이들의 불확실한 미래로 인해 노후 준비보다 지금 즐길 수 있는 취미생활과 장기 해외여행 등에 돈을 쓰는 소비태도로 나타난다.

(2) 경쟁자

경쟁자란 소매유통업이 동일한 소비자를 대상으로 경쟁해야 하는 다른 점포들의 존재와 경쟁의 정도를 의미한다. 소매유통업의 경쟁은 업태 내 경쟁, 업태 간 경쟁, 수직적 경쟁, 경로시스템 간 경쟁 등으로 구분된다. 업태 내 경쟁은 편의점과 편의점, 할인점과 할인점 등 같은 업태에 속한 소매상 간의 경쟁이다. 1인 가구가 동일한 상품을 할인점에서 묶음으로 구입하는 것보다 편의점에서 낱개로 구매하는 것을 더 선호한다면, 이때 편의점과 할인점은 동일한 소비자를 대상으로 경쟁하는 상황에 있다. 이를 업태 간 경쟁이라고 한다. 수직적 경쟁은 소매상이 다른 경로수준에 있는 도매상 또는 제조업체와 경쟁하는 것이다. 예를 들어, 최근 대형 소매유통업체가 자체상표(PB)를 개발해 판매하는 전략은 그동안 판매해왔던 제조업체 상표(NB)와 직접적으로 경쟁하는 것으로, 이는 유통업체와 제조업체의 수직적 경쟁의 예에 해당된다. 경로시스템 간 경쟁은 개별 유통업체가 아닌 유통시스템 전체의 경쟁이다.

경제의 범위가 지역, 국가를 넘어 세계적으로 형성되는 경향이 있다. 유통시장의 개방으로 유통업은 전 세계의 유통업과 경쟁하게 됨으로써 경쟁 환경은 더 복잡하고 광범위해졌다.

(3) 소매유통환경의 유형

유통환경이란 소매유통업을 둘러싼 전반적인 환경을 의미하며, 이는 경제적 환경, 법적 환경, 사회문화적 환경, 기술적 환경, 자연적 환경 등으로 구분된다.

① 경제적 환경

경제적 환경은 가장 광범위하게 유통에 영향을 미친다. 경제적 환경은 경기, 실업율, 물가, 국민소득, 이자율과 환율 등의 거시적 요인과 개인의 소득과 지출, 신용카드 사용 등 미시적 요인으로 구성된다.

경기는 경제의 거시적 분위기로, 국민경제의 총체적 활동수준으로 정의한다. 총체적 경제활동은 생산, 소비, 투자, 고용 등 실문부문과 화폐수요, 공급 등의 금융부문, 수출과 수입 등 대외부문 활동 등 거시경제변수들의 움직임을 종합적으로 고려한 것이다(김상현·한동철, 2012). 일반적으로 경기가 좋으면 소비자의 소비심리가 살아나고 실제 소비로 이어져 소매유통업체의 매출이 전반적으로 증가한다. 그러나 소비에 가장 중요한 영향을 미치는 요소는 개인 또는 가구의 소득이다. 경기의 영향을 받지 않는 직업의 종사자나 고소득층의 거주지가 밀집된 지역에서는 유기농 농산물이나 고가의 수입품이 다른 지역에 비해 더 많이 판매되는 현상을 볼 수 있는데, 이는 개인과 가구의 소비 지출이 경기의 영향을 받지 않을 수 있음을 나타내준다. 반면 대부분의 소비자는 불경기에 소득 정체 또는 감소에 대한 우려로 소비심리가 위축되면서 소비를 줄이게 된다. 2008년 세계 금융위기 때 장기 불황을 우려한 많은 소비자들이 생활에 꼭 필요하지 않은 품목의 소비를 줄인 결과 유통업의 매출이 감소되었던 것이 그 예이다.

② 법적 환경

각 나라의 법적 환경이 소매유통기관의 소매활동에 영향을 미친다. 1996년 이전 우리나라는 외국 유통업의 국내 진출과 소매활동을 법적으로 금지하였다. 그러나 세계적으로 자유무역시대에 들어서면서 외국 업체의 진입을 완화하는 추세이며, 우리나라도

WTO에 가입하고 주요 수출입 대상국과 FTA를 체결해왔다. 우리나라는 1996년 외국 유통업에 국내 진출을 전면 개방한 이후 프랑스 유통업체인 까르푸와 미국의 월마트 등이 우리나라에서 점포를 열고 영업을 한 사례가 있다.

국내 유통업체에 대한 법적 규제도 최근 강화되고 있다. 2012년 대형점 의무휴업, 기업형 수퍼마켓(SSM) 출점 규제 등이 그 예이다. 외국의 대형유통업들이 우리나라에 진출하면서 국내 유통기업도 할인점 업태를 시작으로 대형점포를 출점해왔다. 소비자들의 가격 지향적 소비패턴, 저가격 점포에 대한 선호도가 높아지면서 대기업이 할인점, SSM, 편의점 등 유통업에 경쟁적으로 진출하자 매출에 타격을 입은 전통시장과 소규모 점포의 상인들이 무분별한 대형점 출점과 영업시간 등의 규제를 지속적으로 요구하게 되었다. 정부와 지방자치단체는 2009년 대·중소기업 상생협력촉진법에 근거한 대형마트, 기업형 수퍼마켓(Super Supermarket)의 출점 규제를 시행하였으며, 2012년 유통산업발전법을 개정하여 SSM을 포함한 대형점의 전통상업보존구역 내 출점 제한, 영업시간 제한, 의무 휴업일 지정 등 규제를 신설, 강화하였다. 이처럼 영세한 점포와 상인들의 영업을 보호하기 위한 법의 신설 및 개정은 유통업이 기업화, 대형화되는 변화에 따라 법적환경 또한 달라진 예라고 볼 수 있다.

정부는 2015년 8월 개별소비세의 한시적 인하 방침을 발표했다. 국내 자동차 승용차에 대해서 2015년 말까지 개별소비세를 5%에서 3.5%로 인하하며, 세법개정안에 따라 2016년부터 개별소비세 과세가 폐지되는 대용량 가전제품과 녹용 등의 개별소비세를 30% 인하한 것이다. 개별소비세는 특정 상품이나 서비스의 소비에 대해 특정의 세율을 선별적으로 부과하는 소비세로서, 원래 사치품의 소비에 부과하는 '특별소비세'에서 시작되었다. 특별소비세는 사치성 고가물품의 소비를 억제하기 위한 목적으로 1977년부터 시행되었으나, 경제사회적 여건에 따라 과세대상품목에 변화가 있어 왔다. 2004년에 골프용품, 수상스키용품 등 12개 품목에 대한 과세가 폐지된 것이 그 예이다. 개별소비세의 시행에서 볼 수 있듯이 유통은 법적 환경에 따라 판매에 직접적인 영향을 받을 수 있다.

③ 사회문화적 환경

사회문화적 환경으로는 국가 및 지역의 인구구조 및 특성의 변화, 라이프스타일 등을 들 수 있다. 우리나라 국민의 평균수명은 2015년 기준 82.06세로 2006년 78.78세(통계청, 2016)에 비하면 10년 동안 약 3세 증가했다. 우리나라 인구의 평균수명은 해마다 늘어나는 추세인데, 이처럼 평균수명이 길어지면서 65세 이상 인구의 비율은 2017년 말 전체 인구의 14%를 넘어 '고령사회'에 본격적으로 진입할 것이며, 2026년에는 20%를 넘어서 초고령사회로 진입될 것으로 전망되었다(조선일보, 2017. 2. 22).

1인가구는 2015년 기준으로 전체 가구의 27.2%에 달하며 2022년에는 30%까지 늘어날 전망이다. 1인가구의 증가는 1인 소비로 이어지며, 편의점의 경우 이들을 대상으로 하는 소포장 상품, 간편식품, 즉석식품 등의 매출이 급증하고 있다. 1인가구가 소비의 주역으로 나타나면서 유통업 뿐 아니라 식품제조업, 금융, 여행업 등에서도 1인가구용 상품과 서비스를 발 빠르게 출시하고 있다. 이러한 현상을 반영하는 싱글 컨슈머(single consumer), 솔로이코노미(solo economy) 등의 용어도 등장하고 있다.

환경오염의 심각성을 인식한 소비자들이 생활에서 환경보호를 실천하는 라이프스타일을 추구하며, 상품의 유통과 판매에서 환경보호에 앞장 서는 매장들이 선보이고 있다. '프리사이클(free cycle)'매장은 상품의 포장을 최소화해 쓰레기가 발생하지 않도록 하는 매장으로, 친환경제품을 판매하거나 재사용하는 리사이클(recycle) 보다 더욱 적극적인 환경 보호를 추구하는 매장이다. 독일의 오리지날 운페어팍트(Original Unverpackt), 뉴욕의 수퍼마켓 The Fillery 는 상품을 포장재로 포장하지 않은 상태로 판매한다. 이곳에서 상품을 사기 위해 소비자는 용기를 가져가거나 매장에서 재활용 플라스틱 용기에 담고 종이봉투를 구매해야 하는 불편을 감수하더라도 음식물 포장을 최소화하는 라이프스타일을 선택하는 것이다(세계일보 2017. 4. 6; 동아닷컴. 2016. 11. 18; 머니투데이. 2016. 11. 12. 참고). 우리나라에서도 비닐포장재를 줄이기 위해 유료로 봉투를 판매하고 있으나 여전히 매장 내에서 속포장용 비닐 사용이 근절되지 않고 있다.

④ 기술적 환경

기술적 환경은 소매유통업의 발전에 많은 영향을 미친다. POS(Point of Sales: 판매시점관리), EOS(Electronic Ordering System: 자동발주시스템) 등의 기술과 이를 이용한 정보관리 및 정보 공유 등은 소매유통업에서 사람이 직접 수행했던 재고, 판매, 상품관리 등의 업무를 경감시키고 정확도를 크게 향상시켰다. POS 시스템을 도입하면 각 매장의 계산대에서 상품이 판매되는 시점에 단품별 판매수량이 파악되며 남은 재고량이 확인된다, 또한 재고량에 따라 추가 주문여부 및 주문량을 정확하게 산출할 수 있다. 주문은 EOS에 의해 공급자에게 자동으로 전달되므로 매장관리자가 상품별로 일일이 주문시기와 주문량을 파악하고 주문하는 업무를 대신한다. 이처럼 기술적 환경의 진전은 소매유통업의 재고관리 부담을 경감시키고 재고량을 줄일 수 있게 해줌으로써 재고비 및 물류비를 낮추는데 기여하고 있다.

소비자의 소비활동 또한 기술적 환경에 의해 눈에 띄게 편리해지고 있다. 스마트 환경에서 소비자는 시공간에 구애받지 않고 언제 어디서나 편리한 방식으로 상품을 검색하고 구매할 수 있다. 예를 들어 모바일쇼핑으로 이동 중에도 상품을 구매할 수 있으며 모바일뱅킹으로 간편하게 결제할 수 있다. 나아가 매장에 나가 상품을 둘러보면서 자신의 이동전화로 모바일 쿠폰을 제공받아 즉시 할인혜택을 받을 수 있다. 현재 대형점포의 식품매장에서 쇼핑카트나 장바구니를 들고 다니면서 장을 보는 모습도 곧 사라지게 될 전망이다. 롯데백화점은 2016년 일부 점포의 식품매장에 '스마트 쇼퍼(smart shopper)' 서비스를 도입했다. 스마트 쇼퍼는 소비자가 카트나 바구니 없이 바코드 스캐너가 포함된 단말기인 '쇼퍼'를 들고 식품 매장을 둘러보면서 구매하려는 상품의 바코드를 찍으면 마치 장바구니에 상품이 담기듯이 쇼퍼에 상품의 목록이 저장되는 장치이다. 소비자는 매장에서 쇼핑을 마치면 무인 계산대에서 바코드로 찍은 상품 중 최종 구매할 상품을 선택하고 결제하면 집으로 배송 받을 수 있다(한국경제, 2017년 4월 4일자 참고).

이처럼 기술적 환경의 진전은 소매유통업의 매장에서 정보기술을 활용한 운영방식을 실현시켰으며, 소비자에게 상품에 대한 더 많은 정보를 제공하고 편리성을 더해주고 있다.

⑤ 자연적 환경

계절과 날씨 등 자연적 환경의 영향은 농수산물의 생산량과 판매가격에 영향을 미친다. 농수산물은 신선도를 유지하고 재고를 관리하기 어렵다. 또한 농수산물은 가뭄과 홍수, 태풍, 기후변화로 인해 수확과 공급에 차질이 생기면 소매유통업에서는 공급량을 확보하기 어렵고 결과적으로 가격도 오르게 된다. 소비 또한 날씨의 영향을 받는다. 사계절의 차이가 뚜렷한 우리나라에서 소비자들은 계절에 따라 필요한 상품을 구매해야 하는데, 예년에 비해 더 덥거나 추우면 여름상품 또는 겨울상품의 소비가 증가한다.

과학 기술의 발전으로 기상과 날씨 예보의 정확도가 높아지고 있으나 지구 온난화, 기상의 이변 등으로 태풍과 홍수 피해를 예측하거나 원천적으로 방지하는 것은 어렵다. 따라서 농수산물의 성장과 수확을 예측하기 어렵고 공급과 수요에 차질이 생기지 않도록 유통시키는 소매유통의 역할도 자연적 환경의 영향을 받게 된다.

2. 소매유통관리

유통관리는 경로활동을 계획, 조정, 통제하는 과정이다. 즉, 고객가치를 파악하고 가치창출을 위해 경로구성원 간 활동을 분담하고 조정하는 것이다. 먼저 유통경로에 대해 알아보자.

1) 유통경로

유통은 생산자로부터 최종소비자에까지 이르는 다양한 조직들 간의 관계를 연결시켜 주며, 주문, 협상, 거래, 지불, 수송 및 보관 등 기능의 흐름을 촉진시켜 준다. 이와 같은 역할을 수행하는 일련의 연결시스템을 유통경로라고 한다.

유통경로는 상품을 생산해내는 생산자로부터 소비자에게로 이전시키는 통로또는 과정으로, 다양한 유통기능을 수행하는 조직체의 집합이다. 각 조직체와 이에 소속된 인력들을 경로구성원이라고 하는데, 이들은 소비자들이 원하는 상품을 제공하기 위해 유통의 전 과정에서 일정 역할을 분담한다. 상품이 제조업체에서 생산되어 도매업, 소매업, 최종소비자로 판매, 이전되는 구조가 전형적인 유통경로이며, 이들 각각이 경로구성원에 해당된다. 그러나 소매유통업이 대형화, 국제화되고 인터넷 쇼핑을 포함한 무점포유통이 성장하면서 전형적인 구조와 역할에 변화를 가져오고 있다.

(1) 유통경로의 효용 창출

유통경로는 시간효용, 장소효용, 소유효용 등을 제공한다. 시간효용은 소비자가 원하는 시간에 상품을 공급함으로써 발생되는 효용을 의미한다. 24시간 영업하는 편의점은 소비자가 원하는 시간에 언제나 상품을 구입할 수 있는 시간의 편의를 제공하는 업태로서 시간효용을 극대화시켜 준다. 장소효용은 소비자가 상품과 서비스를 구매하기 용이한 장소에서 판매하거나 전달될 때 발생되는 효용이다. 예를 들면, 소비자가 외국에서 생산되는 상품이나 생산자를 직접 찾아다니지 않고 가까운 곳에서 구입할 수 있게 하는 것이 장소효용이다. 소유효용이란 생산자가 생산한 상품을 소비자에게 판매하고 대금의 신용 결제, 할부 결제 등 금융서비스를 제공함으로써 소유권이 소비자에게 이전되는 과정에서 발생되는 효용이다. 소매상은 소비자에게 상품 판매 시 신용판매 또는 할부판매의 방식으로 소비자가 상품을 소유와 사용의 권리를 갖도록 편의를 제공한다. 또한 제조단계에서 대량으로 생산된 상품을 소비자가 원하는 적절한 수량과 형태를 조합하는 과정에서 발생하는 효용을 형태효용이라고 한다. 이처럼 유통경로는 상품을 유통시키는 과정에서 시간, 장소, 소유, 형태효용 등을 부가시켜 상품의 가치를 높여준다.

(2) 유통경로의 기능

유통경로 상에 있는 도매상과 소매상은 다음과 같은 기능을 수행함으로써 생산자의 판매를 대신하고 소비자에게 시간, 장소, 소유효용 등을 제공한다.

① **교환과정의 촉진**

도매상, 소매상 등 중간상의 개입으로 교환과정을 단순화시킬 수 있다. 즉 생산자는 수많은 소비자와 개별적으로 거래하지 않고 소수의 중간상과 거래함으로써 상품을 판매할 수 있다. 따라서 중간상으로 인해 교환과정을 단순화시킬 수 있어 거래가 활성화되고 효율적으로 이루어질 수 있다.

② **제품구색의 불일치 완화**

생산자는 규모의 경제를 실현하기 위해 소수의 제품을 집약적으로 대량생산한다. 이에 비해 소비자들은 많은 구색 중에서 자신이 원하는 제품을 선택한다. 따라서 생산단계에서 소수였던 구색이 도매상, 소매상의 유통경로를 거치는 동안 점차 소비자가 원하는 많은 구색으로 조합됨으로써 구색의 불일치가 해소된다.

③ **제조업과 소비자의 연결**

제조업은 자신이 생산한 상품을 어떤 소비자들이 구매하려고 하고 어떻게 접근할 수 있는지에 대한 정보를 탐색하기 어렵다. 중간상들은 소비자에게 직접 상품을 판매하거나 유통경로에서 보다 가까이 있으므로 소비자에 대한 정보 획득이 용이하다. 그러므로 제조업체는 중간상의 유통경로를 통해 더 많은 고객에게 접근할 수 있으며, 직접 소비자를 탐색하는 비용도 절약된다.

④ **고객서비스 제공**

유통경로는 제조업체를 대신하여 소비자에게 매장에서 상품에 대한 정보를 제공하고, 구매한 상품의 배달, 설치, 사용방법 교육, 고장 수리 등 애프터서비스를 제공한다.

(3) 유통경로의 유형

① **직접유통과 간접유통**

A. 직접유통

전통적인 직접유통경로에는 우편주문 판매, 공장직영점, 방문판매 등이 있으며, 직접유통경로는 인적판매 여부에 따라 직접마케팅과 직접 판매로 구분할 수 있다. 직접마케팅은 최근 증가하고 있는 홈쇼핑, 텔리마케팅, 온라인쇼핑, 모바일쇼핑과 같이 TV, PC, 모바일 등의 정보매체를 통해 소비자에게 상품을 소개하고 전화 등의 통신수단으로 주문을 받는다. 이와 달리 판매원이 소비자를 직접 대면접촉하고 상품을 소개, 판매하는 방식을 직접 판매라고 한다.

직접유통은 중간상의 개입을 배제하여 유통경로를 줄임으로써 유통비용과 시간을 절약하기 위한 것이다. 그러나 중간상의 배제가 항상 가능한 것은 아니며, 제조사가 중간상을 배제하고 스스로 판매 기능을 수행함으로써 오히려 효율성이 떨어지기도 한다.

B. 간접유통

상품의 특성과 중간상의 개입단계에 따라 간접유통에는 여러 가지 유형이 있다. 첫째, 제조업자－소매상 경로는 의류업이나 식품업에서 많이 사용되는 것으로 제조업자가 소매상을 통해 직접 상품을 유통시킨다. 예를 들어, 의류제조업이 백화점에 입점하여 상품을 판매하는 것이다. 둘째, 제조업자－도매상－소매상 경로는 제조업자가 상품을 유통시키는 가장 일반적인 유형이다. 이 경로는 소비자의 구매편의성을 위해 또는 상품을 보다 많이 노출시키기 위해 전국적으로 분산되어 있는 많은 소매상에게 유통시켜야 하는데, 이때 도매상을 활용해 도매상이 많은 소매상에게 상품을 유통시키게 하는 것이다. 셋째, 제조업자－도매상－중매상(중간도매상)은 시장의 범위가 넓거나 소매상의 수가 많을 때의 유통경로로, 중매상은 도매상과 직접 거래하기 어려운 영세한 소매상에게 유통시키는 중간상인이다.

직접유통과 간접유통은 유통단계의 수, 즉 경로수준에서 차이를 보인다. 즉, 상품의 제조단계에서부터 소비자에게 도달할 때까지 거치게 되는 경로수준이 높다는 것은 유통경로가 길다는 것을 의미한다. 이때 유통단계(경로수준)가 0이 되는 것이 직접유통이며, 1단계부터는 간접유통이 된다. 직접유통 또는 간접유통의 선택, 그리고 간접유통 내 경로수준은 제조기업의 특성, 특정 산업의 특성과 경쟁상태, 상품 특성, 중간상의 이용가능성 등의 여러 요인에 의해 결정된다.

② 소비재 유통과 산업재 유통

A. 소비재 유통

소비재는 최종소비자가 소비하기 위해 구매하는 제품이다. 소비재의 유통경로는 [그림 3－2]와 같이 네 가지 유형으로 구분해 볼 수 있다. 첫째, 생산자와 소비자가 중간상의 개입 없이 직접 연결되는 유형, 둘째, 소매상만 개입되는 유형, 셋째, 도매상과 소매상을 활용하는 유형, 넷째, 도매상, 중간도매상, 소매상을 모두 활용하는 유형으로, 이는 앞의 간접유통에서 설명한 네 가지 유형과 같다.

그러나 소비재 유통에서는 한 가지 유통경로가 아니라 복수의 유통경로를 동시에 활용하기도 한다. 예를 들어, 소비자들이 점포 구매 뿐 아니라 인터넷, 모바일 등 다양한 유통경로를 선택할 수 있기 때문에 한 가지 유통경로를 통해 제공할 수 있는 상품의 구색과 정보에는 한계가 있다. 따라서 제조업체는 소비자층을 넓히고 잠재적 소비자들에게 상품을 노출시키고 만족시키기 위해서는 복수의 유통경로를 활용할 수 있다.

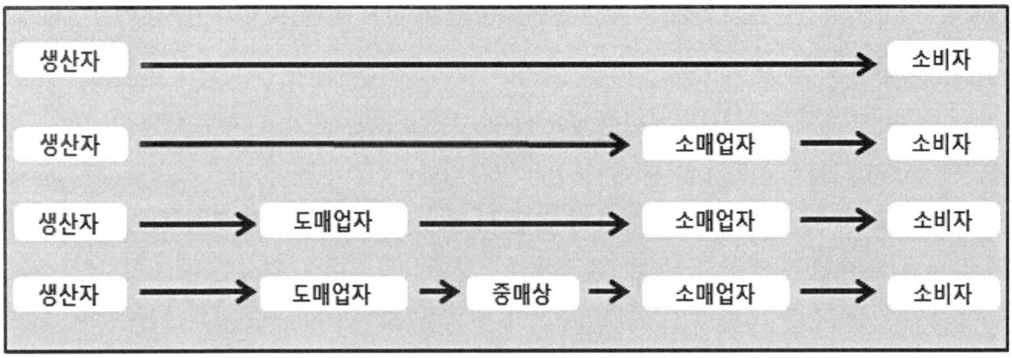

출처: 박봉두·박종희·노정구·김상조·문성암·성 민(2016), 디지털시대의 유통론, 한경사, p.56.

[그림 3-2] 소비재 유통경로의 유형

B. 산업재 유통

산업재 유통은 산업소비자가 다른 재화와 서비스를 생산하는데 필요한 재료, 부품, 소모품 등을 구매하는 것이다. 산업재를 구매하려는 산업소비자의 수는 소비재 소비자에 비해 적고 소비규모가 크기 때문에 산업재 생산자가 직접 유통하는 경우가 많다. 그러므로 유통단계가 0단계가 되는 경우가 많다. 그러나 산업재의 유통에서도 간접유통경로를 활용하기도 한다. 즉, 제조업자의 판매지점이나 대리점을 이용하거나 또는 도매상을 이용해 상품을 유통시키는 경로가 있다.

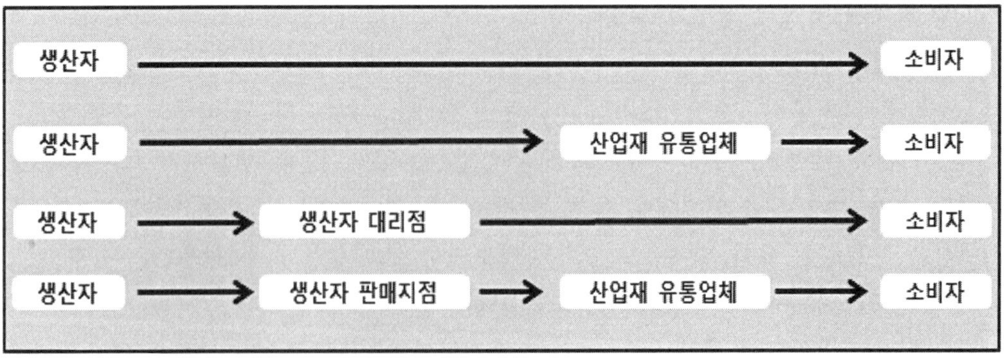

출처: 박봉두·박종희·노정구·김상조·문성암·성 민(2016), 디지털시대의 유통론, 한경사, p.57.

[그림 3-3] 산업재 유통경로의 유형

2) 유통관리

우리나라의 유통업은 1990년대 이후 발전하기 시작하여 2000년대 중반에 이미 성숙기에 들어선 것으로 보인다. 이처럼 유통업의 산업화가 빠르게 진전된 것은 제조 대기업이 풍부한 자본과 자사제품의 유통경로를 기반으로 유통업에 진출한 결과 생산된 상품을 빠르게 유통시킬 수 있는 경험과 파워가 형성되었기 때문이다. 유통업의 빠른 성장은 경로구성원들에게 도전과 괴제를 주기도 한다. 이 절에서는 경로관리와 향후 유통업의 과제에 대해 소개한다.

(1) 유통경로관리

산업화 이후 대량생산으로 인해 상품의 공급이 매우 원활해지고 제조기술의 수준이 높아짐에 따라 상품만으로는 차별화가 어려워지고 있다. 생산 중심의 체제에서는 부수적인 역할을 했던 유통부문이 현재 기업의 경쟁력을 향상시키는 전략적 가치를 갖는 것으로 인식되고 있다.

상품을 유통시키는 과정에서는 전술한 바와 같이 직접유통과 간접유통의 선택, 간접유통 내 경로수준의 설정, 그리고 단일유통경로와 복수유통경로의 채택 등 다양한 구조 내 선택이 필요하다. 유통경로의 선택에 따라 경로구성원의 수가 결정되는데 경로구성원들 간에는 갈등이 발생될 수 있다. 각 경로구성원은 자신의 이익을 우선으로 하므로 독자적인 목표를 달성하고자 하지만 유통경로 전체의 효율과 이익을 높이기 위해서는 경로구성원들의 협력이 필요하다.

즉, 경로 전체의 목표 및 이익이 경로구성원 각자의 목표 및 이익의 총합보다 더 커야 하며, 이를 위해서는 공동의 목표 인식이 공유되어야 한다. 공동의 목표 설정과 이에 대한 합의가 준비되고 협력이 원활하게 이루어지지 않는다면 구성원 간에 갈등이 발생할 수 있다. 예를 들어, 도매상은 제조업체나 소매유통업체에 비해 독립적인 사업체인 경우가 많으며 그 특성 상 자율적으로 사업을 추진하는 경향이 강하다. 또한 대형 소매유통업체가 자체상표를 만들어내면서 기존에 판매했던 제조업체상표와 경쟁하는 것도 갈등의 원인으로 작용한다.

① 갈등의 유형

유통경로의 갈등은 단일유통경로 내 수직적 갈등과 수평적 갈등으로 구분할 수 있다. 수직적 갈등은 경로수준이 다른 경로구성원 간의 갈등으로, 제조업체와 대리점 간의 갈등을 들 수 있다. 수평적 갈등은 동일한 수준의 구성원 간의 갈등으로, 같은 프랜 차이즈 사업체의 가맹점들이 지나치게 근거리에 있을 때 표적소비자의 중복으로 인한 갈등을 들 수 있다.

복수의 유통경로에서도 갈등이 발생될 수 있다. 제조업체가 동일 제품을 백화점과 할인점에 동시에 유통시키거나 온라인 유통의 방식으로 직접 판매하기도 한다. 이처럼 복수의 다양한 유통경로를 활용할 경우 판매 경쟁, 가격 경쟁 등을 심화시켜 경로구성원 간 갈등이 발생된다.

② 갈등의 관리

유통경로 상의 갈등은 어느 정도 자극과 경쟁을 유도하고, 상호 이해와 협력을 바탕으로 문제를 해결하기도 하며, 새로운 도전을 시도하는 순기능을 한다. 이처럼 갈등의 수준을 조절하기 위해 필요한 것이 경로구성원들의 협력적 관계관리이다. 유통경로 전체가 개별 구성원의 독자적인노력에 비해 효율성을 극대화시키고 시너지 효과를 내기 위해서는 상호 협력이 필요하며, 이때의 협력이란 장기적인 협력관계를 의미한다. 장기적 협력관계란 경로구성원들이 동반자적인 관계를 의식하고 장기적인 활동을 상호 조정하는 것이다. 장기적 협력관계가 구축되면 다른 경로구성원의 독특한 자산이나 기술을 활용할 수 있으며, 비용을 절감할 수 있다. 예를 들어, 제조업체는 소매유통업체를 통해 자사제품에 대한 소비자의 반응과 주 소비자층에 대한 정보를 얻을 수 있다. 이는 제조업체가 직접 수집할 수 있는 정보에 비해 더 질적, 양적으로 더 우수하며 정보수집 비용도 절약할 수 있는 장점이 있다. 한편 제조업체는 소매유통업체에 대해 광고 및 판촉 지원 등의 협력을 제공할 수 있다. 이처럼 경로구성원 간의 협력에 의해 각자의 목표 달성이 촉진된다면 거래가 장기적으로 지속될 수 있고 그 과정에서 갈등이 최소화될 수 있다.

(2) 소매유통업의 이슈와 과제

① 유통경로 패러다임의 변화

전통적인 유통경로는 제조업체가 상품을 생산하면 도매업체에 판매하고, 도매업체는 다시 소매업체에게, 소매업체는 소비자에게 판매하는 구조이다. 그러나 유통업의 정보화 등 기술적 환경 변화에 따라 인터넷 쇼핑을 비롯한 무점포 소매업이 급증하면서 전형적인 구조가 급격히 달라지고 있다. 전형적 유통경로의 변화는 유통경로 상의 모든 구성원들의 역할을 변화시키고 있다.

먼저 유통경로 패러다임의 변화에 대해 알아보자. 유통경로 패러다임은 싱글채널, 멀티채널, 크로스채널, 옴니채널로 변화되어 왔다([그림 3-4]). 싱글채널은 단수의 유통경로로, 전통적인 점포소매상을 들 수 있다. 멀티채널은 점포소매 이외에 무점포를 추가하지만 각각 독립적으로 운영되는 방식이다. 유통업체의 입장에서는 복수의 유통경로를 활용하는 것이므로 단수의 유통경로에 비해 유리할 수 있지만 소비자는 복수의 채널을 교차 이용할 수 없으므로 이점을 누릴 수 없다. 이 같은 멀티채널의 단점을 보완하기 위해 다수의 채널이 통합되어 소비자가 어떤 채널을 통해서도 정보 수집과 구매를 할 수 있도록 하는 것이 크로스채널이다. 즉, 다양한 채널을 자유롭게 넘나들면서 자유롭게 쇼핑하고자 하는 욕구와 편리성을 충족시키는 방식이다. 옴니채널이란 소비자가 온라인, 오프라인, 모바일 등 다양한 경로를 통해 상품을 구매할 수 있는 환경이다. 각 유통채널의 특성을 결합해 어떤 채널에서든 같은 매장을 이용할 수 있도록 편의성을 제공하는 것이다. 대표적인 오프라인 업태인 백화점도 온라인 방식으로 상품을 검색하거나 모바일로 쿠폰을 받을 수 있는 채널을 병행함으로써 소비자에게 공간적 편의성과 시간적 편의성을 선택할 수 있도록 한다. 이는 유통경로를 다양화시켜 시너지 효과를 내기 위한 것이다.

이처럼 유통경로 패러다임의 전환은 소비자의 욕구 다양화를 충족시키기 위한 필요성에서 시작되어 기술적 환경의 진전으로 실현되어 왔다. 그러나 전환의 주기가 점차 빨라지는 경향이 있으며, 전환을 위한 소매유통업체의 투자비용과 긍정석인 효과 창출에 위험부담이 따른다.

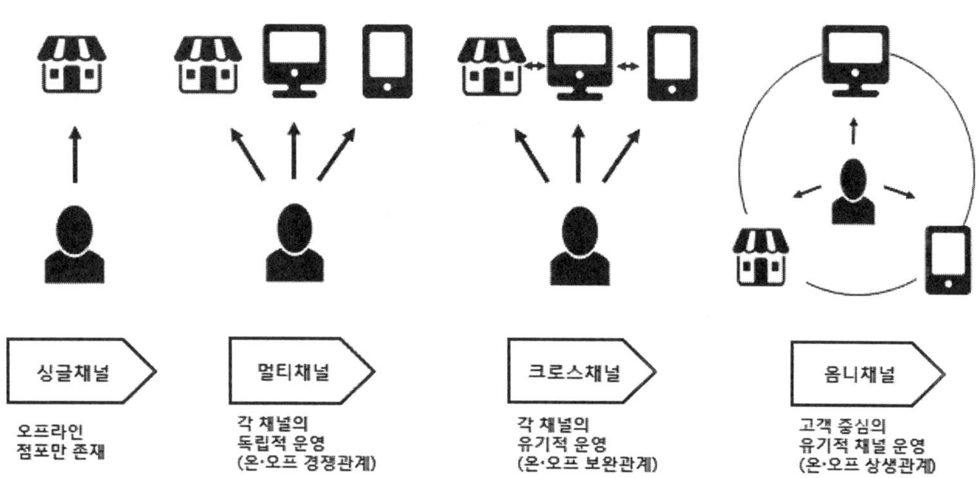

출처: 이수동·여동기(2015), 소매경영, 학현사, p.16.

[그림 3-4] 유통경로 패러다임의 변화 양상

두 번째로 유통경로 패러다임의 전환이 가져오는 파급효과에 대해 생각해보자. 유통경로의 변화는 결과적으로 경로구성원들의 역할 변화를 촉구하게 된다. 경로구성원들의 역할 변화로는 첫째, 도매업의 역할 변화를 들 수 있다. 도매업은 소매업체와 같은 재판매업자나 조직(일반 기업, 관공서 등)을 대상으로 상품을 판매하기 위해 제조업체로부터 구매하고 이와 관련된 활동을 한다. 도매업의 규모, 형태, 취급 상품 등에 따라 매우 다양한 유형의 도매업이 존재하는데, 일반적으로 이들은 제조업체를 대신해 판매, 수송, 보관 등의 기능을 하며, 소매업체에 대해 구매, 분류, 소분, 정보 제공, 판촉 지원, 위험 부담 등을 대신한다. 그러나 대기업에 속하는 제조업체나 소매유통업체 들이 도매기능을 자체적으로 운영하면서 한정된 지역에서 소수의 상품을 취급하는 중소규모의 도매상이 설 자리를 잃고 있다. 특히 대형 소매유통업체들은 자신의 자금력과 구매력을 배경으로 도매상을 거치지 않고 제조업체와 직접적으로 거래함으로써 소비자에게 더 저렴한 가격으로 판매하거나 자신의 이익을 증대시킨다. 전자상거래의 활성화 또한 도매상의 역할을 축소시키고 있다. 제조업체나 농수산물의 생산자가 소비자와 직접 거래할 수 있는 전자상거래 방식이 활성화됨으로써 도매업체와 소매업체의 무용론까지 제기하고 있다. 이처럼 전통적 유통경로에서 도매업의 역할이 축소되거나 위기의식이 제기됨으로써 도매업은 역할의 변화를 스스로 모색해야 할 것이다. 예를 들어, 도매상 간에 인수합병을 통해 기존의 도매상들이 초대형 도매상으로 변신해 제조업체나 소매유통업의 다양한 요구를 충족시키는 능력을 갖추는 것이다. 또한 인터넷을 이용한 사이버 중개업과 같이 새로운 도매유통방식을 개발하는 것이다.

② 소매업체의 역할과 영향력의 변화

유통경로에서 소매유통업의 역할이 지속적으로 커지고 있다. 1996년 우리나라가 유통시장을 개방한 이후 외국의 유통업체들과 국내의 업체들이 경쟁적으로 다점포를 출점하면서 구매력이 커지자 유통경로에서 제조업체에 대한 파워가 확대된 것이다. 즉, 제조업체 고유의 역할이었던 상품의 기획과 홍보, 판매 등의 역할을 소매유통업체가 대신하기도 하며, 자체 브랜드를 기획해 상품을 생산하고 중간유통을 거치지 않고 판매함으로써 기존 제조업체와 경쟁하기도 한다. 소매유통업의 복합적 역할 수행은 기존 유통경로의 구조를 변화시키고 영향력을 증가시키고 있다.

대형 유통업체의 자체브랜드는 초기에는 제조업체 브랜드에 비해 가격경쟁력에 중점을 두어 소비자들에게 더 저렴한 상품을 제공하는 역할을 했다. 최근 자체브랜드는 질을 강화시켜 제조업체 브랜드에 뒤지지 않는 상품들을 출시하고 있다. 자체브랜드는 자사 점포에서만 판매되는 특성으로 인해 제조업체 브랜드와 품질 및 가격 경쟁을 피할 수 있으며, 차별화 또는 비표준화도 가능하다. 따라서 저가격 위주의 상품 뿐 아니라 고품질의 차별화된 상품으로 확대된 자체브랜드는 유통경로 상에서 소매유통업체의 입지를 더욱 굳히는 역할을 하고 있다. 예를 들어, 이마트는 자체브랜드를 다양화시키는 방식으로 상품의 차별화, 브랜드의 차별화를 꾀하고 있다. 1인가구의 증가, 간편식 선호, 식생활에 대한 높은 관심 등 소비자의 욕구에 부응하며 동시에 저렴한 가격을 경쟁력으로 했던 기존의 자체브랜드와의 차별화를 위해 PL(Private Lavel) 브랜드의 간편가정식을 확대해 나가고 있다. 한편 기존의 자체브랜드보다 더 강력한 가격 경쟁력을 가진 자체브랜드를 새롭게 출시함으로써 소비자들로부터 높은 호응을 얻고 있다. 이처럼 자체브랜드가 뚜렷한 차별성을 가지게 되면 소비자들에게 브랜드 이미지를 각인시켜 제조업체 브랜드에 대해 경쟁력을 가질 수 있다. 따라서 유통경로에서 영향력이 커지게 된다.

더 생각해보기

- 소비자가 모바일쇼핑을 이용할 때의 장점과 단점에 대해 생각해보자.

3. 디지털경제와 전자상거래

1) 인터넷 혁명

인터넷은 21세기에 우리 생활의 근본적인 변화를 가져올 혁명적인 요소로 등장하고 있다. 사실 1712년 증기기관의 발명으로 시작된 산업혁명도 200년에 걸쳐 진행되었다. 국내 인터넷 시장에 이를 적용하면 전체 인구의 10% 이상인 4백만 명이 인터넷을 사용하게 된 1995년 이후부터 인터넷의 확산은 상상을 초월할 정도로 가속화되어 2010년에는 3,701만 명에 이르게 되었다. 2016년 현재 4,364만 명에 이르러 전체 만 3세 이상 인구의 88.3%가 인터넷을 이용하는 것으로 나타났다. 이렇듯 인터넷 혁명은 산업혁명 기간보다 훨씬 짧은 30~40년 만에 엄청난 변화를 경험하고 있다. ITU(Internet host data: International Telecommunication Union, 2015)에 의하면 우리나라는 ICT 발전지수가 세계 1위를 고수하고 있으며, 글로벌 혁신지수 중 ICT 인프라 부문에서 역시 세계 1위이다. 이러한 인터넷의 확산속도를 기존의 매체와 비교하면 가히 폭발적이다. 5,000만 명의 이용자를 모으는 데 라디오는 38년, TV는 13년이 걸렸으나 인터넷은 일반에 공개된 후 단 4년이 소요되었다.

정보통신기술의 발전이 산업 간 영역 붕괴, 산업 조직 간의 융합화 및 복합화 등 기존 산업체계를 붕괴시키고 새로운 산업체계를 창조하는 네트워크형 기술기반에 의한 제5의 산업파동을 가져올 것으로 예상된다. 즉, 산업혁명의 각 파동은 새로운 기술발전에 의해 이루어지는데, 19세기 초 운하를 제1파동으로 시작하여 철도, 전력, 자동차에 이어 정보통신기술의 발전이 제5파동으로 이어지는 것을 실감하게 하여 준다.

2) 전자상거래와 e-비즈니스

(1) 전자상거래와 e-비즈니스의 정의

21세기에 접어들어 인터넷의 급속한 성장은 정치, 경제, 사회, 문화, 교육 등 모든 부문에 걸쳐 엄청난 변화를 초래하고 있다. 또한 인터넷은 전통적인 상거래의 기존 패러다임을 전환시킬 수 있는 잠재력을 지니고 있다. 특히 멀티미디어 서비스를 제공할 수 있는 월드와이드웹(WWW)의 등장으로 인하여 단순한 학술·연구만을 대상으로 하는 기존의 역할에서 벗어나 인터넷을 상업적인 차원에서 이용하는 것이 급격히 확산되고 있어 새로운 사업의 기회를 제공하고 있다. 이는 인터넷을 이용한 전자상거래(e-commerce)의 확대를 의미하며, 최근에는 모바일을 중심으로 한 모바일커머스(m-commerce)로까지 확대되고 있다.

디지털경제는 거래를 인터넷으로 옮기는 e-비즈니스와 그것을 가능케 하는 정보통신기술로 구성된다. e-비즈니스는 인터넷이 확산됨에 따라 급속히 발전하고 있는데, e-비즈니스의 뿌리는 전자상거래에서 찾을 수 있다. 전자상거래는 정보통신네트워크를 통해 기업과 소비자간, 또는 정부와 기업간, 기업과 기업간의 상거래활동을 수행하는 것으로 상거래에 필요한 모든 프로세스를 전자적으로 행하는 것을 말한다. 일반적으로 상거래활동은 돈의 흐름이 수반되는 일상적인 상거래뿐만 아니라 대고객 마케팅, 광고, 조달, 서비스 등까지를 포함하는 광의의 개념을 말하며 전자상거래는 인터넷, 전용선, 컴퓨터 통신망, 케이블통신망 등 다양한 통신네트워크를 이용하는 상거래를 말한다. 최근에는 정보통신기술을 활용하여 기업의 생산, 판매, 조달 등 모든 경영활동을 효율화하는 경영혁신전략 수단 또는 전자적 기술과 수단을 활용하여 가상공간에서 이루어지는 모든 거래를 총칭하는 e-비즈니스의 개념으로 이해되고 있다.

e-비즈니스는 전자상거래를 포괄하며, 넓은 의미에서 인터넷을 활용한 모든 사업활동을 의미한다. 즉 전자상거래는 기업의 다양한 비즈니스 프로세스 중에서 인터넷을

통해 상품의 단순한 판매와 구매에 한정된 개념이라면, e－비즈니스는 인터넷을 통해 기업의 제품설계, 생산, 유통, 판매, 소비까지 모든 프로세스 전반에 걸쳐 이루어지는 활동을 의미한다.

e－비즈니스가 경제에 미치는 영향은 크게 증가하고 있다. 기업은 전자상거래를 통해 보다 유익한 정보를 제공하고, 새로운 서비스를 개발할 수 있으며, 시장 프로세스를 원활하게 할 수 있고, 유통단계를 단순화시켜 유통비용과 재고비용 등의 비용절감효과를 가져올 수 있다. 또한 고객은 인터넷을 통해 어느 상소에서나 손쉽게 가격이나 제품정보를 입수할 수 있기 때문에 기업에 있어서의 가격경쟁이 심화된다.

e－비즈니스의 주요 이점은 B－to－C(기업과 소비자간의 전자상거래)에서 가장 잘 나타난다. 전자상거래는 지리적 제약이나 실제 점포를 운영하는 비용이 들지 않기 때문에 소비자의 요구에 따라 거의 무한대의 컨텐츠를 제공할 수 있으며, 실시간으로 소비자의 반응을 점검하고 변경이 가능하다. 지금까지의 전통적 소매나 카탈로그 판매와 비교하여 이 새로운 사업은 비용구조를 바꾸기 시작했다. 이러한 e－비즈니스의 발전에 의해서 기존의 오프라인 기업도 전자상거래를 무시할 수 없게 되었고, 그 다수는 스스로 온라인 쇼핑몰을 운영하기 시작했다. 전자상거래는 단순히 실제 점포를 대체하는 것뿐만 아니라 기존시장의 확대는 물론 아예 새로운 시장을 창출하였다.

(2) 전자상거래의 특징 및 문제점

기존의 거래에서 소비자는 생산자와 멀리 떨어져 있다는 지리적 한계, 그리고 직접 생산자와 거래하기 위해 소요되는 시간 때문에 대부분 유통업체를 통해 상품을 구해야 했다. 그리고 유통업체는 소비자에게 대부분 불완전하고 제한된 상품정보만을 공급했다. 유통업체는 상품에 대한 완전한 정보를 가지고 있지도 않았고, 완전한 정보의 제공은 판매감소를 가져올 수 있기 때문이다. 특히 소비자가 가장 알고 싶어하는 정보인 다른 유통망의 가격정보는 절대로 알려주지 않았다. 소비자는 그 상점이 가장 싸고, 품질이 좋다는 이유로 물건을 구매하기보다는 그곳 외에 원하는 상품을 더 저렴한 가격에 파는 상점을 알지 못하기 때문에 구매를 해 왔다.

그러나 이제 소비자도 공급자도 전자상거래라는 새로운 국면을 맞이하여 소비자는 전 세계에서 생산되는 모든 상품을 검색하고, 비교한 후 생산자로부터 직접 기호에 맞춘 상품을 구매할 수 있게 된다. 공급자 역시 지역적 한계 없이 대규모 소비자집단을 대상으로 판매가 가능하고, 임대료와 인건비 걱정 없이 최소의 인원과 최저의 비용으로 거래가 가능하며, 다양한 정보와 이벤트를 통해 우월한 고객 서비스를 제공하여 더 많은 수익을 얻게 된다.

그러나 유통단계의 축소로 인해 거래에 관여해서 이익을 원하는 중개인 중에 상품 중개 외에 다른 부가가치를 창출하지 못하는 중개인은 설자리를 잃을 것이다. 특히 여행, 자동차, 보험 중개인은 빠른 속도로 자리를 잃게 된다. 그러므로 생산자와 유통업체 간의 경쟁적인 가격인하 속에 소비자는 최고의 좋은 조건을 제시하는 업체의 상품을 선택할 수 있고, 원하는 어떤 상품이든지 인터넷을 통해 확보할 수 있는 소비자의 중심 시대가 도래하게 된다.

전통적인 상거래 방식과 비교할 때 전자상거래의 특징은 다음과 같다. 결국 전자상거래는 인터넷을 통해 기업과 소비자를 직접 연결함으로써 거래비용의 절감, 거래시간 및 장소적 제약의 극복, 쌍방향 통신을 통한 고객만족의 극대화 등 여러 가지 장점을 지니고 있으며, 이런 이유로 전자상거래가 21세기의 새로운 상거래 패러다임으로 정착되고 있고 있다.

〈표 3-1〉 전자상거래와 기존 상거래와의 비교

구분	전자상거래	전통적인 상거래
유통채널	• 기업 → 소비자	• 기업 → 도매상 → 소매상 → 소비자
소비자 취향	• 소비자의 성향에 맞춘 상품선호 • 소비자 중심	• 기존상품 선호 • 판매자 위주
판매방법	• 가상공간	• 매장 및 영업소
사업적 구분	• 개방적인 구매가능 • 네트워크를 통한 협력관계유지 • 기술기반으로	• 제한적인 구매 • 그룹 간의 협의 • 노동이 중심, 자본이 중심
거래대상지역	• 전세계	• 일부지역
거래시간	• 24시간	• 특정된 영업시간 내
시장성	• 국경이 없이 세계를 경쟁무대로 • 다품종 소량생산	• 지역을 기반으로 경쟁 • 소품종 다량판매
발전성	• 무한대 발전가능성	• 점진적 쇠퇴기를 맞음
상행위성	• 상행위 및 민사거래도 포함	• 상행위만 포함
범위	• 고유상, 경제상, 법률상	• 법률상

(3) 전자상거래에서 거래상품과 유형

① 전자상거래의 거래상품

전자상거래에서 거래대상이 되는 상품은 물리적 상품과 디지털 상품으로 분류할 수 있다.

물리적 상품

물리적 상품(physical goods)이란 식료품, 의류, 서적 등의 일용품에서부터 보석과 같은 희소한 상품까지 현실세계에서 거래되는 물건들을 말한다. 현재 인터넷 전자상거래를 통해 물리적 상품의 거래가 활발하게 이루어지고 있으며, 앞으로 인터넷이 더욱 보편화되면 물리적 상품의 인터넷 거래는 더욱 활발해질 것이다. 그러나 이러한 물리적 상품의 인터넷상의 거래가 활성화되고 성공하기 위해서는 반드시 물류 및 배달 시스템과의 연계가 원활하게 이루어져야 한다.

물리적 상품의 인터넷상의 거래는 소비자의 입장에서 볼 때 직접상점 및 백화점에 가지 않고, 인터넷을 통해 쉽게 구매하고 배달시킬 수 있다는 장점을 갖고 있다. 특히 생산자는 실제로 매장을 운영하는 것이 아니기 때문에 유지비용 등을 줄여 그 만큼의 가격을 낮춤으로써 더 저렴한 가격으로 상품을 공급할 수도 있다.

그러나 인터넷을 통한 물리적 상품의 구매는 상점 및 백화점에서 소비자가 직접 구매하는 것이 아니므로 소비자에게 상품이 배달될 때까지 시간이 소요된다. 또한 배달 과정에서 상품이 손상되거나 분실되는 위험도 따른다. 그리고 실제 상품을 보고, 만져 보고, 느끼고 구매하는 것이 아니라 간접적인 정보만을 기초로 하여 구매를 결정하기 때문에 자신이 기대하였던 것과는 다른 상품이 배달될 수도 있다는 단점이 있다.

디지털상품

디지털상품(digital goods)이란 디지털로 생산되고, 디지털로 유통되고, 디지털로 소비되고, 디지털 상태로 저장될 수 있는 모든 상품을 말한다. 인터넷을 통한 온라인 게임 아이템 구매, 인터넷교육 컨텐츠 구입 등이 물리적인 형태를 갖고 있지 않는 대표적인 디지털상품의 예라고 할 수 있다. 디지털상품은 소멸되지 않고, 쉽게 수정이 가능하고, 재생산이 용이하다. 디지털 상품은 디지털상품을 개발하고 생산하는 데는 엄청난 비용이 소요되지만, 똑같은 디지털상품을 하나 더 만드는데 필요한 비용, 즉 한계비용은 거의 0에 가깝기 때문에 반복 생산하는데 비용이 거의 들지 않는다. 예를 들면, 최초에 한편의 게임을 개발하는 데는 엄청난 비용이 소요되지만, 기업이 그 게임을 한 명이 더 이용하는 데 소요되는 비용은 거의 없다고 해도 과언이 아니다.

또한 디지털상품은 디지털 컨텐츠상품(digital content goods)과 디지털 서비스상품(digital service goods)으로 구분될 수 있다. 디지털 컨텐츠상품이란 상품이 가지고 있는 내용을 소비자가 사용함으로써 가치를 얻을 수 있는 것인데, 게임, 교육컨텐츠가 대표적인 예라고 할 수 있다. 디지털 서비스상품은 상품자체로서 가치를 갖고 있기보다는 다른 서비스를 이용하는 프로세스의 매개체가 됨으로써 가치를 갖게 되는 것인데, 인터넷을 이용한 호텔예약, 여행상품의 예약 등과 같은 여행 서비스나 은행, 증권 등 금융서비스 등이 여기에 속한다.

(4) e-비즈니스의 유형

e-비즈니스가 이루어지는 경제주체를 중심으로 기업-소비자 간 e-비즈니스, 기업 간 e-비즈니스, 정부-소비자 간 e-비즈니스, 소비자간 e-비즈니스 등으로 나눌 수 있다 분류하면 다음과 같다.

① 기업과 소비자 간의 e-비즈니스

기업과 소비자 간의 전자상거래(business-to-customer: B2C)는 흔히 기업이 소비자에게 상품이나 서비스를 판매하는 것으로 인터넷 쇼핑몰에서 이루어지는 거래를 말한다. 상품이나 서비스를 제공하는 기업과 이를 이용하는 고객 사이에 물리적 상품뿐만 아니라 디지털상품 및 서비스를 거래하는 것으로 전체 전자상거래의 거래되는 제품의 유형을 보면 ① 소규모의 물리적 상품, ② 디지털상품과 서비스, ③ 금융(대금결제·이체·계좌관리·증권거래), ④ 교육, ⑤ 방송·오락, ⑥티켓예약(여행·음악회) 등을 들 수 있다. 기업-소비자 간 거래는 최근 역시장 등 소비자 주도의 거래형태가 등장하고 소비자들이 조직화, 집단화하여 오히려 기업에게 특정 거래를 요구하는 C-to-B와 소비자 간의 거래인 C-to-C의 영역으로까지 세분화되고 있다.

② 기업과 기업 간의 e-비즈니스

기업과 기업 간의 전자상거래(business-to-business: B2B)는 기업간에 인터넷을 이용하여 상품이나 원재료 및 부품 등의 구입과 판매, 기업과 금융기관과의 전자자금이체, 금융기관간의 자금이체, 기업간의 문서발송 등이 포함된다. 상품을 구매하는 활동뿐만 아니라 제품의 설계·광고·주문·납품·대금회수 등이 전방위적으로 이루어지는 거래형태를 말한다.

③ 정부와 기업 간의 e-비즈니스

정부와 기업간의 전자상거래(goverment-to-business: G2B)는 회사들과 정부기관들 사이에 이루어지는 모든 업무처리를 의미한다. 특히 정보가 조달물품을 구입할 때 그

내용을 인터넷을 이용하여 공시하면, 기업들이 공급할 물품을 확인하고 거래가 이루어지는 경우를 말한다. 주로 공공물자 또는 행정물품의 조달 및 조세의 징수 및 환급금의 지급 등이 이에 해당한다.

④ 정부와 소비자 간의 e-비즈니스

정부와 소비자 간의 전자상거래(goverment-to-citizens: G2C)는 정부기관과 소비자인 개별국민 간에 이루어지는 형태의 거래인데, 정부는 복지급여의 지급, 세금을 비롯한 공과금의 부과 및 납부, 주민등록등본과 같은 정부문서의 발급 등에 활용될 수 있다. 정부와 소비자 간의 거래는 디지털정부(전자정부)의 구현사업으로써 추진되고 있는 디지털행정서비스가 구현되면서 다른 전자상거래와 더불어 빠르게 발전하고 있다.

⑤ 소비자 간의 e-비즈니스

인터넷 사용자간의 전자상거래(peer-to-peer: P2P또는 consumer-to-consumer: C2C)는 개인과 개인이 중간의 유통과정을 거치지 않고 직접 인터넷을 이용하여 이루어지는 형태의 거래를 말한다. 인터넷 사용자간의 거래야말로 인터넷의 장점을 가장 잘 살린 비즈니스 모델이다. 2013년 현재 우리나라 전체 전자상거래 중에 C2C가 약 1%를 상회하고 있다. 소비자가 공급의 주체이고 또한 수요의 주체가 된다. 소비자 간 전자상거래는 전통적인 시장에서는 거의 불가능했던 방식인데, 인터넷의 등장으로 그 가능성이 커지게 되었다. 대표적인 예는 e-bay(www.ebay.com)나 옥션(www.auction.co.kr)같은 경매사이트가 있다.

⑥ 기업 내 e-비즈니스(B2E 또는 Business to Employee)

B2E는 기업의 정보와 애플리케이션의 이용, 직원관계 개선, 업무의 의사결정과 생산성 향상에 기여하도록 고안된 e-비즈니스 유형이다. B2E의 초점은 소비자나 기업이 아닌, 조직구성원(종업원)에 맞추어져 있다. 경쟁적 시장에서 유능한 직원들을 계속 유지하는데 필요한 모든 비즈니스 예를 들면, 적극적인 충원전략, 사내 복지, 교육기회, 근무시간 탄력 운영제, 보너스, 그리고 직원들에게 권한을 위임하는 전략 등과 같은 것을 포함한다.

⑦ 정보중개형 e-비즈니스(Informediary)

e-비즈니스의 확산에 따라 새롭게 등장한 e-비즈니스 유형이다. 정보중개형(Informediary) 사업자는 자사의 제품을 가지고 있지 않기 때문에 생산, 기술 분야의 오프라인 핵심역량은 중요하지 않다. 온라인에서 존재하는 중간상은 실물세계의 유통단계에서 존재하는 중간상들과는 달리 제품과 서비스의 정보를 장악하고 마케팅, 유통판매,

서비스 등 온라인 핵심역량에 초점을 맞춘다.

(5) 전자상거래의 규모

전자상거래는 매우 빠르게 증가해 왔다. 아래의 표에서 보는 바와 같이 2002년 전자상거래 총 거래액 177조원에서 2013년 1,204조원에 이르고 있다. 2013년을 기준으로 전체전자상거래에서 B2B가 차지하는 비중이 91.0%로 가장 높았다. 우리가 매우 빠르게 증가하고 있다고 실감하는 B2C는 2.0%, B2G가 5.9%, C2C는 1.1%로 전년대비 증가율이 10%를 상회하고 있다. 전자상거래는 B2B가 압도적인 비중을 차지하고 있다.

〈표 3-2〉 연간 전자상거래 현황

(단위: 조원, %)

구분	'08년	'09년	'10년	'11년	'12년	'13년p
• 총 거래액1)	630.1	672.5	824.4	999.6	1,146.8	1,204.1
– 전년비	22.0	6.7	22.6	21.3	14.7	5.0
(소셜커머스 제외)					14.6	4.9

주1) '12년부터 사이버쇼핑 거래액에 소셜커머스 거래액을 포함하여 작성

〈표 3-3〉 부분별 거래내역

(단위: 십억원, %)

구분	2012년	구성비	2013년	구성비	거래액(전년대비) 증감액	증감률
• 총 거래액1)	1,146,806	100.0	1,204,091	100.0	57,285	5.0
– 기업간(B2B)2)	1,051,162	91.7	1,095,696	91.0	44,534	4.2
– 기업·정부간(B2G)2)	62,478	5.4	70,649	5.9	8,171	13.1
– 기업·소비자간(B2C)	21,160	1.8	24,331	2.0	3,172	15.0
– 소비자간(C2C)	12,006	1.0	13,414	1.1	1,408	11.7

주1) '12년부터 사이버쇼핑 거래액에 소셜커머스 거래액을 포함하여 작성
주2) B2B 및 B2G 거래액에는 사이버쇼핑 거래액에서 발생한 B2B 및 B2G 거래액이 일부 포함됨

전체 B2B의 거래 추이를 살펴보면 2002년 155조에서 2013년 1,095조에 이르러 약 7배 증가하여 전체 전자상거래 증가율을 상회하고 있다. 또 조달 등이 주를 이루는 구매자 중심형이 판매자 중심형보다 높은 비중을 차지하는 것은 B2B거래의 구조적 특성을 보여주는 것이다.

〈표 3-4〉 기업간 전자상거래

(단위: 십억원, %)

구분	'08년	'09년	'10년	'11년	'12년	'13년p
총 거래액	560,255 (20.6)	592,965 (5.8)	747,090 (26.0)	912,883 (22.2)	1,051,162 (15.1)	1,095,696 (4.2)

※ ( )은 전년대비 증감률임

〈표 3-5〉 거래주도별 전자상거래

(단위: 십억원, %)

구분	2012년	구성비	2013년p	구성비	거래액(전년대비) 증감액	증감률
• 총 거래액	1,051,162	100.0	1,095,696	100.0	44,534	4.2
－구매자 중심형[1)]	536,820	51.1	550,613	50.3	13,793	2.6
－판매자 중심형[1)]	465,141	44.3	496,109	45.3	30,967	6.7
－중개자 중심형[1)]	49,200	4.7	48,975	4.5	－226	－0.5

주1) 조사개요 중 48쪽 전자상거래의 분류(기업간 전자상거래(B2B)의 주도형태에 따른 분류) 참조

연간 사이버쇼핑몰의 총 거래액은 총 38조 4천억원에 이르며, 여행 및 예약서비스의 비중이 가장 큰 것으로 나타났다. 그 뒤를 의류 패션제품, 생활용품 및 자동차용품, 가전 통신기기 순으로 나타났다.

〈표 3-6〉 연간 사이버쇼핑 총거래액

(단위: 십억원, %)

구분	'08년	'09년	'10년	'11년	'12년	'13년p
• 사이버쇼핑 거래액[1)]	18,146	20.643	25,203	29,072	34,068	38,494
－전년비	15.1	13.8	22.1	15.4	17.2	13.0

주1) '12년부터 사이버쇼핑 거래액에 소셜커머스 거래액을 포함하여 작성

※ 사이버쇼핑 총 거래액에는 B2C+C2C 거래액 외에 B2B와 B2G 거래액 일부분이 포함됨

〈표 3-7〉 주요 상품군별 거래액

(단위: 십억원, %)

구분	2012년	구성비	2013년p	구성비	거래액(전년대비)	
					증감액	증감률
• 총 거래액	34,068	100.0	38,494	100.0	4,426	13.0
여행 및 예약서비스	5,577	16.4	6,447	16.7	870	15.6
의류·패션 및 관련상품	5,550	16.3	6,256	16.3	706	12.7
생활·자동차용품	3,655	10.7	4,256	11.1	601	16.4
가전·전자·통신기기	3,751	11.0	4,078	10.6	327	8.7
음·식료품	2,892	8.5	3,246	8.4	353	12.2
컴퓨터 및 주변기기	3,063	9.0	3,074	8.0	11	0.4
화장품	1,946	5.7	2,092	5.4	146	7.5
아동·유아용품	1,658	4.9	2,017	5.2	358	21.6
스포츠·레저용품	1,334	3.9	1,707	4.4	372	27.9
서적	1,273	3.7	1,196	3.1	−77	−6.0
농수산물	956	2.8	1,130	2.9	174	18.2

3) M-commerce 와 T-commerce

e-commerce 중에서도 21세기에 관심이 집중되고 있는 것은 m-commerce와 t-commerce인데, 모바일을 중심으로 한 m-commerce 와 텔레비전을 중심으로 한 t-commerce는 e-commerce의 연장선상에서 이해될 수 있으나, 최근 빠른 속도로 확산되고 있다.

(1) M-commerce

m-commerce란 '모바일 전자상거래'(mobile e-commerce)를 의미하는데, 이는 본질적으로 인터넷의 확장이며 기존의 고정된 PC에 의한 전자상거래(e-commerce)의 한계를 넘어 스마트폰의 등장이 후에 이동성이나 휴대성을 부가한 것이다. 따라서 2008년 아이폰의 등장 이후 인터넷 기능을 장착한 스마트폰의 등장은 전자상거래에 단말기의 다양성을 주고, 언제 어디서나 손쉽게 인터넷에 접근이 가능해졌다.

m-commerce는 특히 이동통신망을 이용한 편리성이 강조된다. 이미 소비자들은 그들의 스마트폰을 이용하여 상거래뿐만 아니라 인터넷뱅킹, e-trading 등 주식거래, 극장 예매, 열차표 예매, 게임 등 실로 광범위한 m-commerce 서비스를 이용하고 있

다. m-commerce는 기본적으로 최종 소비자뿐만 아니라 잠재적으로 정보통신, IT, 카카오페이 등 금융부문(fin-tech), 그리고 소매부문과 미디어 부문에 이르기까지 산업전반에 지대한 영향을 미치고 있다.

m-commerce는 e-commerce의 연장으로서 e-commerce에서 문제가 되고 있는 소비자 보호, on-line과 off-line의 연계, 결재 및 금융관련 표준화 및 보안기능 향상, 개인정보보호 등의 과제가 여전히 발생한다.

(2) T-commerce

t-commerce는 전자상거래(e-commerce)와 대화형 텔레비전(interactive TV)을 융합한 '텔레비전 전자상거래'(television e-commerce)를 의미하는데, 이는 단순하게 보면 단말기를 TV로 한 전자상거래로서 TV시청자를 장래의 수익을 위한 목표로 한 상거래를 말한다. t-commerce는 e-commerce와 m-commerce와는 기술, 이용행태 및 환경 등에서 많은 차이를 가지고 있기 때문에 비즈니스 모델에 있어서도 차별화된 독특한 형태를 갖는다. TV는 가장 친숙하고 보급이 많이 되어 있으며 무방비상태로 노출되어 있는 미디어인 것이다. 따라서 t-commerce는 충동구매를 야기할 수 있는 가능성이 높다. 그리고 아직은 개인화되지 않은 단지 시간대상으로 개인시청환경이 주어지는 불특정 다수가 접하게 되는 미디어이기 때문에 긍정적인 측면의 시장잠재력 만큼이나 부작용에 대한 우려도 상존하고 있는 영역이다.

4) 소셜 커머스(Social commerce)

소셜 커머스는 소셜 미디어와 온라인 미디어를 활용하는 전자상거래의 일종이다. 상거래가 소셜 네트워크와 결합하면, 최대 수억명에 이르는 소셜 네트워크의 회원들을 잠재고객으로 확보를 할 수 있게 된다. 소비자가 친구를 초대하고 그 친구가 또 다른 친구를 초대하는 과정을 통해 방문자가 늘어나게 된다. 소셜 네트워크를 활용하면, 시간이나 인력을 제외하고는 사실상 거의 비용을 들이지 않고 판매촉진이 가능해진다. 사람이 본성으로 가지고 있는 '사회성'은 특별한 인센티브 없이도, 자신의 구매 경험에 대해 소셜 네트워크를 통해 친구들이나 다른 사람들과 공유하게 하는데, 그로 인해 구매자나 방문객이 '입소문 마케터'의 역할을 해 주게 된다. 구매 결정에 있어서도 친구들의 추천은 전문가들보다도 큰 영향력을 발휘한다. 소셜 네트워크는 친구들의 추천 방식으로 제품을 홍보해 주기 때문에 제품을 판매할 가능성을 높여주게 된다. 친구들의 추천과 구매 정보가 제공된다면, 그만큼 본인이 원하는 제품을 빠르게 찾아낼 수 있어, 구매 결정이 쉬워질 수 있다.

소셜 커머스는 크게 소셜 링크형, 소셜 웹형, 공동구매형, 오프라인 연동형의 네가지로 분류할 수 있다. 2008년에 그루폰이 설립된 이후 전세계적으로 공동구매형 소셜커머스 붐이 일어났다. 소셜커머스는 성숙단계의 정착된 시장형태가 아니라, 현재에도 다양하게 변화하고 발전해가는 중이다. '소셜 커머스'라는 용어도 다양하게 정의되고 있으나, '소비자 중심'이라는 점과 '참여 및 커뮤니케이션'이라는 특성을 공통적으로 꼽을 수 있다. 가장 보편적인 소셜커머스 형태는 한 가지 상품을 다수의 인원이 저렴한 가격으로 '공동구매'하는 방식이며, 그 외에도 여러 유형의 상거래 모델로 진화·발전하고 있다.

국내 온라인 쇼핑몰은 과거 '종합쇼핑몰' 중심에서 '오픈마켓' 중심으로 이동하였다. 이후 소셜커머스 업체가 상승세에 있다. 현재에도 방문자 수 기준의 상위 업체는 'G마켓'이나 '옥션'과 같은 오픈마켓이 차지하고 있으나 '쿠팡', '티켓몬스터'와 같은 소셜커머스 업체의 상승이 두드러지고 있다. 국내 소셜커머스는 2010년 3월에 등장한 위폰(wipon.co.kr)을 시작으로 2011년 9월 기준 업체 수가 이미 457개에 이르는 등 시장이 폭발적으로 성장하였다. 현재 쿠팡, 티켓몬, 위메프 등의 소셜 커머스 업체가 출혈경쟁을 가속화하고 있다. 이 과정에 우리나라에 진출했던 그루폰은 철수해야 했다. 소셜커머스 시장의 성장과 함께 소비자의 불만과 피해 사례도 크게 증가하고 있어 이에 대한 예방과 해결이 시급한 과제로 대두되고 있다.

최근에는 쇼설 커머스 업체들이 '큐레이터'처럼 이용자의 입맛에 맞게 정보를 수집, 정리하여 고객들에게 제공하는 큐레이션 서비스를 제공하고 있다. 소비자들에게 이러한 큐레이션 서비스가 인기가 있는 이유는 사람들이 선택을 할 때 어떤 것을 선택해야 할지 망설이는 성향인 '결정장애'가 있기 때문으로 보인다. 이는 역설적이게도 소비자가 정보의 홍수 속에서 살아가고 있기 때문에 선택지가 너무 많아 결정에 어려움을 겪고 있는 것이다. 그래서 대중은 이러한 결정장애, 햄릿증후군을 해결할 수 있는 큐레이션에 열광하게 된 것이다. 최근 커머스 시장에서는 소셜커머스 대신 '전문가가 골라주는' 큐레이션 커머스가 각광을 받는 이유이기도 하다.

5) 디지털 경제의 특징

(1) 범위의 경제성(economies of scope, connected economy)

산업사회는 규격화, 대규모화, 대중화 지향의 "규모의 경제" 추구시대였음에 비해, 디지털경제는 비규격화, 다양화, 개인화로의 이행 과정에서 "범위의 경제"를 추구하는 시대로 전환되고 있다. 이는 현재 고도의 정보기술 혁신에 의해 태동하고 있는 인터넷

혁명의 특징으로 볼 수 있다.

연결경제시대를 살고 있는 우리는 항시 스마트폰과 인터넷을 통해 온라인에 접속해 있다. 사람들은 소셜 네트워크를 통해 자신의 일상생활이나 생각들을 쏟아내고 있다. 소셜 네트워크의 바람을 주도하고 있는 트위터와 페이스북, 인스타그램 등이 다수의 일반인들에게 1인 미디어로서의 창구를 제공하는 데 큰 역할을 하고 있다.

연결경제 시대에 새로운 산업 생태계의 핵심은 다양한 연결 플랫폼의 등장, 소프트웨어 및 네트워크기술을 활용한 창업 및 사업 운영 비용의 획기적 감소, 글로벌 시장의 실질적 통합이라 말할 수 있다.

무엇보다 신상품 개발을 위한 아이디어 탐색, 그리고 이를 실제로 제품화하고 시장에서 거래하는데 활용될 수 있는 연결 플랫폼들이 다양하게 등장했다. 또한 소프트웨어 및 네트워크 기술의 발달로 오프라인이 아닌 온라인을 통해 원격지 협력업체와 손쉽게 협업을 할 수 있게 되면서 개발 비용을 크게 절감할 수 있게 됐다. 나아가 가상화, 클라우드, 오픈소스 소프트웨어를 활용해 시스템 구축비용을 줄이고 시뮬레이션 프로그램을 통해 제품 시험에 소요되는 기간과 비용을 크게 절감할 수 있게 되었다. 이러한 실험 비용의 감축은 전체 혁신 비용을 줄여 시장 반응에 민첩하게 대응할 수 있는 원동력으로 작용하고 있다.

시장 측면에서는 인터넷을 통해 전세계 소비자들이 연결되고, 정보가 실시간으로 전파되며, 개인들의 입소문 영향력이 커지면서 신흥 기업들이 판매 및 마케팅 비용을 줄일 수 있게 되었다. 일례로 신흥 기업들은 인터넷 동영상이나 리뷰, SNS를 효과적으로 활용해 신제품의 특성이나 가치를 전 세계 사람들에게 빠르게 전파한다. 특히 온라인 입소문, 타깃 마케팅의 발전은 기존 오프라인 중심의 대중 광고 매체에 지불되는 막대한 광고비용을 줄이는 계기가 되었다.

나아가 전 세계의 소비자들이 인터넷을 통해 서로 라이프스타일을 공유하고, 맘에 드는 상품이라면 아마존, 알리바바 등의 전자상거래 플랫폼을 통해 국경에 구애받지 않고 구입할 수 있게 되면서 신흥 기업들이 별도의 로컬 유통망을 구축하는데 많은 자원을 소모할 필요도 없게 됐다.

접속을 통해 자신의 생각을 전달하며, 존재를 확인한다. 접속이 만들어낸 또 하나의 세상, 접속하고 소통하는 사람들이 만들어가는 스마트 세상이 펼쳐지고 있는 것이다. 연결경제 시대에는 개인을 위한 맞춤형 광고의 등장, 콘텐츠의 소유가 아닌 접속을 통한 콘텐츠의 소비, 사물과 소통하는 커뮤니케이션 등의 키워드가 중요시될 수밖에 없다.

(2) 지식이나 아이디어 중요

지식기반산업은 자본의 영향을 많이 받는 전통적인 산업과는 달리 아이디어나 지식투입의 비중이 높아 지식의 창출과 활용의 원리가 지배한다. 디지털경제에서 무엇보다 중요한 생산요소로서 지식이나 아이디어는 자원의 희소성이 적용되지 않는다. 지식이나 아이디어는 사용자가 서로 나누면 나눌수록 가치가 증가하게 된다. 지식은 일단 확산되어 지식 사용자 간에 네트워크가 형성되면, 사용자가 많다는 이유로 신규 사용자가 더욱 증가되는 소위 '네트워크 외부성'과 다양하게 창출된 지식 간 유기적 결합과 분리를 유도하는 '자기 조직성'으로 인해 지식이 더욱 창출 확산되는 '자기 증식성'이 있다.

(3) 수확체증의 법칙

'수확체감의 법칙'이란 자본과 노동 등 생산요소가 한 단위 추가될 때 이로 인해 늘어나는 한계생산량은 점차 줄어든다는 것을 의미한다. 즉 생산요소를 추가적으로 계속 투입해 나갈 때 어느 시점이 지나면 새롭게 투입하는 요소로 인해 발생하는 수확의 증가량은 감소한다는 것이다. 이 이론을 좀 더 확대하면 어떤 산업이든지 일정 수준에 도달하면 성장이 정체될 수밖에 없다는 결론에 도달한다. 일반적으로 토지, 노동, 자본과 같은 생산요소나 대량의 자원을 대규모로 가공 처리하는 전통 산업경제에는 '수확체감의 법칙'이 적용된다. 즉 생산요소를 증가투입시키면 한계 생산물이 지속적으로 감소한다.

'수확체증의 법칙(Increasing Returns of Scale)'이란 투입된 생산요소가 늘어나면 늘어날수록 산출량이 기하급수적으로 증가하는 현상을 말한다. 이는 지금까지의 전통산업경제에 적용되던 '수확체감의 법칙(Diminishing returns of scale)'과 상반된 현상이다. 지적자본/지식기반경제(정보산업, 소프트웨어산업, 문화산업, 서비스산업)에서는 '수확체증의 법칙'이 적용된다. 예를 들면, 기업의 종업원이 업무를 처리하는 과정에서 얻은 지식이나 노하우는 그것을 쓸수록 더 발전하고 새로운 노하우를 발견하는 토대가 된다. 왜냐하면 지적자본은 제한된 자원이 아니기 때문에 기존의 지식과 경험 등에 의해 무한히 새로 개발되기 때문이다.

수확체증이란 간단히 말해 앞서 나가는 비즈니스는 더 앞서 나가고 뒤처지는 비즈니스는 더 뒤처질 수밖에 없는 경향이다. 수확체증이 존재하는 비즈니스, 산업, 또는 시장에는 한마디로 승자독식(독점)이 존재할 수밖에 없다. 구글(검색 및 검색광고), 이베이(경매), 페이스북(친구 네트워크), 아마존(책) 등이 적어도 이익의 측면에서는 승자독식의 대표적인 사례라고 할 수 있다.

(4) 네트워크의 외부성(network externality)

인터넷이 가지고 있는 특징 중 가장 큰 특징이 네트워크 효과로 인해 정보의 완전 공개와 정보탐색비용이 거의 제로에 가까워진다는 점이다. 특정 제품을 사용하는 소비자가 많아질수록 해당 상품의 가치가 더욱 높아지는 현상인 '네트워크 외부성'은 사용자들이 몰리면 몰릴수록 사용자가 계속 늘어나는 것으로, 네트워크 효과는 제품이나 서비스 자체 품질보다는 얼마나 많은 사람이 사용하고 있느냐가 더 중요하다. 이는 누군가의 특정 상품에 대한 수요가 주위 사람들에게 영향을 미치게 되고, 이로 인해 그 상품을 선택하는 사람들이 증가하는 효과가 나타나기 때문이다. 생산자는 네트워크 효과로 인해 생산 규모가 커질수록 비용이 줄어드는 효과를 누릴 수 있다. 왜냐하면 많은 사람들이 사용할수록 규모의 경제에 의해 생산비는 낮아지는 반면, 네트워크 효과에 의해 사용자 수는 더 많이 증가하기 때문이다. 멧칼프(Metcalf)는 네트워크의 가치는 사용자수의 제곱에 비례한다고 하였다.

(5) 잠금효과(Lock-in effect)

지식이 체화된 재화나 서비스 혹은 기술이 일단 시장에서 네트워크를 형성하게 되면 높아진 대체비용(switching costs)으로 발생하는 사용자들의 관성과 잠재적 경쟁자들에 대한 진입장벽으로 인헤 대체가 쉽지 않으며 설사 대체한다 하더라도 기존 제품과 호환 혹은 표준화를 전제로 하기 때문에 그만큼 시장선점효과가 크게 나타난다. 우리나라의 경우 한글에 익숙한 많은 사용자들이 MS워드로 쉽게 전환하지 못하는 것이 한 예가 될 수 있다. 첨단기술산업에서 '사실상의 표준'의 획득을 위한 치열한 경쟁은 이러한 현상을 명확히 반증하고 있다.

(6) e-Transformation(e-전환)

Transformation은 경영학에서 원래 시장의 선두기업이 환경의 변화에 따라 시장의 게임법칙이 바뀌게 되고, 새로운 게임의 법칙 하에서 요구하는 방식으로 기업의 모습을 변화시켜 나가는 것을 일컫는다. 이에 반해 시장의 후발주자들이 새로운 게임의 법칙에 따라 새로운 경영역량을 창출하는 일련의 과정은 전략적 혁신(strategic innovation)이라고 분류하고 있다. 그러나 지금은 시장의 선두기업이냐 혹은 후발기업이냐의 분류의 구분 없이 기업이 환경의 변화에 부응해 환경의 요구에 맞게끔 새로운 모습으로 거듭나는 것을 '전환'이라고 칭하고 있다

디지털 경제시대에서 모든 산업에 변화의 바람을 일으키고 있는 인터넷 혁명에 따라 모든 기업이 이 변화의 물결 속에서 생존하려는 전환노력을 특히 'e-transformation'

이라고 한다. 인터넷 혁명은 기업의 가치사슬과정에 있는 모든 활동들에 영향을 미치고 있다. 기업의 가치사슬을 크게 '구매 → 생산 → 판매 유통 → 고객관리'의 과정으로 이해할 수 있다. 이 과정에서 인터넷 혁명은 특히, 구매, 판매 유통, 고객관리 측면에서 엄청난 영향을 미치고 있다.

인터넷혁명으로 새로운 정보혁명의 매체인 인터넷에 의해 모든 사람들에게 정보가 공개되고 모든 사람들은 자신이 원하는 정보를 큰 노력 없이 쉽게 얻을 수 있게 되었다. 이는 기존의 정보 측면에서 폐쇄된 사회와 비교해 엄청난 변화를 야기하였다. 인터넷 혁명은 기업의 모든 가치 창출과정에 영향을 미치며, 이 변화에 부응해 변신을 하는 기업만이 디지털 경제시대에서 성공하는 기업으로 남게 되었다.

(7) 디지털 융복합(digital convergence)

컨버전스란 '여러 기술이나 성능이 하나로 융합되거나 합쳐지는 일'을 말한다. 독립적으로 존재하던 제품이나 서비스가 서로 결합돼 가는 융합 복합의 경향을 가리키는 것이다. 다시 말해, 디지털 컨버전스는 디지털 기술 기반의 여러 제품이나 서비스가 융합되어 새로운 형태의 제품이나 서비스로 탄생하는 것을 가리킨다. 음성 데이터 영상과 같은 '정보의 융합', 방송 통신 인터넷과 같은 '네트워크의 융합'과 같이 디지털 기술을 기반으로 새로운 형태의 제품이나 서비스를 생성하는 것을 나타낸다.

디지털 컨버전스 현상은 정보기술(IT) 분야는 물론 경제사회의 모든 분야에 걸쳐 일어나고 있는데, 크게 유선과 무선의 통합, 통신과 방송의 융합, 온라인과 오프라인의 결합, 산업과 산업간의 결합 등 다양하게 나타난다. 스마트폰은 이러한 디지털 융복합의 결정체로 수용자 중심의 개인화된 미디어라고 할 수 있다. 4차 산업혁명시기에는 구글자동차의 예처럼 더 이상 자동차산업과 ICT 산업의 구분이 의미가 없어지는 산업간의 융복합현상이 폭발적으로 진행될 것으로 기대된다.

6) 제4차 산업혁명의 대두

다보스포럼(세계경제포럼: WEF World Economic Forum)의 창립자이자 회장인 클라우스 슈밥이 정보통신기술(ICT)의 융합이 가져올 혁명적 변화를 일컫는 제4차 산업혁명(Fourth Industrial Revolution)을 처음으로 언급하였다. 세계경제포럼은 '제4차 산업혁명'을 "3차 산업혁명을 기반으로 한 디지털과 바이오산업, 물리학 등의 경계를 융합하는 기술혁명"이라고 설명하였다. 즉 4차 산업혁명은 3차 산업혁명의 연장선으로 물리적, 생물학적, 디지털적 세계를 빅 데이터에 입각해서 통합시키고 경제 및 산업 등 모든 분야에 영향을 미치는 다양한 신기술로 설명된다. 물리적인 세계와 디지털적인 세계의 통합은 O2O(Online to Offline, Offline to Online)를 통해 수행되고, 생물학적 세계에서는 인체의 정보를 디지털 세계에 접목하는 기술인 스마트워치나 스마트 밴드를 이용하여 모바일 헬스케어를 구현할 수 있다. 가상현실(VR)과 증강현실(AR)도 물리적 세계와 디지털 세계의 접목에 해당될 수 있다.

최초의 산업 혁명은 유럽과 미국에서 18세기에서 19세기에 걸쳐 일어났다. 주로 농경 사회에서 농촌 사회로의 전환이 산업과 도시로 바뀌는 시기이다. 철강 산업이 증기 엔진의 개발과 함께 산업 혁명에서 핵심적인 역할을 수행했다. 제2차 산업 혁명은 제1차 세계 내선 직전인 1870년에서 1914년 사이에 일어났다. 기존 산업의 성장기로서 철강, 석유 및 전기 분야와 같은 신규 산업이 확장되고 대량 생산 대량소비의 기틀이 자리잡아 생산성이 엄청나게 향상되었다. 1870년대부터 시작된 2차 산업혁명은 1차 산업혁명의 연장선으로 공장에 전력이 공급되고 컨베이어벨트를 이용한 대량생산이 가능해졌다. 자동차 회사 포드의 'T형 포드'와 같이 조립 설비와 전기를 통한 대량생산체계가 구축되었다.

제3차 산업 혁명 또는 디지털 혁명은 아날로그 전자 및 기계 장치에서 현재 이용 가능한 디지털 기술에 이르는 기술의 발전을 가리킨다. 1980년대에 시작된 이 시대는 계속되고 있다. 제3차 산업 혁명의 발전에는 개인용 컴퓨터, 인터넷 및 징보 통신 기술(ICT)이 포함된다. 컴퓨터를 이용한 생산자동화를 통해 대량생산이 진화한다.

제4차 산업 혁명은 기술이 사회와 심지어 인간의 신체에노 내장되는 새로운 방식의 니지털 혁명 위에 구축되었다. 제4차 산업 혁명은 로봇 공학, 인공 지능, 나노 기술, 생명 공학, 사물인터넷, 3D 프린팅 및 자율 차량을 포함한 여러 분야에서 새로운 기술 혁신이 나타나고 있다.

클라우스 슈밥의 저서 ≪제4차 산업 혁명(The Fourth Industrial Revolution)≫에서 이 네 번째 혁명이 기술 발전에 의해 특징지어 졌던 이전의 세 가지 혁명과 근본적으로 다른 점을 설명하고 있다. 이러한 기술은 수십억 명의 사람들을 계속해서 웹에 연결하고 비즈니스 및 조직의 효율성을 획기적으로 향상시키며 더 나은 자산 관리를 통해 자연환경을 재생산 할 수 있는 커다란 잠재력을 가지고 있다고 하였다.

이처럼 4차 산업 혁명의 특징은 △초연결성 △초지능성 △예측 가능성이다. 사람과 사물, 사물과 사물이 인터넷 통신망으로 연결(초연결성), 초연결성으로 비롯된 막대한 데이터를 분석하여 일정한 패턴 파악(초지능성), 분석 결과를 토대로 인간의 행동을 예측(예측 가능성)할 수 있다.

(1) 인공지능(AI: Artificial Intelligence)

2016년 이세돌과 인공지능 알파고의 세기적인 바둑대결 이후에 AI는 세간의 관심이 되었다. 딥러닝(deep learning) 또는 기계학습(mechanical learning)을 통해 인공지능이 인간이 제공하는 정보나 지식을 학습하는 단계를 넘어 스스로가 학습하여 진화하는 단계에 이르렀다. 인공지능은 작게는 장치가 더 똑똑해져서 나의 생활 패턴을 이해하고, 스스로 알아서 동작하는 약한 인공지능부터, 생태계 전체의 생활 및 환경으로부터 최적의 해법을 제시하는 강한 인공지능을 이용하여 인간의 생산성을 최대한 올려주는 도구가 되었다. 이제는 인류의 지능보다 더 높고 뛰어난 인공지능의 개발로 지능이 필요한 영역을 진보, 발전시켜나갈 것이다. 그리고 인류의 지능과 인공지능이 결합된 형태 또는 인공지능+컴퓨터가 인간의 지능을 대체, 보완하는 형태로 인류는 인공지능을 매개로 지금보다 더욱 더 뛰어난 연구, 기술개발, 기술발전이 가능할 것으로 보인다.

(2) 로봇공학

사람을 도와주는 로봇(예: 청소 로봇, 노인 보조 로봇 등)에 의해 사회 전체의 생산성이 올라갈 것이다. 인공지능과 로봇을 혼동하기 쉽다. 인공지능은 소프트웨어(정신), 로봇은 하드웨어(육체)이다. 보통 아이언맨과 터미네이터 같은 SF물에서 인공지능이 탑재된 로봇이 나오기 때문에 많이들 헷갈려 하지만 인공지능은 컴퓨터과학, 로봇은 기계공학과 전자공학의 영역이다. 휴머노이드처럼 지능을 가진 로봇을 만드는 때에는 두 분야가 협력하는 것이 일반적이다.

(3) 양자암호

기존에 있던 대부분의 암호체계가 대부분 수학적 복잡성에 기반하는 데 비해, 양자암호는 자연현상에 기반하고 있는 특징이 있다. 중간에 도청자가 난입할 경우 그 존재가 드러나며, 신호가 왜곡되어 도청자도 정확한 정보를 얻을 수 없는 보안성을 띄고 있다. 다른 말로 양자 키 분배(Quantum Key Distribution)체계라고도 한다. 보안업계도 양자난수를 모든 IT 기기에 적용할 수 있다면 해킹 불가능한 암호 체계를 구현할 수 있을 것으로 내다보고 있다.

(4) 사물 인터넷(IoT: Internet of things)

실생활에 해당하는 offline의 모든 정보를 online으로 넘기는 O2O를 통해, 인공지능을 이용한 최적의 해법을 제시하고, 시행하게 하여 생산성을 최대한으로 올리는 도구이다. 예로 병원의 모든 행동이나 사물들을 인터넷에 연결한 뒤 최적화를 한다면 정보가 늦거나 없어 서로 기다리는 손실을 줄인다면, 환자도 빠른 조치를 받아서 좋고, 병원도 생산성이 올라서 좋을 것이다.

사물 인터넷(Internet of Things, IoT)은 각종 사물에 센서와 통신 기능을 내장하여 인터넷에 연결하는 기술을 의미한다. 인터넷으로 연결된 사물들이 데이터를 주고받아 스스로 분석하고 학습한 정보를 사용자에게 제공하거나 사용자가 이를 원격 조정할 수 있는 인공지능 기술이다. 여기서 사물이란 가전제품, 모바일 장비, 웨어러블 컴퓨터 등 다양한 임베디드 시스템이 된다. 사물 인터넷에 연결되는 사물들은 자신을 구별할 수 있는 유일한 아이피를 가지고 인터넷으로 연결되어야 하며, 외부 환경으로부터의 데이터 취득을 위해 센서를 내장할 수 있다. 모든 사물이 해킹의 대상이 될 수 있어 사물 인터넷의 발달과 보안의 발달은 함께 갈 수밖에 없는 구조이다.

정보 기술 연구 및 자문회사 가트너에 따르면 2009년까지 사물 인터넷 기술을 사용하는 사물의 개수는 9억 개였으나, 2020년까지 이 수가 260억 개에 이를 것으로 예상된다. 이와 같이 많은 사물이 연결되면 인터넷을 통해 방대한 데이터가 모이게 되는데, 이렇게 모인 데이터는 기존 기술로 분석하기 힘들 정도로 방대해진다. 이것을 빅 데이터라고 부른다. 따라서 빅 데이터를 분석하는 효율적인 알고리즘을 개발하는 기술의 필요성이 사물 인터넷의 등장에 따라 함께 대두되고 있다.

(5) 무인 운송 수단

인간이 운전을 직접 하지 않음에 의해 그 사이에 다른 일을 더 할 수 있고, 안전하게 이동할 수 있기에 생산성이 향상될 것이다. 무인 자동차, 무인 항공기가 그 예가 되며, 이미 구글자동차는 시제품을 내놓고 있다.

(6) 3D printing

대부분 자기에게 맞지 않는 기성품을 구입하여 그 기성품에 맞추어 제작/생활해왔다. 이제는 개인 맞춤형 시대이므로, 3차원 프린터를 이용하여 가격은 저렴하게 빠르게 본인에게 맞는, 본인만의 장치를 만들 수 있다. 예로 본인만의 음식, 본인만의 집, 본인에게 맞는 인체조직 등이 있다. 이런 것들을 통해 생산성이 향상될 수 있다. 3차원 인쇄는 연속적인 계층의 물질을 뿌리면서 3차원 물체를 만들어내는 제조 기술이다.

3차원 프린터는 기존 잉크젯 프린터에서 쓰이는 것과 유사한 적층 방식으로 입체물로 제작하는 장치를 말하며, 컴퓨터로 제어되기 때문에 만들 수 있는 형태가 다양하고 다른 제조 기술에 비해 사용하기 쉽다는 장점이 있다. 단점으로 현재 기술수준에서는 제작 속도가 매우 느리다는 점과, 적층 구조로 인해 표면이 매끄럽지 못하다는 점

등이 있다. 3차원 인쇄 기술은 산업 전반에 걸쳐 제조 기술의 큰 변화를 가져올 것으로 예상되고 있다.

(7) 나노 기술

나노 기술은 의학, 전자 공학, 생체재료학 에너지 생산 및 소비자 제품처럼 광대한 적용 범위를 가진 새로운 물질과 기계를 만들 수 있어, 생산성 향상에 지대한 공헌을 할 수 있다. 나노기술(Nano Technology: NT)은 10억분의 1미터인 나노미터 단위에 근접한 원자, 분자 및 초분자 정도의 작은 크기 단위에서 물질을 합성하고, 조립, 제어하며 혹은 그 성질을 측정, 규명하는 기술을 말한다. 다양한 과학 분야에 이용가능한 범위가 매우 넓다. 나노 기술은 의학, 전자 공학, 생체재료학 에너지 생산 및 소비자 제품처럼 광대한 적용 범위를 가진 새로운 물질과 기계를 만들 수 있지만 한편으로 많은 문제를 야기할 수도 있다고 한다.

(8) 연결 및 표시 기술

연결 기술은 좀 더 빠르게 연결/수행하는 기술로 대표적으로 5G(세대) LTE가 있다. 그리고 눈으로 보는 표시 기술은 고정형으로 보는 UHD-TV와 이동형으로 보는 VR(가상현실: virtual reality), AR(증강현실: augmented reality)등을 통해 좀 더 빠르게, 좀 더 편리하게, 좀 더 많이 접속(access)할 수 있게 하여 생산성을 향상시킬 수 있다.

더 생각해보기

- 본인의 상거래가 주로 이루어지는 장소는 어디인지 한번 점검해보고, 미래의 상거래가 어떻게 변화할지 상상해보자.
- 제4차 산업혁명이 가속화되었을 때 우리의 삶이 어떻게 변화할 지에 대해 토론해보자.
- 인공지능과 사물인터넷의 발달이 가져올 개인정보침해에 대해 토론해보자.

CHAPTER

04

소비자상담과 관련법

제4장 소비자상담과 관련법

1. 고객관리

1) 고객서비스

21세기 디지털경제 시대에는 급속한 기술의 발달로 경제, 사회, 문화, 정치, 제도의 전방위적으로 엄청난 변화가 일어나고 있다. 각 산업분야도 글로벌 경쟁이 심화되고 있고, 인터넷은 개개인의 라이프스타일을 변화시키고, 고객의 니즈도 매우 개인화되고 다양해지고 있다. 생산체계도 대량생산 대량판매 대량소비의 산업사회적인 특성이 대량생산을 하면서도 개인에게 맞춤화된 개인 맞춤화(mass customization)의 경향이 뚜렷하다.

제조업에 의존하고 있던 산업경제가 이제는 적시에 질 높은 서비스를 제공하는데 중점을 두며, '서비스'가 산업전반에 필수 불가결한 요소가 되었다. 또한 인간생활에 있어서 서비스의 역할이 증대됨에 따라서 서비스에 대한 인식이 근본적으로 변화하고 있다.

〈표 4-1〉 고객의 확장된 패러다임

항목	기존의 서비스	확장된 서비스
대상	눈앞의 고객	눈앞의 고객, 잠재적 고객
서비스 범위	명령받은 가시적 요구사항	가시적, 비가시적, 잠재적 요구사항
서비스제공시간	현재	사전, 현재, 사후
핵심 요소	친절	친절, 신속, 정확 등 다양

과거에는 제품을 만들어서 팔기만 하면 되었지만, 이제는 고객을 끌어들이고 유지해야 한다. 과거는 고객들의 요청을 기다리거나 서비스에 문제가 발생한 후에야 복구를 위해 노력하는 반사적인 서비스 접근방식이었으나 이제는 고객욕구를 예측하여 미리 반응하는 적극적인 서비스의 형태이다.

'서비스(service)'라고 하면, 값을 깎아준다, 덤을 준다, 혹은 돈을 받지 않고 무상으로 고객에게 노력을 제공한다 등의 의미를 연상시킨다. 여기서 다루고자 하는 서비스는 단순히 일상적으로 쓰이는 무상의 서비스가 아니라, 유상으로 제공되는 보다 넓은 의미의 경제활동으로서 운수, 통신, 금융, 보험, 매스미디어, 도·소매업, 여행, 호텔, 의료, 법률, 관광, 음식, 공무(행정) 등 많은 업종이 산출하는 서비스를 말한다.

서비스의 개념적인 특징은 상품, 재화와 달리 소유권이 이동하지 않고 고객에게 편익과 만족을 주는 무형의 활동이라는 것이다.

고객서비스는 시장 창조를 위해 중요한 기능이고 고객에게 만족을 주고 또 고객과 우호관계를 장기적으로 유지하면서 고객을 조직화하는 일련의 활동이다. 구체적으로 설명하면 고객에게 불만을 일으키지 않게 하기 위해 혹은 이미 발생한 불만을 없애기 위해서 실시하는 서비스 활동이거나 고객에게 만족을 주기 위해 실시하는 서비스 활동을 말한다.

고객은 기업의 모든 것을 쥐고 있는 핵심이다. 고객이 기업을 위해 존재하는 것이 아니라 기업이 고객을 위해 존재하고 있는 것이다. 그러나 대부분의 기업들이 말로는 고객의 만족과 감동을 말하면서도 누가 자신들의 고객인지, 어떻게 조직 내에 고객 중심적 사고를 스며들게 해야 할지 모른다. 현대 마케팅에서 고객은 기업 활동의 대상이자 목표라고 할 수 있다. 즉 모든 것이 고객으로부터 시작되고 고객으로 끝나는 철저한 고객 중심적 사고와 실천이 충만될 때 그 기업은 성장, 유지, 발전할 수 있다.

기업이 이렇게 고객이라는 존재를 중시하고 기업의 생존이 달려 있음에도 불구하고 이제까지 기업들은 고객을 어떻게 인식해 왔는가? 어느 기업이나 '고객을 왕처럼 모시며', '고객의 입장에서 항상 생각하고 행동한다'고 하지만 진정으로 고객이 그런 대접을 받는 기업이 얼마나 되는 지 의문이 든다.

고객의 가치를 과거와 현재적 가치에만 한정하지 않고 이를 미래로 연장해 생각하는 인식이 정착되어야한다. 고객의 평생 가치(Lifetime Value of Customer)는 고객이 평생에 걸쳐 거래하고자 하는 기업에 대해 제공할 수 있는 잠재적 공헌도를 말한다. 즉 기업이 고객으로부터 특정한 기간 동안에 벌 수 있는 수익의 순 현재 가치를 말한다.

2) 고객의 분류

(1) 외부고객과 내부고객

일반적으로 고객은 협의의 고객과 광의의 고객으로 분류된다. 흔히 기업에서 사용하는 고객이라는 개념은 제품과 서비스를 제공받는 최종 소비자를 말하며, 이는 협의의 고객 개념이다.

광의의 개념인 고객은 대리점, 거래처 그리고 소비자 등을 포함하는 외부고객(external customer)과 회사내부 업무를 처리하는 내부고객(internal customer)으로 분류할 수 있다.

외부고객이란 제품을 생산하는 기업의 종사자가 아닌 사람들로서 제품이나 서비스를 구매하는 사람들을 일컫는 협의의 고객, 즉 우리들이 보통 말하는 고객이다.

내부고객은 제품의 생산을 위해 부품을 제공하는 업자나 판매를 담당하는 세일즈맨 등 제품 생산이나 서비스 제공을 위해 관련된 기업 내 모든 종사원들도 고객의 범주에 포함시키는 개념이다. 예를 들어 어떤 생산과정의 다음 공정에서 일하는 작업자는 앞 공정의 고객이 된다. 이는 내부고객 관계에서 직원이 때로는 고객이 되고 또 다른 때는 공급자가 되는 것이다.

가치를 중심으로 보면 내부 고객은 가치를 창출하는 종업원들이 해당된다. 외부 고객은 다시 가치를 전달해주는 사람들, 즉 공급업자, 중간상 등이 있고, 만들어진 가치를 구매해서 최종적으로 소비하는 최종소비자가 있다.

고객은 넓은 의미로서 '상품이나 변환과정에 의해 영향을 받을 수 있는 모든 사람'이라고 정의할 수 있다. 초일류기업들은 고객의 개념을 단지 '상품이나 서비스를 구매하는 사람'정도로 생각하는 것이 아니라, 경영조직의 구성원인 내부종사원 및 부품공급업자까지도 고객으로 간주하고 있으며 여기서 흔히 말하는 최종소비자만을 고객으로 보지 않고 그런 단계에 이르는 과정에 관련되어 참여한 사람들도 고객으로 보는 시각이 중요하다.

특히 내부고객인 종업원의 만족이 곧 고객만족으로 이어진다는 사실은 제조업이나 서비스업 모두에서 깊이 유념해야 할 내용이다. 그래서 '외부 고객에게 팔기 전에 내부고객인 종업원에게 먼저 팔아라'라는 말이 소위 말하는 '내부마케팅(Internal Marketing)'의 이름으로 등장하게 된 것이다.

고객을 위한 경영의 진정한 의미는 소비자인 외부고객(customer), 내부고객인 종사원(employee) 및 사회(society) 만족을 동시에 추진함으로써 달성될 수 있다.

(2) 고객의 기대요소

고객이 원하는 일반적인 사항들을 요약해보면 다음과 같다.

① 상품요소

- 품질 : 고객의 사용 목적에 상품이 얼마나 적합한가의 정도
- 안전 : 신체에 해를 입히지 않는 안전도
- 유연성 : 수량, 납기, 그리고 상품 자체를 변경할 수 있는 폭, 교환이나 환불의 용이성
- 가격 : 상품 구매하는 고객이 지불할 금전적비용
- 리드타임 : 시기적절한 서비스 및 업무처리의 속도, 적절하고 편리한 문제해결

② 인적요소

- 서비스 수준 : 서비스를 요구할 때에 즉시 제공할 수 있는 능력
- 고객 인식 : 고객을 알아차려 주길 바라는 욕구
- 정당한 대우
- 예의와 존경의 정중한 서비스
- 열성적이고 적극적인 서비스
- 전문가적 기질 : 정보의 정확성
- 공감 : 고객의 입장에서 고객의 관점에서 원하는 것을 찾도록 이해받기를 원하는 욕구
- 인내심 : 간혹 고객이 부당하고 비현실적이라 하더라도 이에 대해 감정적으로 말하고 반응하려는 욕구를 참는 서비스맨의 인내심

3) 고객관계관리(customer relationship management)

(1) 고객관계 관리의 정의

오늘날의 기업들은 다양한 환경변화 요인에 의해 많은 도전을 받고 있다. 정보기술, 특히 인터넷의 발전에 따라 시간과 공간을 초월한 글로벌 커뮤니케이션이 가능해지고 쌍방향의 의사소통이 가능해짐에 따라 과거 소유의 개념이던 정보와 지식이 이제는 공유의 개념으로 변화되었다. 그러므로 고객들은 특정 제품 또는 서비스에 대한 정보의 공유와 교환을 통해 많은 사람들의 경험이 통합된 지식을 획득할 수 있는 경험공동체 형성이 가능하며 이에 따라 제품 또는 서비스의 기대수준이 한층 높아지게 되었다. 따라서 기업은 고객을 제품 또는 서비스의 단순 구매자로서가 아닌 제품 또는 서비스를 같이 만드는 공동 참여자로서 인식하는 고객지향적 경영체제로의 변환이 불가피하다.

완벽한 고객정보의 수집과 분석을 통해 고객의 요구에 부응하는 제품 또는 서비스를 제공하고 장기간에 걸친 고객과의 긴밀한 관계 유지야말로 치열한 기업경쟁 체제에서 살아남기 위한 필수요소라는 인식을 하게 되었다.

고객관계관리란 고객관리에 필수적인 기술인프라, 시스템 기능, 사업전략, 영업프로세스, 조직의 경영능력, 고객과 시장에 관련된 영업정보 등을 고객 중심으로 정리, 통합하여 고객과의 접촉을 통해 이루어지는 모든 고객활동을 개선함으로써, 고객과 장기적인 거래 관계를 구축하고 이를 통해 기업의 경영성과를 지속적으로 개선하려는 목적 달성을 위한 새로운 경영방식이다. 즉 고객관계관리는 '고객에 대한 정확한 이해를 바탕으로 고객이 원하는 제품과 서비스를 지속적으로 제공함으로써 고객을 오래 유지시키고 결과적으로 고객의 평생가치(Life time value)를 극대화하여 수익성을 높일 수 있는 통합된 프로세스'로 정의할 수 있다. 여기서 고객의 평생가치란 고객이 특정 회사의 제품이나 서비스를 구매하였을 때부터 마지막으로 구매할 것이라고 판단되는 시점까지의 예상 누적매출 또는 누적이익이라 할 수 있다 따라서 고객의 평생가치 극대화란 고객이 평생 동안 경쟁사의 제품 또는 서비스를 구매하지 않고 자사의 것만을 구매할 수 있도록 하는 것을 의미한다.

이를 위해서는 진정한 가치를 주는 고객은 누구인가, 고객이 어떤 특징을 가지고 있는가, 고객이 진정 원하는 것이 무엇인가 등 고객에 대한 올바른 이해가 선행되어야

〈표 4-2〉 고객과의 관계 단계

단 계	내 용
예상고객(prospect)단계	아직 기업과 첫 거래를 하지 않은 상태에서 상품구입 가능성이 높거나 정보를 요구하는 유망고객
고객(customer)단계	예상고객이 첫 거래를 한 이후의 단계로 할인 등 인센티브로 인해 재구매 동기를 갖게 되는 단계
단골(client)단계	불만족이 생기지 않는 한 지속적인 구매성향을 갖게 되는 단계
옹호자(advocate) 단계	상품의 지속적인 구입을 넘어 다른 사람에게 적극적으로 사용을 권유하는 구전으로 광고효과를 발생시키고 이탈고객을 불러오기도 하는 단계
동반자(partner)단계	기업과 고객이 함께 완전히 융합된 상태로 고객이 기업의 의사결정에 참여하고 함께 이익을 나누는 단계

한다. 이러한 이해를 바탕으로 고객이 원하는 제품과 서비스를 제공하고 고객에 따라 차별화된 마케팅 전략을 구사하는 등 적절한 대응 전략을 수립하여 실행함으로써 고객과의 관계를 지속적으로 강화해 나가야 한다.

고객관계관리는 이렇듯 고객과의 관계를 긴밀히 유지함으로써 새로운 고객을 획득하고, 이탈고객을 최소화하며, 기존 고객을 좀 더 우량 고객으로 변화 시키는 것을 목적으로 한다. 고객서비스에서는 이러한 고객과의 관계를 잘 만드는 것이 중요하므로 고객관계관리는 필수적이며 제품판매보다는 고객 관계(Customer Relationship)에 중점을 두게 된다.

고객관계관리란 한마디로 지속적으로 평생동안 서비스하는 것이다. 지속적으로 서비스를 제공하는 것은 아마도 가장 중요한 서비스 구성요소 중 하나일 것이다. 서비스는 서비스대면이나 판매가 끝났을 때에도 지속된다. 혹여 서비스 중에 미진한 면이 있다 해도 고객이 확실히 만족하도록 할 수 있는 기회가 무수히 남아 있다.

고객만족조사, 전화응답시스템, 비공식적인 감사카드, 기념일 카드, 특별할인 안내우편 등 비용과 노력이 많이 들지 않아도 실행에 옮길 수 있는 일들이 많다. 이러한 형태의 서비스노력은 고객과의 관계를 강화하고 고객이 서비스맨의 고객을 유지하기를 원한다는 것을 알 수 있게 된다.

예를 들어, 애프터서비스(A/S)부서에 근무하는 직원이야말로 고객을 가장 자주 접하는 사람으로 이 직원은 자주 방문하는 거래처 고객의 특성과 정보, 취향을 가장 많이 알고 있다. 그러나 대부분의 기업에서는 가장 확실하고 가장 신뢰할 수 있는 정보임에도 불구하고 이러한 정보를 제대로 활용하지 못 하고 있다. 고객의 불만, 고객의 특징, 고객의 취향 등의 정보를 마케팅부서에서 활용한다면 직접적인 시장의 변화를 느낄 수 있으며, 고객의 변화를 통한 새로운 마케팅이 가능하게 될 것이다. 고객관계관리는 이처럼 전사적으로 고객과 고객정보에 대한 마인드를 바꾸고 개선하며 집중적인 관리를 통해 완전한 정착단계에 이를 수 있다. 고객관계관리(CRM)는 고객정보, 사내 프로세스, 전략, 조직 등 경영 전반에 걸친 관리체계이며, 이는 정보기술이 밑받침되어 구성되는 것이다.

고객관계관리를 off-line CRM과 e-CRM으로 구분할 수 있을 것이다. 양자 간에는 고객을 바라보는 관점, 고객대응에 관한 방향성 그리고 활동은 동일하나, 고객정보 수집방법과 커뮤니케이션 수단에서 차이가 있다. 전자의 경우 점포, 우편, 전화 등의 비인터넷을 이용하여 고객정보를 수집하며 다이렉트메일(direct mail), telephone marketing등을 이용하여 고객과 커뮤니케이션을 수행한다. 반면, e-CRM은 인터넷을 이용하여 구매이력 등의 고객정보를 수집하며, e-mail 등을 통해 고객과 커뮤니케이션을 한다. 또한 고객에 대응할 때는 한 가지방법이 아닌 통합된 형식의 CRM이 필요하다.

현 시대의 고객들은 점점 더 많은 선택권과 통제권을 갖게 될 것이므로, 고객들과 긴밀한 관계를 형성하고 신뢰를 유지하며 고객 가치를 제공하는 것만이 미래 수익을 보장하는 유일한 길이 된다. 새로운 고객만족 마케팅은 일회성 거래가 아닌 고객과의 관계를 형성, 발전 및 유지시키려는 것이므로 상호작용적 마케팅이 중요해진다. 여기에는 직원의 고객 지향적 사고, 참여자로서 고객의 존재 및 역할, 그리고 서비스 환경이 주요 내용이 되므로 마케팅과 운영부문, 인사부문의 연계가 기본이다.

(2) 고객관계관리의 단계별 목적

① 신규고객 유치

고객의 평생 가치는 기업의 중요한 자산이며, 기업의 성장 전략의 핵심이다. 그러한 고객을 창출하는 과정에서 가장 힘들고 비용이 많이 드는 고객은 첫 번째 고객이다. 즉 초기 구매자이다. 이들을 통해 기업은 신뢰를 얻기도 하고 잃기도 하며, 또 신뢰를 통해 새로운 잠재 고객을 얻기도 하고 아예 놓치기도 한다. 기존 고객의 유지보다 신규고객의 획득하기 위한 비용이 더 많이 들고 어렵다. 반면 고객을 유지하는 기간이 길수록 고객은 기업에 더 많은 수익을 가져다준다. 또 고객의 평생 가치가 커질수록 고객은 기업에 대해 충성도가 높아져 다른 경쟁 기업의 저가격 공세에도 쉽게 흔들리지 않게 된다. 그런 브랜드 충성자들은 강력한 기업의 옹호론자가 되고 타인들에게 그 브랜드의 구매를 강력히 권고하게 된다.

② 기존고객유지

기업은 수익이 되지 않는 고객에게 많은 광고와 마케팅 비용을 투자하는 것이 얼마나 소모적인 것인가 깨닫게 되었다. 고객 중 기업에게 수익을 가져다주는 고객은 전체의 일부에 지나지 않으며, 이러한 고객은 지속적으로 투자해야 할 대상이다. 이들 고객을 유지하는 활동은 신규고객을 획득하기 위해 투자하는 것보다 훨씬 적은 비용으로 높은 효과를 얻을 수 있다. 회사의 고객층을 파악하고 세분화해서, 이익을 높이는 방향으로 마케팅활동은 전개되기 시작한 것이다.

마케팅활동의 초기에는 더 많은 고객을 획득하기 위해 노력해왔다. 심지어는 정보를 제공해주는 고객들에게는 다양한 상품 및 할인정책을 제시하기도 하였다. 그러나 이제는 바뀌고 있다. 한 사람의 우수한 고객을 통해 기업의 수익성을 높이며, 이러한 우수한 고객을 유지하는 것에 중점을 두고 있다. 매스 마케팅을 통해 검증되지 않은 고객들을 획득하기보다는 검증된 한 명의 우수한 고객이 기업에게는 훨씬 더 도움이 되는 것이다.

과거 고객만족 경영방식에서는 '모든 고객은 왕이며 모든 고객이 동일하게 중요하다'라는 인식 하에서 출발하였다. 그러나 CRM은 이런 측면에서 다소 다른 관점을 취한다. '기업 수익의 80%는 상위 고객 20%에 의해 창출된다'는 80대 20법칙에 따라 모든 고객을 대상으로 일시적 수준의 마케팅 활동을 전개하기보다는 진정으로 기업에 수익을 주는 고객에게 보다 정교한 대응을 하는 차별화된 마케팅 전략을 구사하는 것이다. 즉, 질적으로 우수한 고객과의 관계를 지속적으로 유지함으로써 다른 비즈니스기회가 창출될 수 있도록 하는데 주안점을 두고 있다.

기업 간의 경쟁 심화로 제품 차별화와 신규고객 획득이 점점 어려워지고 있다. 신규고객 획득에 소요되는 비용은 기존 고객 유지비용에 비해 3~5배 더 소요된다고 한다. CRM에서는 신규고객의 수를 늘리려는 노력보다는 기존 고객을 유지하고 이탈고객을 최소화하며 기존 고객과의 관계를 긴밀하게 유지하여 고객의 평생가치 극대화를 추구하는 것을 더 강조하고 있다. 이제 고객들은 한 기업에 붙잡혀 있기를 거부한다. 그들은 만족할 만한 서비스와 저렴한 가격과 혁신적인 제품을 원한다. 만약 이를 충족시키지 못한다면 고객들은 미련 없이 다른 기업으로 떠나갈 것이며, 또한 그 사실을 세상에 전파할 것이다. 이와 같은 이유로 인해 기업은 고객유지를 위해 전력투구하고 있으며 신규고객 창출을 위한 공격적 마케팅 전략에서 방어적 마케팅 전략으로 전환하고 있다.

고객유지를 중요한 과제로 설정할 경우 기업은 두 가지 방법을 취할 수가 있다. 첫번째는 고객이 타제품과 서비스로 이탈하지 못하도록 장벽을 높게 세우는 것이고, 두번째는 차원 높은 양질의 고객만족을 꾸준히 제공하는 것이다. 이같이 보다 강력한 고객충성을 창출하고 유지하는 과업이 관계마케팅이다.

'고객카드'라도 한 장 작성해 놓으면 그 고객은 '왕'으로 대접받게 되어 서비스업체로부터 왕이 잘 지내시고 계신지 지속적으로 관리도 받을 수 있다. 카드 마일리지가 누적되어 일정 금액에 도달하면 그 액수만큼 할인을 해 주고, 사은행사 및 할인행사가 있으면 미리 연락이 오기도 한다. A/S라도 받으면 며칠 후 본사 직원으로부터 '서비스는 만족스러웠는지, A/S기사가불친절 하지는 않았는지' 꼼꼼하고도 친절한 목소리의 확인 전화가 오는 등 경쟁업체 보다 조금이라도 저렴한 가격에, 보다 나은 서비스를 제공하기 위한 업체들의 전략들도 주위에서 쉽게 찾아볼 수 있다.

고객 만족을 위한 많은 기업(조직)들의 경영혁신이 고객과의 관계를 지속적으로 유지하기 위한 노력으로 점차 드러나고 있다.

고객을 유지하는데 있어 가장 중요한 것은 고객의 경험을 효과적으로 관리하는 것이다. 이를 위해서는 '고객에게 가장 중요한 것이 무엇인가'를 생각할 때 사고의 변화가 있어야 하며, 관리자와 직원들이 고객과의 결정적인 순간을 이해하고 분석하는데 있어서도 변화가 필요하다. 정책이나 절차에 있어 유연성이 중요한 것처럼 견고한 고객에 대한 스킬도 매우 중요하다. 또한 직원들을 교육시키고 어느 정도의 권한을 부여하여, 고객과의 접촉시 고객의 필요를 충족시킬 수 있도록 하는 것도 중요하다. 이런 전략은 직원들이 개인적으로는 선택권을 갖고, 고객이 긍정적인 경험을 하도록 지속적인 노력을 하게 하며, 팀원으로서는 서비스 사이클을 분석하고 맵핑하여 서비스의 수준 향상을 위한 좋은 아이디어를 내고, 관리 하에 이를 적용할 수 있게 한다.

③ 고객과의 관계 제고

장기적이고도 충성스러운 관계를 통해 양질의 고객들과 지속적인 관계를 유지하는 것이야말로 기업이 수익을 내는 원천이다. 그런데 여기서 중요한 사실 두 가지가 있다.

먼저, '양질의 진정한 고객'의 확보이다. 기업은 평균 고객들의 거래액을 훨씬 넘어서는 이들 고객들에게 집중해야 한다. '진정한 고객'이란 회사에서 취급하는 상품이나 서비스를 기꺼이 구매하는 사람, 신상품이 나오면 한 치의 망설임도 없이 구매하는 사람, 회사의 상품이나 서비스를 다른 사람에게 소개해 주는 사람을 말한다.

둘째, '충성스러운 관계'이다. 어떤 기업이 경쟁 기업에 비해 비싼 값으로 상품이나 서비스를 제공하더라도 기꺼이 자사의 제품을 구매함을 의미한다. 충성고객은 주변 사람들에게 자기도 모르는 사이에 자신이 쓰는 브랜드를 권하는 사람들이다. 이는 친구처럼 믿는 마음이 없으면 결코 기대하기 어려운 행위이다

간단히 말해서, 충성스러운 관계는 살아 있는 관계이다. 그것은 컴퓨터의 데이터베이스와 효율적인 고객관리 프로그램을 넘어서는 개념이다. 만약 고객의 충성을 원한다면, 기업은 고객에게 법인체가 아닌 사람으로 인식되어야 한다.

통상 오래된 기존 고객, 즉 '일정한 기간 동안', '두 회 이상 구매'한 고객을 충성고객이라 하며, 충성고객은 다음과 같은 이유로 기업에게 이익이 된다.

- 막대한 기업의 마케팅 비용을 절감시킨다.
- 경쟁사가 가격을 낮추어도 크게 동요되지 않기 때문에 기업은 고객을 확보하기 위해 이윤을 낮출 필요가 없다.
- 자신이 선호하는 제품에 대해 친지들에게 알려주는 구전효과를 통해 상품을 홍

보하는 역할까지 동반하므로 추가 수익을 발생시킨다.

• 충성고객들은 제품 사용법이나 제품과 관련된 안내 사항 등에 익숙하므로 서비스 비용을 절감할 수 있다.

그동안 기업들은 주로 고객만족의 향상이 상품 구매에 중요한 요소가 된다고 보고, 많은 마케팅 활동을 기업 이미지 개선, 브랜드 인지도 확보를 위해 투자했다. 그러나 고객만족도가 높은 제품이나 기업이 반드시 수익을 올리지는 않는다. 고객만족도는 측정수단에 따라 오차가 많을 수 있으며, 실제 구매로 직접 연결되지는 않는다. 고객 만족도가 고객의 태도에 관한 문제라면 충성도는 행동에 관한 개념이다. 고객 만족도가 피상적이고 일시적인 태도라면, 고객 충성도는 오랜 기간의 구매 행동을 통해 축적된, 보다 강력하며 또한 장기적인 개념이다.

고객을 만족시키고 이윤을 내기 위해서는 무엇보다도 고객충성도를 확보해나가야 한다. 고객의 충성도란 단지 만족의 차원을 넘어 적극적으로 지지하고 홍보하며 신규고객창출에 기여하고 평생가치를 보여주는 것으로서 한번 고객을 평생고객으로 만들어 가는 것을 말한다.

고객 경제 시대에는 충성스러운 고객들이 가장 귀중한 자산이다. 오늘날 기업에게 희소한 자원은 자본, 제품, 인력 따위가 아니며 브랜드도 아니다. 그것은 바로 고객 충성(customer loyalty)이다. 새로운 고객 경제 시대에는 고객 관계(customer relationships)가 가장 중요한 자원이다. '고객'이라는 자본이 투자자본 이상으로 중요해졌다.

일반적으로 고객은 기업의 성의에 감동하여 단골이 된다. 고객의 충성도(customer loyalty)를 확립하는데 있어 가장 중요한 요소는 고객이 회사와 접촉하며 겪는 경험을 전략적으로 관리하여 회사에 대해 긍정적인 기억을 심어주는 것이다. 고객과 좋은 관계를 유지하고 높은 신뢰를 얻으려면 고객 경험을 관리하는데 힘써야 할 뿐만 아니라, 관리상의 우선순위를 재점검하고, 서비스의 수준을 향상시키려는 노력을 어떻게 이끌어낼 것인가 재고해 봐야 할 것이다.

만약 고객이 기대 이상의 서비스를 받았다면 매우 기뻐하고 흡족해 할 것이며, 기대했던 것과 비슷한 수준이었다면 만족스러워 할 것이다. 하지만 기대 이하인 경우엔 실망하게 될 것이며 상황에 따라선 피해를 봤다고 느끼거나 분개하게 될 지도 모른다.

그러기 위해서는 직원들에게 폭 넓은 대고객 응대스킬과 다양한 상황을 교육시켜 유연성을 길러주어 서로 다른 상황에 있는 고객들을 효과적으로 다룰 수 있도록 해야 한다. 중요한 것은 정책과 절차를 점검하여 직원들이 상부의 승인 없이도 문제를 해결하고 결정할 수 있도록 재량권을 마련해 주는 것이다. 또한 고객과의 관계를 즉시 회복해야 하거나 고객의 입장에서 봤을 때 시정해야할 점이 있을 경우 적용할 수 있는 가이드라인을 설정해야 한다. 유연성은 고객과의 관계를 원활히 만드는 중요한 요소이다.

4) 불평고객관리

(1) 서비스 실패의 원인

서비스실패의 원인은 매우 다양하다. 고객의 욕구가 점차 개성화되고 주변 소비환경이 빠르게 바뀌는 여건에서 서비스 전 과정에서 수많은 요인들이 고객의 기대를 저버릴 수 있으며 고객불만족 요인은 만족요인만큼이나 까다롭고 다양하다. 그러나 이 요인들은 서비스를 회복하는 데도 영향을 미칠 수 있으므로 고객의 불만요인을 피드백하여 서비스 개선자료로 이용하는 일이 중요하다.

서비스실패 원인을 다음 세 가지 범주－기업, 직원, 고객－로 대별하여 정리할 수 있다.

① 기업 요소

- 인적자원
- 기업 및 구조
- 프로세스 및 프로그램
- 제품 및 서비스배달
- 내부 커뮤니케이션
- 기술 및 지원시스템
- 기준 및 가치

② 종업원요소

- 커뮤니케이션 기술
- 지식 및 기술적인 기능

③ 고객 요소

- 제품이나 서비스 정보를 정확하게 사용하지 못하는 경우
- 고객이 지시사항을 따르는 역할을 완수하지 못하는 경우

고객들이 기업이나 서비스에 불평을 하기 시작한 것은 사실 얼마 되지 않았다. 과거에는 고객이 기업에 불평을 하는 것에 대해 소홀히 여기고 듣지도 않을 뿐 아니라 심지어 무시하고 창피를 주기까지 하였다. 그러나 소비자들 이 스스로의 권리에 대해 인식하고 소비자운동을 통하여 그 권리를 지키고자 행동하면서부터 더 이상 소비자의 불

평은 무시할 수 없는 부분이 되었다. 더구나 세계의 경제가 서비스산업 위주로 변화하면서 고객만족의 중요성이 부각되고 그것이 곧 기업의 성패와 직결될 수 있다는 인식의 결과를 낳게 되었다.

구매 후 고객을 관리하는 것이 서비스기업에 있어 중요한 문제이다. 그 중에서도 실패한 서비스를 회복시키고 고객의 불평을 관리하는 것이 가장 중요하다. 불평스러운 문제를 다루는 서비스맨의 태도는 고객만족에 대한 관심을 표현하는 단서가 된다.

대부분의 고객은 어느 정도 합리적인 근거를 가지고 불만을 얘기하게 되는데 이때 이를 무시하거나 외면하지 않고 적극적으로 성실히 대처한다면 고객들은 오히려 더욱 만족하고 단골고객이 될 수 있는 중요한 전환점이 될 수도 있다. 고객은 항의할 권리가 있음을 항상 기억해야 한다. 불평하는 고객이 있다는 것은 또 다른 기회가 될 수 있다는 의미이다.

불평이란 단순하게 말해서 어떤 상태가 기대를 충족시키지 못할 때 불만을 토로하는 행위이다. 그러나 서비스를 제공하는 직원이나 기업의 입장에서는 보다 적극적인 의미에서 불평을 다음과 같이 인식해야 한다. 즉, 고객의 불평을 처리한다는 것은 고객만족 또는 고객감동서비스의 연장선상이라고 보는 것이다.

요즘은 고객과의 일회적 거래를 중시하지 않고 구매 후 지속적인 관계를 유지, 발전시키는 것을 강조하게 되는데 그러므로 불평 고객을 지속적인 고객으로 끌어들이는 것이 매우 중요하며, 불평 고객이 기업에 직접적으로 불평을 제기하도록 유도해야 한다는 주장들이 설득력이 있다. 불평하는 고객도 VIP다. 고객의 불평은 곧 역전의 기회이다.

고객 불평이 왜 중요하며, 고객 불평이 또 다른 기회가 되게 하려면 어떻게 해야 할까? 고객이 제품에 어떤 불만을 느꼈는지, 개선할 점은 무엇인지 말해준다면, 그만큼 다행스러운 일은 없을 것이다. 그런 이야기를 해준다는 것 자체가 제품에 관심과 애정이 있다는 말이 되는 것이다. 또한 이러한 고객의 불만사항을 바로 해결해 줄 수 있어야 그 관심이 지속될 수 있음은 당연한 말이다. 고객의 소리(Voice of Customer: VOC)는 최고의 정보다.

그러나 대부분의 고객이 불만을 느끼면서 개선점을 말해주는 일은 흔치 않을 것이다. 오히려 불만이 생기면 다른 경쟁사를 먼저 찾는 것이 고객의 심리이다. 즉 말하지 않고, 바로 등을 돌리는 행동으로 보여주는 것이다.

고객을 계속 붙들어 놓기 위해서는 무엇보다 숨겨져 있는 고객의 애로사항을 놓치지 않아야 한다. 그러기위해서는 고객이 잠깐씩 내비치는 고민을 잘 파악해 낼 필요가 있다. 또한 말투나 표정을 읽을 수 있어야 하며 고객의 말이나 행동이 진심인지 아닌지 상대방의 입장에서 생각해 볼 수 있어야 한다. 이를 통해 고객이 현재 어떠한 점에서 불만, 불편사항을 가지고 있는지 판단할 수 있어야한다.

고객의 불만을 추측해서는 안 된다. 고객의 입장에서 고객의 불만을 파악해야한다. 정작 고객의 불만은 회사의 입장에서 파악하는 것이 아니라 서비스하는 입장과 다를 수 있다. 당사자인 고객에게 끊임없이 질문해야 한다.

더 생각해보기

- '서비스경제'로 패러다임이 전환되기까지 변화를 촉진한 요인들은 무엇인가?
- '고객서비스'란 무엇인지 나름의 정의를 내려 보아라.
- 호텔예약이 중복되어 고객이 호텔에 방문했을 때 투숙할 방이 없었다. 고객이 불평을 할 때 어떻게 대처해야 할지 생각해보고, 토론해보시오.

2. 소비자상담

1) 소비자싱딤이 대두된 배경

소비자상담이란 소비자들의 소비선택과 의사결정을 도와주고 소비자불만 및 피해가 발생할 때 그 해결에 도움을 주기 위한 상담을 일컫는다. 다시 말해 소비자상담은 소비자와 기업, 소비자단체, 한국소비자원, 기타 정부행정기관과의 상담을 의미한다. 다양하고 고도의 기술술수준의 제품이 쏟아져 나오고, 시장환경이 디지털화하면서 소비자들은 의사결정에 어려움을 겪게 되고, 쏟아져 나오는 다양한 광고나 정보 가운데 필요한 적절한 정보를 찾기가 오히려 더 힘들어 지고 있다. 또 물론 디지털 환경이 기업에게도 부담이 되는 것은 사실이나, 일단 소비자문제가 발생하면 소비자는 해결 능력이 부족하여 여러 측면에서 기업이나 생산자에 비해 불리한 입장에 있기가 쉽다. 최근에 발생한 옥시사태의 경우 이름모를 호흡기 관련 질환의 원인이 가습기 살균제라는 것을 밝히는 것도 쉽지 않았고 원인을 알게 된 이후에도 관련 기업이 해외기업이다 보니, 책임소재의 규명이나 손해배상의 청구 등에 어려움이 노출되었다. 결국 기업의 자율적 구제에는 한계가 있기 때문에 소비자단체나 정부가 개입하고 있다. 소비자상담은 소비자, 기업, 그리고 정부가 소비자문제를 해결하고 피해를 구제하기 위한 필수과정이라 볼 수 있다.

소비자상담은 현대 사회에서 소비자가 직면하는 문제가 너무나도 다양하고 복잡해져서 소비자의 의사결정과정을 하는 데 어려움이 있어 도움이 필요하기 때문에 생겨난 제도이다. 소비자상담이 대두된 배경을 소비자 측면과 기업 측면에서의 필요로 나누어서 살펴보기로 한다.

풍요의 시대로 대표되는 산업사회가 도래되기 이전까지 소비자가 느끼는 가장 큰 어려움은 선택의 문제가 아닌 '자원의 부족 또는 결핍'이라는 기본적인 소비생활조건의 열악함이었다. 그런 사회에서 소비자가 경험하는 고전적 피해는 현재 우리가 겪고 있는 피해와 같이 심각하게 소비자에게 인식되지 못하였다.

산업사회의 양적인 발전과 함께 질적인 측면의 소비자 문제가 사회구조적으로 발생하게 되었으며 비인간적이고 방대한 시장과 풍요의 사회 속에서 소비자들은 더욱 무력감을 느낄 수밖에 없는 상황이 되었다.

선택의 범위가 넓어진 만큼 의사결정을 해야 하는 상황에 더욱 자주 노출되는데 비해서 현명하고 합리적인 의사결정은 한층 어려워지고 있다. 정보의 홍수라고 불릴 만큼 엄청난 양의 정보에 둘러싸여 있으면서도 정작 소비자 자신을 위한 유용한 정보의 선택이 어려운 상황이다.

가계소득이 증가하고 물질적으로 풍요로워 지면서 소비자의 욕구는 더욱 다양화해지고 개성화가 진행되고 있다. 이는 소비자들의 소비의식을 향상시키고 다원화되어 있는 복잡한 경제구조 속에서 소비자로서의 선택과 의사결정을 도와주고 문제를 경험했을 때 문제해결을 도와주는 소비자상담의 필요성이 강력하게 대두되고 있다.

기업에게 있어서도 소비자상담은 여러 측면에서 더 중요해지고 있고, 필수적인 것으로 인식되고 있다. 대량생산을 가능케 했던 산업사회 초기에는 수요가 공급을 초과하고 생산이 곧 판매로 이어질 수 있었기 때문에 기업은 소비자에 대해 막강한 지배력을 행사할 수 있었다. 산업화가 진전되어 시장구조가 공급과잉 상태로 되고 재화의 종류도 보다 다양해지면서 비로소 소비자 욕구의 파악과 충족에 중점을 두며 오직 고객(Customer)을 만족시키는 것만이 생존에 필수적이라는 것을 기업이 인식하기 시작하였다. 이러한 상황이 고객중심적·고객지향적 경영마인드로의 전환을 이루게 되었다. 새로운 고객을 창출해 내는 데 드는 비용이 기존 고객을 유지하는 데 드는 비용보다 약 5배 이상이 소요된다고 한다. 기존 고객을 충성고객으로 만들기 위한 고객관계관리(CRM; customer relationship management)가 기업이 경쟁에서 살아남기 위해 필수적인 요소로 자리잡게 되자 기업에서도 고객을 대상으로 하는 상담 업무를 담당할 전문인력에 대한 수요가 증가하고 있다.

2) 소비자상담의 필요성

(1) 소비자 문제의 심화

현대사회에서의 소비자 문제가 점차 다양하고 심각해짐에 따라 소비자 문제를 해결하고 소비자를 보호하기 위한 각종 제도적·정책적 노력이 행해지고 있는데, 이 가운데 특히 소비자들은 자신이 구입한 상품에 불만이 있을 때 이를 쉽게 호소하고 합리적으로 해결할 수 있도록 하는 도움을 가장 필요로 한다. 과학기술과 경제구조가 빠르게 변화하고 시장상황도 복잡해지면서 소비자 문제를 경험했을 때 소비자 스스로 해결방안을 강구하기란 매우 어렵기 때문에, 조력을 줄 수 있는 사람이나 기관에 대한 필요가 더욱 강해지고 있다.

또 인터넷의 발달로 산업사회에서 경험하지 못했던 새로운 소비자 문제가 등장하고 있으며 전체 소비자문제 중에서 전자상거래나, 휴대폰 등 새로운 소비자문제가 등장하고 날로 다양해지고 있다.

현재 이러한 역할을 담당하기 위하여 기업이 소비자 피해보상 기구를 설치하도록 정책적인 지원을 하고 있기는 하지만, 소비자상담실 부서의 위상이 낮고, 전문인력이 부족하며, 또한 담당자의 근무의욕도 낮은 편이어서, 소극적으로 피해보상업무만을 수행하고 있을 뿐 소비자에세 정보를 제공하고 교육하는 것과 같은 적극적인 업무를 수행하지 못하고 있다는 평가를 받고 있다.

(2) 소비생활의 확장

더욱이 현대사회의 소비자 역할이 확대되고 있다. 단순히 구매자로서 겪는 어려움, 즉 구매에 따른 소비자 피해의 구제만이 문제가 되는 것이 아니라, 예산수립, 정보탐색, 구매, 사용 후 처리라고 하는 소비 생활 전반에 걸친 광범위한 영역에서 겪고 있다. 이것은 단순히 피해보상기구 등의 사후적 처리과정만 가지고는 해결될 수 없는 부분으로, 생활환경이 점차 복잡해지고 있는 현실에서 소비생활 전반에 대한 도움을 줄 수 있는 소비자상담의 필요성이 더욱 강하게 대두된다.

유아에서부터 노인에 이르기까지 모든 국민이 소비자이며 의, 식, 주에 관련된 소비생활뿐만 아니라 여가생활비중이 소비자의 삶의 질에서 중요한 비중을 차지하므로 소비자상담을 통해 만족을 증대시키는 일은 소비자 측면에서 대단히 중요한 일이다.

(3) 기업의 소비자 지향적 마케팅

과거에 기업의 입장에서는 소비자 불만에 대응하기 위한 기업의 활동을 이익보다 비용으로 인식하였다. 그러나 최근에 와서 소비자 불만에 대한 적절한 대응이 기업의 이익에 크게 기여한다는 연구결과들이 보고되고 있다.

소비자 만족을 높이기 위한 첫 단계는 먼저 소비자들의 불만내용을 정확히 파악하는 것이다. 경쟁이 치열해지고 잇는 오늘날의 기업환경에서 기업은 '고객중심적' 경영전략만이 기업의 생존을 가능케 한다는 사실을 인식하고, 소비자의 만족을 증진시키기 위한 각종 프로그램 제공에 초점을 맞추고 있다.

(4) 포괄적인 소비자상담 요구

이제까지는 문제를 경험했거나 불만이 있는 소비자에 대한 대응책으로서의 소비자상담이라고 하는 소극적인 행동영역으로 국한되어 왔으나, 앞으로는 소비자의 불만수준을 낮추는 차원이 아니라 보다 나아가 긍정적인 의미에서 만족수준을 높이려는 능동적이고 적극적인 양태로 변화해야 할 필요가 생겨나고 있다. 이제 소비자상담의 범위는 소비자 피해구제라고 하는 제한된 범위로 한정되는 것이 아니라, 소비생활의 전 과정에서 일어나는 소비자의 의사결정을 돕는, 보다 적극적인 의미에서의 상담이 필요하다. 즉, 소비자로서의 문제인식이나 정보탐색, 대안평가 과정에서의 상담이다. 물론 기존에 해왔던 구매 후 만족/불만족의 결과로 일어나는 소비자문제의 상담 등을 모두 포함하며 보다 포괄적인 의미에서의 소비자상담이 필요하다. 이것은 우리가 궁극적으로 추구하는 소비생활의 질을 높이고 복지수준을 높이기 위해 반드시 마련되어야 할 것이다.

이와 같이 소비자상담의 필요성이 더욱 커지고 있는 현실에서, 소비자상담의 전문성을 높이기 위한 소비자 상담사 자격제도의 도입은 소비자 복지향상을 위해 중요한 역할을 수행하게 되었다.

3) 소비자상담의 실제

(1) 소비자 단체의 소비자 상담

기업의 소비자상담은 소비자 불만처리 및 피해구제와 더불어 소비자의 다양한 요구 파악과 정보제공을 통한 고객만족 경영에 초점을 둔다. 그러나 행정부와 소비자 단체의 소비자상담은 소비자 피해상담 업무 외에도 소비자역량의 강화를 위한 소비생활지도 즉 소비자교육을 담당해야 한다.

소비자단체는 소비자문제를 해결하고 소비자피해를 구제하기 위한 소비자상담을

1960년대부터 여성단체를 중심으로 수행하여 왔다. 현재 10여개가 넘는 소비자상담을 수행하는 소비자단체가 인터넷상담과 소비자상담 전용 번호인 1372를 통해, 그리고 방문과 전화 상담 등의 다양한 방법으로 소비자상담업무를 수행하고 있다. 하지만 대부분의 소비자단체들이 구매 후 소비자 불만해결이나 피해구제에 머물고 있으며, 인력부족과 재정적인 어려움을 겪고 있고, 각 소비자 단체들이 차별화 전문화의 수준이 낮은 점 등이 해결해야 할 과제로 남아 있다. 최근에는 소비자 정책입안이나 금융, 보험, 법률, 의료소비자문제 등에 전문화를 꾀하는 단체들도 생기고 있다.

(2) 한국소비자원과 행정기관의 소비자상담

한국소비자원은 소비자상담을 수행하는 정부출연 소비자 관련 전문기관이다. 한국소비자원은 1987년 소비자보호법에 근거하여 설립되었다. 한국소비자원은 소비자 또는 소비자단체가 제기하는 사업자에 대한 불만이나 소비자 피해 상담 신청을 처리하고 있으며, 2010년 이후 1372 소비자상담센터의 운영을 담당하고 있다. 그 외 소비자중심경영(CCM; Consumer Centered Management), 스마트 컨슈머 등의 새로운 업무를 추가해 소비자역량을 향상시키기 위한 정보제공이나 소비자교육도 강조되면서 한국소비자원의 역할도 강화되었다.

이외에 국가차원에서 공정거래위원회를 비롯한 15개 관계 중앙행정기관이 소비자 정책 추진에 관여하고 있으며, 광역자치단체들도 '소비생활센터'와 같은 기구를 설치 운영하고 있다. 또 일정 요건을 갖춘 소비자단체에 보조금을 지급하며, 소비생활센터에 소비자단체 직원을 채용하는 등의 소비자단체 활동을 지원하고 있다.

결론적으로 소비자상담사는 소비자 문제에 대한 전문가로서 기업에서 고객 상담 업무를 담당하면서 소비자의 시각에서 소비자의 권익과 복지증진을 위한 의견을 경영에 반영시키는 역할과 소비자에게 정보제공 및 소비자 교육역할을 하게 된다.

또한 행정부와 민간소비자 단체에서는 소비자상담 업무를 통해 소비자 불만의 해결뿐만 아니라 성인소비자에 대한 소비자 교육을 담당하며 기업의 생산활동과 정부의 소비자 정책의 감시자 역할을 수행하게 될 것이다.

소비자상담 분야는 4차 산업혁명시대에 많은 일자리가 사라지는 노동시장의 커다란 변동에서도 전문성만 확보한다면 살아남을 수 있으리라 기대된다. 이제까지 비전문가가 업무과정 중에 필요한 지식과 기술을 쌓으면서 대응하던 방식과는 달리 전문적인 능력을 갖춘 사람들이 다양한 채널을 이용하여 소비자복지의 증진을 위해 일을 하여야 할 필요성이 늘어난다.

4) 소비자 상담의 특성

(1) 소비자상담의 특성과 영역

소비자 상담의 특성 일반심리상담과 소비자상담을 비교함으로써 잘 파악할 수 있다. 일반심리 상담의 경우 상담을 받는 내담자는 자신이 가진 심리적 문제를 상담자와의 상담을 통해 해결해 나가는 과정으로 볼 수 있다. 여기에서 상담의 초점은 내담자의 생각, 감정, 행동 측면의 '인간적 성장' 을 위한 노력과정이다. 내담자와 상담자는 개방적인 신뢰관계를 형성한 상담과정을 통해 내담자가 자신을 이해하고, 수용하며, 자주성을 회복할 수 있도록 돕게 된다.

이에 비해 소비자상담의 경우 우선 내담자는 소비자이다. 또는 기업 소비자상담에서는 특정 자사제품을 구매한, 또는 구매하고자 하는 잠재적인 고객(Customer)이 된다. 소비자 또는 고객은 소비생활에서 발생한 문제를 해결하기 위해 상담을 원한다. 즉, 불만을 호소하거나 피해를 보상받고자 하는 것 외에도 소비생활에 필요한 정보나 조언 등을 얻고자 한다. 따라서 소비자 상담사는 우선적으로 이러한 문제해결에 도움을 줄 수 있는 객관적이고 정확한 지식을 갖추어야 한다.

또, 심리상담에서는 상담자가 내담자에 대한 감정이입이 필요한 것이 일반적이나, 소비자상담에서는 소비자의 설명이나 주장을 충분히 듣고 객관적인 입장에서 사실을 확인할 수 있는 능력이 필요하다. 즉, 기업체의 소비자상담이라면 문제의 발생 원인이 어디에 있는 것인지를 밝혀낼 수 있어야 한다. 그리고 이를 통해 관련부서에 해결을 요구할 수 있는 능력이 필요하다. 또, 소비자단체에서 소비자상담을 받을 경우에 일방적인 소비자의 주장을 그대로 받아들이기보다 사업자와의 관계에서 중립적인 입장을 견지하면서 사실을 확인하여야 하며 어느 경우에는 소비자의 주장내용 가운데 사실과 다른 내용이 포함되어 있다면 이를 밝힐 수도 있어야 한다.

그러나 소비자상담도 상담과정에서 일반심리상담이 요구하는 기본적인 사항의 적용이 요구된다. 내담자의 기분을 공감적으로 이해하는 것, 내담자가 처해 있는 현실은 그대로 받아들이는 것, 성실하고 일관성 있게 대하는 것, 그리고 내담자의 문제를 도울 수 있는 전문적 능력을 갖추는 것 등이 일반심리상담에서 필요한 기본적인 사항이다. 이에 비추어 소비자상담사는 우선 하고자 하는 내용을 잘 들음으로써 문제에 부딪쳐 곤혹스러워 하거나 불쾌해하는 고객 또는 소비자의 기분을 충분히 공감하며 이해해야 한다. 그리고 무엇이 문제인지를 파악하였으면 이를 다시 질문 등을 통해 확인하고 난 후, 문제해결을 위한 구체적인 행동을 하는 것이 기본적인 사항이라고 할 수 있다.

소비자상담은 일반적인 개인의 심리적인 문제 상담과는 달리 가시적이고 구체적인 문제가 중심이 되며 그 영역도 포괄적이고 다양하다. 소비자상담의 형태는 기준을 어디에 두는가에 따라서 다음과 같이 구분할 수 있다.

첫째, 소비자상담의 주체가 누구인가에 따른 상담

① 민간 소비자 단체에 대한 소비자상담

② 사업자(기업)에 의한 소비자상담

③ 행정기관에 의한 소비자상담

이들 세 주체의 소비자상담은 상담의 목적, 상담의 내용, 상담의 자세 등에 있어서 공통점과 차이점을 갖게 된다.

둘째, 소비자상담 내용의 차원에 따른 상담

① 소비자 불만호소에 대한 대응적 차원의 상담

② 소비자 정보 제공적 차원의 상담

③ 소비자 교육적 차원의 상담

소비자상담은 발생한 소비자 피해나 문제의 해결이 중심이 되는 소비자 불만호소에 대한 대응적 차원의 경우처럼 일회성이나 단기적으로 종료될 수 도 있으며, 소비자 문제예방 및 해결을 위한 소비자 정보제공적 차원의 상담처럼 단편적인 정보제공 자체로서 끝날 수 있는 것과 포괄적이고 다양한 측면의 정보를 수회에 걸쳐서 제공하는 형태가 있을 수 있다. 소비자 교육적 측면의 상담은 내담자의 인구사회적 특성, 라이프스타일 등을 고려하여 장기적으로 수행되며 평생교육의 일환이 될 수 있다.

셋째, 소비자의 구매과정에 따른 상담

① 구매전 상담

② 구매시 상담

③ 구매후 상담

소비자상담은 소비자가 상품이나 서비스를 구매하고 이용하는 과정에서 일어나는 소비자의 의사결정을 도와주는 일이므로 구매전 상담, 구매시 상담, 구매후 상담의 전 과정을 포함하며 각각의 과정에서 강조되고 다루어지는 내용이 차별화된다.

(2) 소비자상담의 역할

앞의 소비자상담 분류에서 언급한 바와 같이 소비자상담은 내용면에서 소비자 불만호소에 대한 대응적 차원의 상담, 소비자 정보 제공적 차원의 상담, 소비자 교육적 차원의 상담이 있을 수 있다. 소비자상담의 역할은 바로 이 내용분류와 관련하여 생각할 수 있다. 즉, 소비자 불만호소를 대응하는 과정에서 소비자 피해를 보상하게 되기도 하고, 소비자의 의사를 기업에 전달하거나 기업의 의사를 소비자에게 전달하는 의사소통 매개자의 역할을 하기도 한다. 또, 소비자에게 제품을 비롯하여 생활에 관련된 다양한 정보를 제공하여 의사결정을 돕기도 한다. 소비생활에 관련된 정보를 제공하거나 소비자 피해구제 과정에서 반복적인 피해를 막기 위한 조언을 해주는 등의 과정에서 소비자 교육자로서의 역할도 수행하게 됨은 물론이다. 이때의 소비자 교육은 포괄적인 소비자 교육이 아닌 특정 소비자를 대상으로 특정 시점에서 특정한 문제를 체험적으로 다루게 되므로 일반적인 대단위의 소비자 교육보다 아주 효과적이 될 수 있다. 뿐만 아니라, 직접적인 소비자와의 소비생활에 관한 상담을 통하여 소비자 행정의 문제점에 관한 정보를 수집하고 이를 정책수립에 반영하는 제언을 할 수도 있다.

이상에서 설명한 소비자상담의 역할을 정리하여 열거하면 다음과 같다.

• 소비생활에 관련된 다양한 정보제공
• 소비자에게 서비스를 제공
• 소비자 문제의 해결
• 소비자 교육기능의 부분적 수행
• 기업과 소비자 사이의 의사소통
• 소비자 욕구의 기업에의 반영
• 소비자 행정의 문제점에 관한 정보수집과 정책수립에의 반영

이상의 소비자상담이 맡는 역할은 소비자상담이 이루어지는 기관이 어느 곳인가에 따라 강조되는 역할에 차이가 있을 수 있다. 즉, 민간 소비자단체에서의 소비자상담이냐, 아니면 특정 개별기업에서 이루어지는 소비자상담이냐에 따라 상담자의 다양한 역할의 비중 차이가 있게 된다.

① 민간 소비자단체와 소비자 관련 행정기관의 소비자상담 역할

소비자보호단체협의회에 가입된 민간 소비자단체나 한국소비자보호원과 같은 공적인 소비자 기구에서 행해지는 소비자상담은 소비자가 피해보상을 받을 권리를 실현시키기 위하여 소비자 입장에서 공정한 합의안을 제시하려고 노력하며, 소비자의 알 권리를 실현시키기 위해 상품 테스트자료, 정보 네트워크 등을 이용한 정보제공을 해준다.

그리고 발생한 소비자 피해문제를 해결하도록 도와주는 일뿐만 아니라 소비자가 스스로의 구매 및 사용행동에 관해 생각하고 자각하여 문제의 원인을 찾고 차후에 대

비할 수 있는 능력을 키워주는 것이 중요하다. 그리고 피해구제의 차원을 넘어 소비생활의 질을 향상시킬 수 있도록 소비생활 전반에 관련된 유용한 정보를 제공하고 조언함으로써 소비자 상담을 소비자 교육의 차원으로 이끌어갈 수 있어야 한다. 다음으로 소비자상담을 하는 과정에서 소비자 정책이나 행정의 문제점을 발견하고 정보를 수집하여 피드백시킴으로써 소비자 행정을 발전시키는 데 기여해야한다.

② 기업의 소비자상담 역할

기업의 소비자상담 역할 중에서 일차적인 것은 무엇보다도 소비자 불만의 해소를 위해서 소비자 피해를 구제하는 것이다. 다음으로 기업과 소비자 사이의 의사소통을 통해서 소비자의 욕구와 선호를 파악할 뿐만 아니라 기업의 소비자 문제를 분석하고 파악해서 이를 기업의 고객만족경영에 반영시키도록 하는 것이다. 다시 말해 소비자상담 활동을 통해 궁극적으로 고객을 만족시켜 재구매를 유도하는 등 마케팅에 기여하고 기업에 대한 소비자의 이미지 향상에 공헌하게 된다. 이러한 기능을 활성화하는데 개개의 기업역량에 한계가 있기 때문에 기업의 소비자상담 담당자들이 전문적이고 자율적인 활동을 하기 위한 조직으로 기업소비자 전문가협회(OCAP)를 발족하여 활동하고 있다.

(3) 소비자상담사에게 요구되는 능력

소비자상담사에게 요구되는 능력은 크게 인간적 능력과 전문적 능력으로 나누어 생각해 볼 수 있다. 우선 인간적인 능력으로는 상담 및 설득에 필요한 인내심, 타인의 상황에 대한 공감 능력, 공정하고 객관적인 판단 능력 등이며 이는 단기간의 교육을 통해서 길러지기는 어려우나, 관심을 가지고 꾸준히 노력하면 어느 정도 향상될 수 있다고 본다.

전문적인 능력으로는 먼저 소비자 보호의 구조와 관련기관, 소비자와 판매자의 법적 권리와 책임, 상품의 특성과 성능의 이해 및 상품관리 지식, 판매 및 광고와 촉진활동에 대한 지식, 기업구조와 유통시스템의 내적 구조, 서비스업에 대한 지식 등이 필요하다. 또, 대인관계 및 의사소통 기술이 필요하며, 그밖에 교섭능력, 각종 정보를 조사·분석하고 문서화하는 기술도 필요하다. 컴퓨터를 이용할 수 있어야 하며 판매 촉진기법과 홍보기술도 이해하고 활용할 수 있어야 한다.

소비자상담사에게 요구되는 능력은 어떤 기관에서 상담활동을 하든지 기본적인 능력은 공통적으로 요구되나 특별히 강조되는 능력에서 약간의 차이를 보인다. 예를 들면, 기업의 소비자상담은 기업과 소비자 사이의 의사소통을 강조하고 소비자 욕구의 기업에의 반영이라는 일을 수행하게 되며 이런 활동을 통해 궁극적으로 소비자를 만족시켜 재구매를 창조하는 등 마케팅과 연결된다는 점에서 기업에서 활동을 하는 소비자상담사는 기업경영에 대한 전반적인 이해와 마케팅 지식, 그리고 자사상품에 대한 지식과 최근의 새로운 상품 거래방법에 의한 소비자 피해정보 등이 더욱 중요하다.

직급에 따라서도 필요한 업무능력에는 차이가 있다. 소비자상담부서 내에서 하급직일 경우는 전화상담과 같은 대인상담기술이 더 중요하겠으나 상급직으로 갈수록 부서 전체를 조직하여 운영할 수 있는 능력이 요구되므로 기획·평가능력과 인력관리나 교육훈련, 리더십 같은 능력이 요구된다.

5) 소비자상담 분야의 자격제도 현황

한국소비자학회에서는 소비자상담 분야의 전문성을 높이고, 이 분야 인력의 수요와 공급을 촉진하고자 '소비자상담사' 자격인증제도를 1995년부터 시행해왔다. 이 인증제도의 시행으로 이 분야 교육프로그램의 발전과 전문인력의 중요성 인식에 기여한 바 크다. 2002년부터는 국가자격제도로 '소비자 전문상담사'가 제정되면서 학회의 '소비자상담사' 인증제도는 폐지된 대신 '소비자업무전문가' 인증제도를 시행하고 있다. '소비자업무전문가'는 소비자상담 분야 외에 소비자교육, 소비자정책, 소매유통, 소비자 트렌드분석 등 4년제 대학에서 소비자학을 전공하여 소비자에 관한 업무전체를 수행할 수 있는 능력을 갖춘 인력에게 부여하는 인증이라 할 수 있다. 다음은 '소비자업무전문가' 인증요건이다.

〈표 4-3〉 한국소비자학회의 소비자업무전문가 인증요건

기본조건	4년제 대학 이상의 학위를 받은 자로서 한국소비자학회에서 정한 교과목을 이수하고 현장실습을 마친 자	
이수교과목	필수 (6과목)	소비자학(소비자와 시장), 소비자 교육, 소비자의사결정, 소비자 법과 정책, 소비자조사법, 소비자 상담
	선택 (2과목 이상)	미시경제, 마케팅, 민법, 기업고객상담, 소비자정보, 소비자와 금융, 소비자와 유통, 소비자 트렌드 분석, 소비문화, 가계경제, 소비자재무설계
현장실습	기관	1군(기업) 2군(행정기관, 소비자단체, 한국소비자보호원)
	시간	1군과 2군 각각 40시간 이상(총 80시간 이상)

국가자격 '소비자전문상담사'는 1급과 2급으로 나뉘어 있으며 각각 객관식 시험과 주관식 시험을 치르게 되어 있다. 응시자격과 시험교과목에 대한 내용이 다음에 요약되어 있다. 이 자격제도는 한국산업인력공단에서 운영 관리하고 있기 때문에 자세한 시험 정보는 공단홈페이지(www.cyber.hrdkorea.or.kr)에서 지속적으로 확인할 수 있다.

〈표 4-4〉 국가자격 '소비자전문상담사' 제도의 검정기준과 시험과목 등

자격구분		2급	1급
검정기준		• 소비자불만 및 물품·서비스의 구매, 사용방법 등을 상담할 수 있는 능력의 유무 • 시장조사 및 각종 정보를 수집하고 보고서를 작성할 수 있는 능력의 유무	• 소비자문제의 조사를 위한 기획관리 및 평가를 할 수 있는 능력의 유무 • 복잡한 소비자문제를 상담 처리 할 수 있는 능력의 유무 • 소비자와 기업, 행정기관, 소비자단체간의 업무를 연결, 조정하고 전략을 수립할 수 있는 능력의 유무 • 소비자정보의 수집·분석·가공·제공 및 정보관리기법을 개발할 수 있는 능력의 유무
응시자격		제한없음	• 소비자전문상담사 2급 취득 후 해당분야 실무경력 3년 이상된 자 • 대학졸업자로서 관련분야 실무경력 3년 이상된 자 • 소비자상담 관련 실무경력 5년 이상된 자
시험과목	필기	1. 소비자상담 및 피해구제 2. 소비자 관련법 3. 소비자교육 및 정보제공 4. 소비자와 시장	1. 소비자법과 정책 2. 소비자상담론 3. 소비자정보관리 및 조사분석
	실기	소비자상담실무	고급 소비자상담 실무
합격기준	필기	100점 만점 40점 이상, 전과목 평균 60점 이상	
	실기	100점 만점 60점 이상	

한국소비자원에서는 소비자 문제에 관한 다양한 교육·연수를 실시함으로써 이 분야 종사자들의 전문성 향상을 위해 노력하고 있다. 즉, 기업체의 소비자상담 업무담당자, 소비자 행정관련 부서 담당공무원 등을 대상으로 교육·연수를 실시하고 있다. 특히 기업체 직원을 대상을 1994년부터 '소비자 문제 전문요원 양성과정'을 개설하고 있다. 이는 일본의 국민생활센터에서 제공하는 소비생활 상담 연수강좌와 비슷한 형태인데, 일본의 경우는 수료자에게 소비생활 상담원자격증을 부여하고 시험을 실시하여 통과한 사람에게 소비생활 전문상담원의 자격증을 부여하는데 비해 우리나라는 아직까지는 수료자에게 수료증만을 부여하고 있다. 교육프로그램의 주요내용은 소비자 문제 일반, 소비자상담 및 피해구제, 소비자 문제관련 법규, 기업활동과 소비자 문제 등으로 구성되어 있다.

기업의 소비자 부서에서 활동하는 사람들의 모임으로 우리나라의 경우 기업소비자전문가협회(OCAP: The Organization of Consumer Affairs Professionals, 일본의 경우 ACAP, 미국의 경우 SOCAP)가 조직되어 있는데 여기서는 회원의 전문성을 향상하기 위해 다양한 노력을 하고 있다.

6) 소비자상담의 미래

(1) 미래의 소비자

많은 미래학자들이 미래를 진단하고 변화의 양상에 대해 언급했으며 정보화와 세계화는 21세기에 가장 중요한 화두가 된다. 정보화, 세계화가 사회구조적인 거시적 측면과 인간의 생활양식이라는 미시적 측면에서 근원적인 변화를 초래하며, 특히 미래의 소비생활은 정보화와 세계화의 영향을 크게 받아 변화하리라 예상된다. 디지털과 네트워킹 기술로 대변되는 정보화 혁명은 일상생활 전반에 걸쳐 상상할 수 없는 변화의 물결을 일으키게 된다.

새로운 환경 변화로 소비자의 욕구는 더욱 다양해지고 개성을 추구하게 된다. 소비자들은 소비생화의 질적 향상과 개성을 중시하는 생활양식으로 변화될 것이다. 한편 여가와 휴식의 중시로 서비스 산업의 비중이 커지게 되고, 서비스 부문의 소비자 문제가 증가할 것이다. 특히 노인인구의 증가로 노인소비자의 소비생활양식과 소비자 문제 해결방안에 대한 관심이 높아질 것이다.

디지털 경제의 급속한 확산으로 인터넷을 활용한 전자상거래(electronic commerce)의 비중이 커지며, 전자상거래의 양상이 스마트폰을 이용한 모바일거래(mobile commerce)로 확신되고 있다. 해외직구 열풍 등 국제간의 소비자 거래가 새로운 양상으로 확대되고 있으며, 이는 과거와는 다른 새로운 소비자문제를 양산하게 된다. 디지털 경제는 저렴한 가격에 편리성을 더하면서 소비자 선택권을 확대시키고 있다. 따라서 소비자 문제는 국제화될 것이며, 소비자 문제를 위한 법적·제도적 국제적 표준(Global Standard)의 제정되고 있다.

고도의 기술화로 소비생활은 보다 더 편리해질 것이다. 그러나 기술화는 유전자 상품, 신소재·신물질 상품 등을 증가시키고 이러한 상품은 소비 생활의 안전과 관련하여 끊임없이 논쟁의 대상이 된다.

이에 미래의 새로운 소비생활환경의 변화에 대응할 수 있고 소비자 지향적이며 소비자주의를 실현할 수 있는 능동적인 소비자상이 절실히 요구된다. 우리가 추구하는 미래사회의 소비자는 전통적인 특성에서 벗어난 개혁지향적 소비자이다. 개혁지향적 소비자는 자아실현이라는 욕구에서 행동하게 되며 개인의 이익뿐만 아니라 타인과 사회와 미래의 이익까지 고려하는 공동체적인 행동원리를 지닌다. 구체적으로 양적으로 적정한 소비수준, 소규모 고품질지향, 소유보다 사용중시, 과시적 소비보다 기능적 소비, 양적 풍요보다 질적인 소비, 화폐보다 시간 중시, 일회용 사용보다 재사용을 중시하며 수동적 소비자 지위에서 주권적 소비자 지위를 지향하고 소비자 권리의식뿐만 아니라 소비자 책임의식을 강하게 소유한 윤리적인 소비자이다.

(2) 미래사회의 소비자상담

소비자 상담은 심리 상담과 달리 정보제공의 비중이 크다. 고도화되고 대중적인 소비시대와 정보화, 개방화의 특징을 동시에 갖는 우리의 미래 사회에서는 전문적인 소비자상담에 대한 사회적·개인적 수요가 더욱 증가될 것이다. 특히 더욱 복잡해지는 소비환경에서 소비자들은 소비생활에 대한 의사결정을 내리기 위해 보다 효과적으로 정보를 얻고 도움을 받을 수 있는 조력자를 필요로 하게 될 것이다. 소비자상담의 주체에 따른 소비자상담의 전망은 다음과 같다.

① 기업의 소비자상담과 전망

지금까지 기업의 소비자상담은 소비자 불만처리와 소비자 피해구제 상담에 국한되어 있다. 이는 기업에 소비자 피해보상기구를 의무적으로 설치하도록 했던 정부의 규제에서도 드러난다. 기존의 기업내 소비자상담 업무는 주로 전화, 서신, 방문, 이메일을 통한 소비자들의 불만 접수와 문제가 되는 상품의 수선, 교환, 환불처리와 같은 단순한 일이 대부분을 차지하고 있다.

이러한 소비자 불만처리나 소비자 피해구제는 이제 기본적인 소비자의 권리이자,

기업의 의무로 인식되고 있다. 기업내 소비자 상담은 기존의 소비자 불만·피해에 대한 '단순처리' 차원에서 벗어나 앞으로는 소비자의 욕구를 능동적으로 사전에 발굴하여 대책을 수립할 수 있어야 할 것이다. 예를 들어 한국 금융회사들이 소비자 편의를 위해 콜센터를 업그레이드했다고 저마다 홍보하고 있지만 선진국 및 글로벌 금융회사와 비교하면 여전히 상담 가능한 시간이 짧고 사용하기도 복잡한 것으로 나타났다. 대형 글로벌 금융사 중 대부분은 한국인에겐 낯선 365일·24시간 상담 서비스를 제공 중이지만, 우리나라의 금융사들은 평일 13~14시간, 주말에 상담이 가능한 금융사는 단 하나의 금융사에서 6시간인 경우였다. 또 상담원 연결 과정도 한국 금융회사가 훨씬 복잡했다. 미국 등 선진국의 주요 콜센터는 대부분이 전화하는 즉시 사람이 응답을 하고, 소비자가 무엇을 원하는지를 그 다음에 듣는다. 대부분의 한국 금융회사는 반대로 소비자가 무엇이 필요한지를 일일이 ARS 번호 입력을 한 다음에야 상담원이 응대하는 것으로 조사되었다(조선일보 2017. 5. 26.에서 발췌).

한편, 소비자상담 과정에서 얻어진 정보는 생산이나 마케팅에 적극 피드백되는 경우가 드물었다. 이것은 아직까지 기업의 경영진에서 소비자 정보의 중요성을 인식하지 못했기 때문이다. 하지만 이는 매우 근시안적인 것으로 기업이 처한 환경이 급격하게 변화하여 기업이 소비자를 쉽게 만족시킬 수 없고 이에 대응하기 위해서 기업의 소비자 상담은 필수적인 일이 되었다.

기업이 처한 환경의 변화를 살펴보면 다음과 같다. 첫째, 유통시장이 개방되어 범세계적인 경쟁에 휘말리게 되는 국제 경제질서의 변화이다.

둘째, 인터넷의 발달로 소비자들이 완전 정보에 가까울 정도의 정보를 누릴 수 있게 되어 상품을 선택할 때 가격비교나 상품의 질을 비교할 수 있게 되었으며, 인터넷 공간을 통해 관심이 유사한 다른 소비자들과 힘을 합할 수 있는 가능성이 증대되었다. 또 시장환경이 완전경쟁시장에 근접하게 되어 소비자주권이 실현될 수 있는 조건이 조성되어 과거의 생산자 주도 시장환경이 소비자 주도 시장 환경으로 변화하였다.

셋째, 소비자의 특성이 변화하였다. 산업사회의 수동적 소비자, 획일화된 소비자로부터 능동적 생활자이자 다양한 개성을 추구하게 되었다.

이렇게 복잡하고 역동적인 기업환경에 대처하기 위해서 기업은 고객만족(CS)경영을 채택하게 되었다. CS경영은 1980년대 후반 QC(품질관리)에 의해 세계시장을 석권한 일본기업에 대항해서 경쟁에서 승리할 수 있는 전략적 과제를 놓고 미국에서 탄생했다.

그러나 이제는 CS경영이 일본, 한국을 비롯한 많은 국가의 기업들이 생존 전략으로 삼고 있으며 세계적 추세이다. 이는 시장과 소비자의 성숙화에 따라 기업간의 경쟁이 치열해져서 보다 좋은 상품과 서비스를 제공하여 소비자의 만족을 충족시키지 않고는 살아남기 어려워졌기 때문이다. 결국 고정고객을 확보하기 위해 고객관계관리가 중요해지고, 고객 정보의 창출, 확산, 대응 이라는 고객 지향성이 경영 체제의 핵심으로 자리잡기 때문이다. 고객만족에서 고객은 다름 아닌 소비자이다. 기업의 상담실은 상담 서비스를 제공하면서 신제품, 광고제품 등 자사 기업이나 타사에서 제공하는 서비스에 대한 고객의 소리(VOC; voice of customer)를 들을 수 있다. 소비자들의 의견 등 소비자 정보의 수집과 관리는 기업에게 신제품개발이나 서비스의 증진에 중요하다. 소비자 정보 업무를 담당하기 위한 기업 내의 소비자상담 부서의 중요성은 날로 증가하고 있다.

미래사회에서는 다양화, 개성화되는 소비자의 욕구와 행동을 신속히 파악하고 이를 기업경영에 반영시키는 데 중요한 역할을 할 수 있는 전문가적인 소비자상담사에 대한 수요가 더욱 증가할 것이다.

더 생각해보기

- 소비자상담사는 심리상담보다는 전문적인 지식과 해결능력을 갖추는 것이 필요하다. 그러나 감정노동에 시달리는 경우도 많다. 최근 텔레마케팅회사에서 근무하던 전화상담 담당자가 자살하는 불행한 사건이 발생하였다. 인공지능 등의 발달로 인한 노동시장의 격변기에 직업으로서 소비자상담사의 경쟁력과 장래성에 대해 생각해보고 이를 토론해보자.

3. 소비자정책과 법

1) 소비자피해

소비자들은 구매한 제품에 대하여 품질불량, 부당한 가격, 허위광고, 부정한 계량, 불공정한 약관, 교환거절, 사기 등 다양한 소비자문제를 경험하고 있다. 소비자들은 사업자와 거래한 상품 또는 용역의 거래조건 및 방법과 내용 등에 관하여 소비자가 가졌던 합리적인 기대와 현실 사이에 심리적 불일치가 있는 상태, 즉 물품의 사용으로부터 소비자에게 귀속되는 효용수준이 기대수준보다 낮을 때 나타나는 심리적으로 불일치한 상태를 느끼는데 이를 소비자불만(consumer complaints)라고 한다. 소비자가 불만을 느낀다고 해서 모두 소비자문제로 인식되고 이의 해결을 위한 소비자피해보상이나 소비자보호가 이루어지는 것은 아니다.

소비자보호 또는 소비자정책은 소비자가 피해를 당했을 경우에 한정된다. 소비자피해(consumer damages)는 소비자가 상품이나 용역을 구입하여 사용 또는 이용하는 과정에서 품질의 결함으로 인하여 소비자가 입는 생명·신체상의 손해, 부당한 가격이나 거래조건, 그리고 불공정한 거래방법 등으로 인해 소비자가 입는 재산상의 손해를 총칭한다. 이 소비자피해는 인 소비자불만과는 다른 개념이다. 소비자피해는 불만족한 상품에 하자가 있어서 소비자에게 구체적으로 재산상 또는 정신적인 피해가 발생할 경우에 한한다.

소비자피해의 유형은 발생 면에서, 성질 면에서, 그리고 피해형태 면에서 구분해 볼 수 있다.[1] 발생 면에서 볼 때 크게 내용상의 피해와 거래상의 피해로 나누어 볼 수 있다. 내용상의 피해는 상품이나 용역의 내용상의 흠이나 결함으로 인한 피해를 말하고, 거래상의 피해는 비밀 카르텔에 의한 불공정한 가격 형성, 부당한 표시, 부당한 거래조건 등으로 인한 피해를 말한다. 피해의 성질 면에서는 재산적 피해와 비재산적 피해로 나누어진다. 재산적 피해는 소비자가 재산적인 피해를 입게 되는 경우를 말하고, 비재산적 피해는 소비자의 생명이나 신체상의 안전을 침해하는 것을 말한다.

피해의 형태면에서는 다수 소액피해, 다수 고액피해, 소수 소액피해, 그리고 소수 고액피해의 네 가지로 나눌 수 있다. 다수 소액피해는 대량 생산품의 가격표시나 결함으로 인해 발생하는 피해와 같이 비록 피해 금액은 크지 않지만 많은 사람이 피해자가 되는 경우이며 소비자피해의 전형적인 형태로 보고 있다. 다수 고액피해는 결함상품, 의약품, 자동차등과 같이 소비자 안전과 관련한 상품으로 인해서 많은 수의 소비자가 생명 또는 신체상에 심각한 피해를 입은 경우를 말한다. 소수 소액피해는 일상 소비용품의 중량 부족에서 오는 것과 같이 소수의 소비자가 경험하는 비교적 피해금액이 적은 경우를 말한다. 소수 고액피해는 의료과오와 같이 비교적 일부에 해당하는 소비자가 입은 생명 또는 신체상의 피해나 허위·과장광고로 인해서 고가품에 해당하는 대지나 건물 등에 발생하는 피해를 말한다.

이러한 소비자피해는 대량생산, 대량판매, 대량소비라는 산업사회의 구조로 인하여 소비자의 대등하지 못한 지위에서 기인한다. 소비자의 지위는 정보, 기술, 시장지배력, 부담전가 등 많은 측면에서 비대등성이 있다. 첫째, 정보 면에서 소비자와 생산자는 비대등하다. 소비자는 개인적으로 여러 가지 품목을 소량으로 소비생활을 위해 구입하기 때문에 복잡한 생산과정을 거친 그리고 전문적인 상품이나 서비스에 대하여 충분한 정보나 지식을 가지지 못한다. 소비자가 상품과 서비스에 대한 정보와 지식을 얻으려

1) 김영신외 4인(2015), 소비자법과 정책, 교문사.

해도 현실적으로 완전한 정보를 얻기는 힘들다. 반면 생산자는 소량의 한정된 품목을 대량으로 생산하기 때문에 상품과 서비스에 대한 정보와 지식을 상대적으로 더 많이 그리고 더 정확히 가지고 있다.

둘째, 기술면에서 소비자와 생산자는 비대등하다. 현대 시장에 등장하는 다양한 상품과 서비스는 고도의 과학기술에 의존하여 생산된다. 개별적인 소비자는 그러한 기술을 이해할 지식도 가지고 있지 못할 뿐만 아니라 상품의 안전성과 품질을 평가할 수 있는 기술적 방법은 거의 가지고 있지 못하다. 소비자는 반약 구매한 상품이 작동하지 못할 경우라도 품질에 결함이 있는지, 있다면 그 결함을 입증할 수 있는 지를 파악하기조차 힘든 경우가 많다.

셋째, 조직력과 시장지배력에서 소비자와 생산자는 대응하지 못하다. 시장구조가 독과점적 구조일 경우 독점 기업 또는 과점 기업들은 시장지배력이 높기 때문에 상품의 시장가격을 결정할 수 있는 영향력을 가지고 있어 자유경쟁에 의해 가격이 적절하게 결정되는 시장의 기능이 상실된다. 이 경우 독과점적 시장가격은 통상 경쟁가격보다 높기 때문에 소비자는 그만큼 불이익을 받을 수 있고 반면에 공급자는 이익을 얻을 수 있다. 소비자는 시장에서 개별적으로 미약한 존재에 불가하며 분산되어 있어 조직화되어 있지 않기 때문에 공급자에게 대항할 힘을 갖추지 못하고 있다.

넷째, 부담 전가에서 소비자와 생산자는 대등하지 못하다. 소비자가 만일 재산상의 손해뿐만 아니라 신체, 건강, 생명 등의 손해를 당했을 경우 그 부담을 타인에게 전가할 수 없다. 반면에 생산자는 재산상의 손해로 발생한 부담을 제품 가격 등에 반영시켜 소비자에게 전가할 수 있다.

소비자피해는 경제 환경 변화에 따라 증가하고 있다. 다음 표는 기술혁신, 대량생산－대량판매체계, 마케팅의 고도화와 복잡화, 정보의 범람, 독점과 불공정거래, 자원의 고갈에 따라 증가하는 소비자문제를 나타내고 있다. 향후 산업화 시대가 정보화 시대로 바뀌었던 것처럼 앞으로는 제4차 산업혁명시대가 열릴 것으로 보고 있다. 제4차 산업혁명이란 인공 지능, 사물 인터넷, 빅데이터, 모바일 등 첨단 정보통신기술이 경제·사회 전반에 융합되어 혁신적인 변화가 나타나는 차세대 산업혁명을 말한다. 제4차 산업혁명을 통해 소비자들은 얼마나 새로운 상품과 서비스를 만나게 될지 아직까지는 모른다. 최근에는 자율자동차, 로봇 비서 등이 소개되고 있지만 정보 통신 기술(ICT) 기반으로 훨씬 더 넓은 범위에 빠른 속도로 발전하고 있어 소비자들이 이를 이해하고 적응하는 데 상당한 어려움이 수반될 것이다.

소비자피해를 해결하기 위해서는 소비자, 기업, 정부의 역할 분담이 필요하다. 소비자피해가 발생하게 된 원인이 소비자의 부주의, 생산자 또는 판매자의 결함있는 제품 공급 등 무책임한 경영활동, 국가의 시장실패에 대한 대응부실 등으로 볼 수 있기 때문에 이러한 문제를 해결하는 데는 각 경제주체의 참여와 역할이 필요하다. 다음 그림은 소비자와 기업, 정부가 소비자문제해결을 위해 할 수 있는 역할을 보여주고 있다.

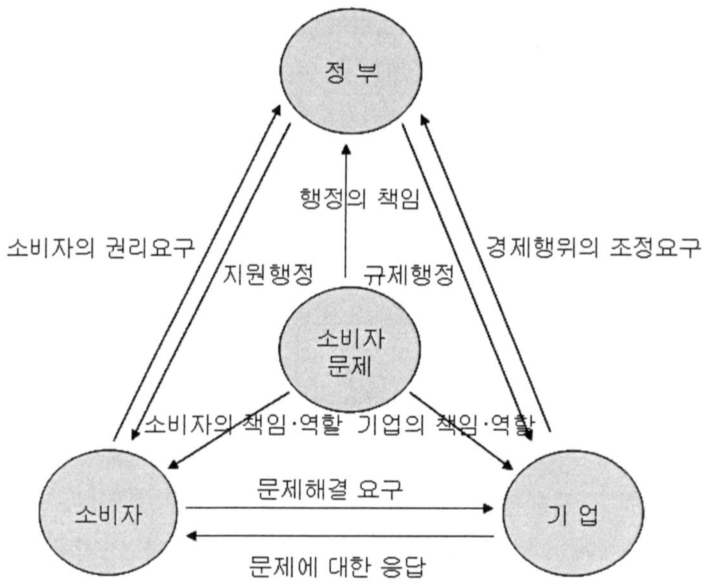

출처: 김영신외 4인(2015), p.24.

[그림 4-1] 소비자기업정부의 문제해결 역할

2) 소비자정책

소비자문제는 시장에서 해결하지 못한 공공문제로 시장실패(market failure)의 한 예이다. 즉 소비자정책(consumer policy)이란 시장실패로서 소비자문제를 해결하기 위해 정부가 개입하는 방침이다. 소비자문제해결을 위한 정부의 역할은 규칙을 제정하고 규칙을 지키게 하고 규칙을 위배하였을 경우 적절한 처벌을 하는 수단을 마련하는 것이다. 또한 정부는 약자인 소비자의 이익을 옹호하기도 하며 소비자들의 조직행동을 지원하기도 한다. 우리나라 헌법 제124조에 따르면 "국가는 건전한 소비자를 계도하고 생산품의 품질 향상을 촉구하기 위한 소비자보호운동을 법률이 정하는 바에 의하여 보장한다"라고 규정하고 있다.

소비자정책은 정부에 의해 추진하게 되는데 행정부, 입법부, 사법부, 그리고 지방자치단체가 그 주체이다. 행정부는 각급 행정기관들이 분장 업무에 따라 소비자문제 해결을 위한 방침들을 제도, 시책, 계획, 대책, 지침 등의 다양한 이름으로 결정하고 추진한다. 우리나라에서도 공정거래위원회, 기획재정부, 보건복지부, 식품의약품안전처 등 이외에도 많은 중앙행정기관들이 소관 소비자정책들을 수립하고 있다. 입법부도 소비자 관련 법률을 제정하는데 이들 법률들은 소비자문제의 해결을 위한 가장 중요한 정부 방침이 된다. 우리나라에서도 지난 1980년 이후 국회에서 '소비자기본법', '할부거래에 관한 법률' 등 소비자의 권익 보호를 위한 다양한 법률들을 제정하였다. 법률을 적용하고 판단하는 사법부도 소비자와 사업자간 다툼이 있어 소송이 제기될 경우 법원은 재판을 통해 그 다툼을 종결함으로써 소비자문제를 해결한다. 지방자치단체들도 관할구역 지역 주민의 편의 및 복리증진 차원에서 소비자문제 해결을 위해 소비자정책 관련 사무를 추진한다.

인터넷 등 정보통신 기술의 급속한 발달에 따라 소비자의 정보 탐색이 과거에 비해 훨씬 용이해지면서 정보의 비대칭성과 그로 인한 소비자의 열등한 교섭 지위(bargaining position)의 문제가 상당 부분 해소될 수 있다는 시장 환경의 변화가 심화될 것이다. 또 지난 1990년대 이후 규제완화의 지속적인 추진과 신자유주의 이념의 확산으로 사회 문제 해결자로서 정부 역할의 축소와 상대적으로 시장 기능에 대한 신뢰가 세계적으로 증가하여 왔다.

이러한 환경변화에 따라 21세기에 들어와 범세계적으로 소비자정책의 기조가 '소비자보호'에서 '소비자주권'으로 변화되고 있다. 과거 사업자에 비해 상대적 약자인 소비자를 보호하는 것이 소비자 정책추진의 기본 방향이었다면, 오늘날에는 더 이상 소비자를 보호의 대상으로 간주하지 않는다. 소비자정책 당국들은 소비자의 자립 역량을 강화하고, 경쟁적 시장구조를 정착하여 소비자의 선택에 따라 제품과 서비스의 생산이 좌우되도록 하는, 즉 소비자주권이 실현되는 방향으로 정책의 기조를 바꾸어나가고 있다.

제21세기형 소비자정책은 시장에서 소비자의 권한이 점점 더 확대되면서 소비자중심의 시대가 오고 있음을 시사한다. 소비자중심의 사회가 실현되기 위해서는 시장의 투명성이 확보되어야 하고 역량 있는 소비자역할이 전제되어야 한다. 역량 있는 소비자는 바람직한 가치의식을 가지고 효율적으로 의사결정 할 수 있으며, 정보의 중요성을 인식하고 이를 의사결정에 충분히 활용하며, 자신의 소비가 경제사회정치자연환경에 미칠 제반영향을 고려할 수 있으며, 더 나아가 환경과 안전문제에 대하여 올바르게 이해하고 공공이익에 대하여 관심을 가지고 소비로 인한 사회적 비용을 감소시키고자 하는 소비자라고 하겠다. 소비자가 시장 활동에 능동적으로 참여하고, 정확한 시장정보를 활용

참고자료

한국소비자원(www.kca.go.kr)은 지난 2010년에 이어 두 번째로 **「한국의 소비자 역량 지표」조사를 실시하고 우리나라 소비자 역량의 현재 수준을 진단했다**.

올해 **우리나라의 소비자 역량 지수는 2010년의 61.5점 보다 2.5점이 상승한 64.0점으로 나타났다**. 소비자 역량 제고에 중점을 둔 정부의 '제2차 소비자정책기본계획'('12.~'14.)이 소기의 성과를 거둔 것으로 분석된다.

소비자 역량 지수는 우리나라 성인 소비자의 **소비자 역량을 100점 만점으로 환산**하여 나타낸 것으로 △**재무관리 역량** △**거래 역량** △**시민 역량** 등 세 영역의 지수에 가중치를 적용하여 산출한다. 올해의 소비자 역량 조사는 **총 81개의 문항**으로 구성된 소비자 역량 지표를 활용하였다.

※ 소비자역량지수(CEI: Consumer Empowerment Index)의 산출
CEI = a×재무관리역량+b×거래역량+c×시민역량
* a,b,c는 델파이기법에 의해 추출된 가중치

❑ 자산부채 관리, 위험 관리 및 정보 이해·활용 부문의 역량 강화 필요

소비자 역량 지수를 각 부문별로 살펴보면, △**사용 분쟁해결**(66.96점) △**소비사회 적응**(66.40점) △**소비자권리 주장**(66.16점) 역량은 상대적으로 높은 반면, △**정보 이해·활용**(61.08점) △**위험 관리**(61.65점), △**자산부채 관리**(61.86점) 역량은 낮은 것으로 나타났다. 각 부문별 소비자 역량을 고르게 증진시키기 위해서는 역량이 낮게 나타난 부문을 강화하는 소비자교육 프로그램의 마련이 필요할 것으로 보인다고 한국소비자원은 밝혔다.

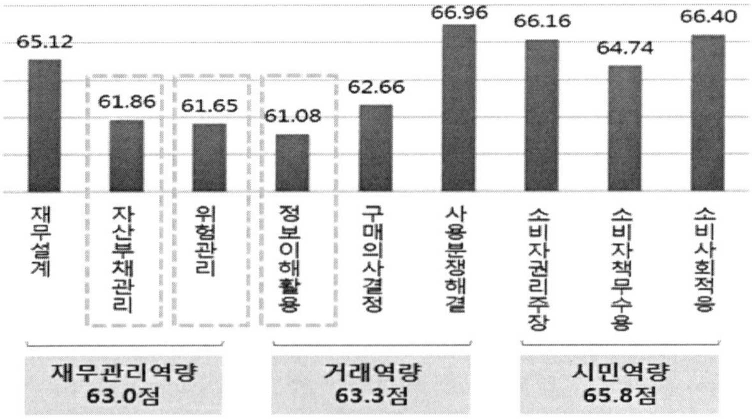

자료: 한국소비자원 보도자료 2014년 8월 21일

[그림 4-2] 부문별 소비자 역량지수

하여 스마트한 선택을 할 수 있는 역량 있는 소비자로서 시장을 주도할 수 있어야 한다는 것이다.

우리나라의 소비자정책 추진체계는 '분산형' 체계라고 할 수 있다. 소비자정책을 전담 추진하는 독립규제기관은 없고 16개 행정부처가 각자 소관 업무를 수행하고 소비자정책의 총괄·조정기구를 두어 이를 조율하는 시스템이다. 우리나라의 소비자정책도 소관 업무에 따라 각 중앙행정기관에 분산되어 추진되고 있다. 소비자정책위원회는 우리나라 소비자저책의 최고 의사결정기구로 소비자정책의 기본계획과 시행계획의 수립, 소비자정책의 추진, 평가 및 제도 개선 등에 관한 사항을 심의 의결한다. 공정거래위원회는 우리나라 소비자정책의 주무부처로서 소비자정책의 총괄, 조정업무를 담당한다. 공정거래위원회는 소비자기본법을 운용하고 소비자정책위원회를 운영하며 소비자정책 기본계획을 수립한다. 또 한국소비자원을 지도 감독하고 민간소비자단체의 등록 및 지원업무를 수행하며 지역소비자행정을 지원한다. 소비자정책위원회에 위원으로 참여하여 국가 소비자정책 수립에 기여하는 중앙행정기관[2]은 공정거래위원회 이외에 15개에 이른다. 2014년말 현재 공정거래위원회 이외 각 행정기관의 소비자보호 관련 주요 업무는 <표 4-5>와 같다.

1995년 지방자치선거로 지방자치제도가 본격적으로 도입되고 나면서 낙후된 지방 소비자행정의 선진화가 정책적 과제로 등장하였다. 정부는 각 지방자치단체로 하여금 소비자보호조례를 제정하고, 소비자시책을 추진할 행정조직을 신설하며, 2001년부터는 소비생활센터를 개설하도록 유도해왔다. 이러한 노력의 결과 16개 광역지방자치단체들은 소비자조례, 소비자행정조직 및 소비생활센터라고 하는 지방소비자행정체계의 3대 구성요소를 모두 갖추고 있다. 다만 이러한 외형적인 정비에도 불구하고 지방 소비자행정은 해당 지방자치단체의 업무 중에서 여전히 우선순위가 낮고, 인력과 예산이 부족한 실정이다.

2) 중앙행정기관이란 관할구역이 전국에 미치는 행정관청으로서 부, 처, 청 등이 이에 해당된다.

〈표 4-5〉 우리나라의 소비자정책 유관 중앙행정기관의 주요 소관업무

행정기관	소비자정책 관련 주요 업무
공정거래위원회	• 소비자정책의 주무부처 • 소비자정책 일반 • 표시광고 약관규제 • 특수거래규제, 전자거래 통신판매규제 • 소비자 안전, 정보, 교육, 분쟁해결
기획재정부	• 소비자물가 관리 • 서민생활 안정 대책 추진
교육부	• 학교 소비자교육
미래창조과학부	• 인터넷 서비스, 모바일, 콘텐츠 소비자보호
법무부	• 소비생활 범죄 예방
행정자치부	• 개인정보보호 • 지방소비자행정 지원
문화체육관광부	• 위해 간행물 규제 • 관광서비스 소비자보호
농림축산식품부	• 농산물 및 식품 표시제도 • 농·축산물 안전
산업통상자원부	• 공산품 가격표시제도 • 소비자제품 안전기준 관리 • 위해제품 시장 감시 및 리콜
보건복지부	• 식품위해정보제공 • 위해식품 시장감시 및 리콜
환경부	• 친환경상품 및 지속가능한 소비의 확산 • 소비생활 속 위해물질 피해예방
여성가족부	• 다문화 가족 소비자보호
국토교통부	• 자동차 리콜제도 운영
방송통신위원회	• 방송통신 소비자보호
금융위원회	• 금융 소비자보호
식품의약품안전처	• 식품, 의약품 안전관리

자료: 김영신외 4인(2015), p.62 표를 저자가 변경하여 작성.

3) 소비자관련 법률

(1) 소비자기본법

소비자기본법은 우리나라 소비자정책의 근간이 되는 법률로서, 약관의 규제에 관한 법률, 제조물책임법 등과 더불어 대표적인 소비자법률(consumer laws)이라고 할 수 있다. 그 외 주요 소비자관련 법률은 다음 표와 같다.

〈표 4-6〉 우리나라 주요 소비자법률의 제정 추이

법률명	제정 연도	소관부처
소비자기본법	1980	공정거래위원회
약관의 규제에 관한 법률	1986	공정거래위원회
할부거래에 관한 법률	1991	공정거래위원회
방문판매 등에 관한 법률	1991	공정거래위원회
표시·광고의 공정화에 관한 법률	1999	공정거래위원회
제조물책임법	2000	공정거래위원회·법무부
전자상거래 등에서의 소비자보호에 관한 법률	2002	공정거래위원회

소비자기본법의 전신인 소비자보호법은 1980년 1월에 제정되었고, 1982년 9월부터 시행되었다. 1986년에는 전면개정을 통해 국가를 비롯한 각 주체의 역할을 구체적으로 규정하고, 소비자정책의 추진기관으로 한국소비자보호원을 설립하도록 하였다. 2006년 9월에 전면적으로 개정되어 소비자기본법이란 이름으로 바뀌었고 2007년 3월부터 시행되었다. 소비자기본법은 총 11개 장, 86개 조항으로 구성되어 있으며, 소비자의 권리와 책무, 국가·지방자치단체 및 사업자의 책무와 아울러 소비자정책의 추진에 필요한 제반 사항 등을 규정하고 있다.

(2) 소비자의 권리와 책무

소비자기본법은 여덟 가지 소비자의 기본적 권리를 선언하고 있다(동법 제4조). 안전의 권리(동법 제4조 1호), 알 권리(2호), 선택할 권리(3호), 의견을 반영시킬 권리(4호), 피해보상을 받을 권리(5호), 교육을 받을 권리(6호), 단체의 조직 및 활동할 권리(7호) 및 환경친화적 소비의 권리(8호) 등이다. 소비자기본법의 목적이 '소비자의 권익 증진'임을 밝히고 있는 데, 권익증진은 구체적으로는 바로 이 소비자의 기본적 권리를 실현하는 것이 될 것이다.

위해로부터 보호받을 권리란 물품 등으로 인한 생명·신체 또는 재산상의 위해로부터 보호받을 권리이다. 지식 및 정보를 제공받을 권리란 물품 등을 선택함에 있어서 필요한 지식 및 정보를 제공받을 권리를 말한다. 선택할 권리란 물품 등을 사용함에 있어서 거래의 상대방·구입 장소· 가격 및 거래조건 등을 자유로이 선택할 권리를 말한다. 의견을 반영시킬 권리란 소비생활에 영향을 주는 국가 및 지방자치단체의 정책과 사업자의 사업 활동 등에 대하여 의견을 반영시킬 권리를 말한다. 피해보상을 받을 권리란 물품 등의 사용으로 인하여 입은 피해에 대하여 신속·공정한 절차에 따라 적절한 보상을 받을 권리를 말한다. 교육을 받을 권리란 합리적인 소비생활을 위하여 필요한 교육을 받을 권리를 말한다. 단체를 조직할 권리란 소비자 스스로의 권익을 증진하기 위하여 단체를 조직하고 이를 통하여 활동할 수 있는 권리를 말한다. 쾌적한 환경에서 소비할 권리란 안전하고 쾌적한 소비생활 환경에서 소비할 권리를 말한다.

소비자에게는 권리뿐만 아니라 책무도 있다. 소비자도 자신의 권리만을 주장할 것이 아니라 시장경제의 한 주체로서 걸맞은 역할을 수행해야 한다. 소비자기본법에는 다섯 가지 소비자책무가 있다(동법 제5조). 첫째, '올바른 선택의 책무'이다. 곧 소비자는 '사업자 등과 더불어 자유 시장경제를 구성하는 주체임을 인식하여 물품을 올바르게 선택'해야 한다. 둘째, '정당한 권리행사의 책무'이다. 소비자에게는 소비자기본법에 의해 여덟 가지 기본적 권리가 주어져 있다. 그러나 그러한 권리를 남용할 것이 아니라 정당하게 행사하여야 한다. 셋째, '자립역량 강화의 책무'이다. 소비자는 '스스로의 권익을 증진하기 위하여 필요한 지식과 정보를 습득하도록 노력해야 한다'. 넷째 '합리적 행동의 책무'이다. 소비자는 '자주적이고 합리적인 행동을 해야 한다'. 오늘날 요구되는 소비자는 자기 판단에 따라 행동하고 자신의 결정에 대해 스스로 책임을 지는 자주적인 소비자이다. 다섯째 '환경 친화적 소비의 책무'이다. 소비생활 특히 자원을 절약하지 않고 한번 쓰고 버리는 소비생활은 날로 심화되어가는 환경오염의 주범 가운데 하나이다. 소비자들은 자신의 소비행태가 바뀌지 않은 한 환경 문제 해결이 어렵다는 점을 인식하고 환경친화적이고 지속가능한 소비활동을 할 책무를 가지고 있는 것이다.

〈표 4-7〉 소비자기본법에 규정된 소비자의 권리와 책무

소비자의 권리	소비자의 책무
위해로부터 보호받을 권리	올바른 선택의 책무
지식 및 정보를 제공받을 권리	정당한 권리행사의 책무
선택할 권리	자립역량 강화의 책무
의견을 반영시킬 권리	합리적 행동의 책무
피해보상을 받을 권리	환경친화적 소비의 책무
교육을 받을 권리	
단체를 조직할 권리	
쾌적한 환경에서 소비할 권리	

(3) 소비자안전

광우병을 유발할 수 있는 쇠고기, GMO 식품, 환경호르몬이 검출되는 각종 용기, 위해한 농산물의 수입, 가습기살균제 위해 등, 소비자안전이 사회적 이슈로 등장하였다. 소비자기본법의 소비자안전관련 규정과 그 외 식품안전 및 공산품안전 등 각 관련 법률에서 소비자안전 법규가 있다. 소비자기본법내 소비자안전관련 규정은 안전취약계층에 대한 보호시책 강구, 위해정보관리, 결함정보보고제도 및 리콜제도, 소비자안전센터의 설치 등이 주요 내용이다.

소비자의 생명이나 신체 또는 재산상의 위해를 방지하기 위한 소비자안전관련 법률은 각 업종별로 나누어져 있다. 식품위생법에서는 식품의 위해·판매 등 금지, 기준과 규격의 설정, 표시기준의 설정과 허위표시의 금지, 식중독사고의 보고의무 등을 규정하고 있다. 약사법은 약사의 면허제, 조제의 규제, 약품제조업의 허가제 및 규제, 판매업의 허가제 및 제한, 독·극약의 규제, 판매제한 및 기재사항에 대하여 세부적인 규제를 하고 있다. 전기용품안전관리법에서는 전기용품제조업허가, 형식승인 및 표시, 기술수준에 적합의무, 승인표시 없는 용품의 판매금지·사용금지에 대하여 규정하고 있다. 품질경영 및 공산품안전관리법에서는 공산품 품질표시 및 제도와 안전인증대상품목, 안전인증의 표시, 안전·품질표시대상 공산품, 그리고 어린이보호포장대상공산품을 운영하여 공산품의 품질 및 안전성을 확보하고 있다. 최근 제정된 제품안전기본법(2011. 2)에서는 3년마다 제품안전관리에 관한 종합계획을 수립하고, 제품사고의 통계작성, 제품

안전망의 구축 및 운영, 위해제품의 수거 등을 규정하고 있다. 또한 제품과 관련된 위해를 방지하기 위해서 제품의 제조·설계 또는 표시 등의 결함여부에 관하여 안전성조사를 실시할 수 있도록 하고 있다.

(4) 소비자계약

소비자가 일상적으로 구매하는 행위는 법률적 관점에서 볼 때 '계약'행위이다. 대다수의 소비자 계약은 개인과 개인 간에 사적으로 이루어지는 계약이며 이는 민사법의 적용을 받는다. 민사법은 민법, 상법, 소비자기본법 등으로 나눌 수 있는데, 이 중 가장 기본적인 것은 민법이다. 소비자가 생활을 하는 가운데 입게 되는 피해구제의 법적 근거는 영업 정지나 과태료와 같은 행정법 규정, 징역이나 벌금 등과 같은 형사법 규정, 그리고 손해배상 등에 관한 민사법 규정 등이 있으며, 이 중 가장 중요한 것은 민사법 규정이다.

민법은 개인이 자기 의사에 따라 자기의 법률관계를 스스로 형성할 수 있다는 사적자치의 원칙을 기본으로 하는데, 개인이 자기 의사에 따라 자기의 법률관계를 형성하는 것은 주로 법률행위, 특히 계약을 통해서이다. 이 계약은 서로 대립되는 두 개 이상의 의사표시의 합치로 성립하는 법률행위로, 채권관계의 발생을 목적으로 한다. 계약법의 기본원칙 중의 하나는 일단 맺어진 계약은 지켜져야 한다는 것이라고 할 수 있는데, 자유이자 동시에 구속인 것이다.

계약에는 계약자유의 원칙이 적용되는데, 당사자가 자유롭게 선택한 상대방과 법률관계의 내용을 자유롭게 합의하고, 법이 그 합의를 법적 구속력 있는 것으로 승인하는 원칙이다. 그런데 계약자유의 원칙에 의한 계약 정의는 원칙적으로 교섭력이 대등한 당사자들이 전제되고, 이들이 경쟁을 해야 실현될 수 있다. 이처럼 교섭력의 대등성이 지켜지기 어려운 소비자계약은 대체로 사업자가 일방적으로 만들어 놓은 약관에 의해 계약이 이루어진다. 약관규제에 관한 법률은 약관에 의한 계약을 규율하는 법률이다. 약관이란 계약의 일방당사자가 다수의 상대방과의 사이에 계약을 체결하기 위하여 일정한 형식에 의하여 미리 마련한 계약의 내용이 되는 것을 말한다. 약관에 의한 계약일 경우 약관의 중요한 사실을 고객이 이해할 수 있도록 설명해야 하고 불공정한 약관조항의 무효가 될 수 있다는 것이 동법의 주요 내용이다.

(5) 표시·광고

소비 또는 구매에 필요한 정보의 대부분은 사업자가 표시와 광고를 통하여 제공하는 것이 대부분이다. 그런데 사업자가 제공하는 정보 중에서 소비자가 접할 수 있는 정보는 거의 대부분 생산자가 일방적으로 생산한 것으로 소비자와 사업자간 정보의 비대칭성이 발생하며, 이는 필연적으로 소비자문제를 발생시키게 된다. 모든 국가에서 부당한 표시·광고에 대하여 규제제도를 도입하여 운영하고 있다. 우리나라에서는 「표시·광고의 공정화에 관한 법률」(이하 「표시·광고법」)을 통하여 이루어지고 있다. 「표시·광고법」에서 부당한 표시·광고행위 금지, 중요정보 고시 및 통합공고, 표시·광고내용의 실증, 시정조치, 임시중지명령, 손해배상책임, 표시·광고의 자율규약 등 여러 제도를 도입하여 소비자문제를 야기할 가능성이 있는 사업자의 부당한 표시·광고행위를 규제하고 있다. 표시·광고의 공정화에 관한 법률을 담당하는 정부부처는 공정거래위원회이다.

(6) 특수거래

방문판매 등에 관한 법률(이하 '방문판매법'이라 한다)은 소비자가 구매를 계획하지 않은 상태에서 방문판매원의 갑작스럽고 끈질긴 권유에 휘말려 충동구매를 하거나, 그 밖의 방문판매 특성상 발생할 수 있는 소비자불만 내지 소비자피해로부터 소비자를 보호할 필요성에서 1991년 제정되었다. 방문판매법의 적용을 받는 판매유형으로는 전형적으로 판매자가 소비자를 직접 방문하여 물품을 판매하는 방문판매를 비롯하여 전화권유판매, 다단계판매, 후원방문판매, 계속거래, 사업권유 거래가 있다.

전자상거래 등에서의 소비자보호에 관한 법률은 전자상거래 및 통신판매 상에서의 소비자보호 규정을 포함하고 있다. 전자상거래는 비대면 거래로 이루어지는 특성상 기존의 거래에 비하여 소비자이익이 침해될 우려가 더 많기 때문에 소비자보호의 중요성이 더 커지게 되었다. 뿐만 아니라 전자상거래를 활성화하기 위하여서도 전자상거래의 소비자보호는 매우 중요하다. 할부거래는 계약과 동시에 구매한 재화 등을 소비자가 사용하면서 대금을 일정기간 나누어 지급하는 경우(후불식)와 먼저 재화등의 대금을 일정기간 나누어 지급하고 필요할 때 재화 등을 공급받는 경우(선불식)로 구분할 수 있다. 대부분의 재화가 후불식으로 할부거래가 이루어지는 반면, 상조서비스는 선불식 할부거래의 대표적인 재화라고 할 수 있다.

특수거래에 관한 법률은 청약철회 조항을 포함하고 있다. 청약철회(cooling-off)란 소비자가 물건을 구매한 후 물건에 하자가 없음에도 불구하고 자신의 구매의사결정이 잘못 되었다고 판단되면 구매한 물건을 도로 판매자에게 돌려주고 돈을 받을 수 있는 권리이다. 할부거래, 전자상거래에서는 7일간, 방문판매 등에서는 14일간의 청약철회기간이 정해져 있다.

(7) 제조물책임법

제조물책임이란 제조자가 제조물의 결함으로 인하여 생명 신체 또는 재산상 손해 발생시 손해를 입은 자에게 과실 여부에 관계없이 그 손해를 배생해야 하는 것이다. 즉 결함상품으로 인한 책임은 제조사 또는 제조사를 알 수 없는 경우 공급자가 진다는 것이다.

4) 소비자단체

소비자단체의 업무는 주로 소비자 상담과 중재, 가격, 유통기관, 서비스, 각종 법규와 제도과 같은 소비환경 조사 및 모니터링, 소비자 쟁점의 개발 및 해결 촉구, 소비자 운동과제의 개발과 연구, 정부의 정책에 대한 의견발표 및 제언이다. 우리나라 소비자기본법에서는 소비자들의 자발적 결사체인 소비자단체에 대해 법에서 그 업무, 등록 및 보조금 지급 등에 대한 사항을 규정하고 있다. 소비자기본법에 따르면 소비자단체는 다양한 업무를 수행한다.

〈표 4-8〉 소비자기본법상 소비자단체의 업무와 실제 소비자단체의 활동 특성

소비자기본법 제28조에 규정된 소비자단체의 업무	소비자단체의 활동
국가 및 지방자치단체의 소비자 권익과 관련된 시책에 대한 건의	• 당면한 소비자문제 해결을 위한 방안 건의 다수 시행
물품 등의 규격, 품질, 안전성, 환경성에 관한 시험, 검사 및 가격 등을 포함한 거래조건이나 거래방법에 관한 조사·분석	• 소비자원이나 국공립 시험검사기관에 업무의뢰 • 제품에 대한 평가에 소비자 판단이 중요한 품목 담당하며 공적인 권한 불필요한 조사 수행
소비자문제에 관한 조사·연구	• 당면한 현안해결 위주의 조사연구
소비자의 교육	• 전국 300여명의 강사를 통해 연간 500회 내외의 현장 교육
소비자의 불만 및 피해를 처리하기 위한 상담·정보제공 및 당사자 사이의 합의의 권고	• 전문분야 제외한 일반분야 소비자상담 • 모든 피해당사자를 대상으로 분쟁조정 : 자율분쟁조정

- 국가 및 지방자치단체의 소비자의 권익과 관련된 시책에 대한 건의
- 물품 등의 규격·품질·안전성·환경성에 관한 시험·검사 및 가격 등을 포함한 거래조건이나 거래 방법에 관한 조사·분석
- 소비자문제에 관한 조사·연구
- 소비자의 교육
- 소비자의 불만 및 피해를 처리하기 위한 상담·정보제공 및 당사자 사이의 합의의 권고

한국소비자원은 공정거래위원회 산하 기관으로서, 공공기관의 운영에 관한 법률에 따르면 정부가 위탁한 사무를 집행하는 '위탁집행형 준정부기관'이다. 소비자기본법에서는 한국소비자원의 업무를 구체적으로 열거하고 있다. 이 조항에 따르면 한국소비자원은 소비자권익증진과 관련된 연구, 조사, 시험검사, 정보제공, 교육, 불만처리, 피해구제, 국제협력 등의 업무를 한다. 2006년 소비자기본법의 개정으로 소비자정책의 수단이 사업자에 대한 규제에서 사업자 지원 및 소비자 역량 개발로 바뀌고 이를 위한 정보제공 및 교육이 강조되면서 한국소비자원의 역할도 강화되었다. 2010년 이후 1372소비자상담센터, 소비자중심경영(CCM; Consumer Centered Management), '스마트 컨슈머', eConsumer 라이브러리 등의 운영이 새로운 업무로 추가되었다.

- 소비자의 권익과 관련된 제도와 정책의 연구 및 건의
- 물품 등의 규격·품질·안전성·환경성에 관한 시험·검사 및 가격 등을 포함한 거래조건이나 거래 방법에 대한 조사·분석
- 소비자의 권익증진·안전 및 소비생활의 향상을 위한 정보의 수집·제공 및 국제협력
- 소비자의 권익증진·안전 및 능력개발과 관련된 교육·홍보 및 방송 사업
- 소비자의 불만처리 및 피해구제
- 소비자의 권익증진 및 소비생활의 합리화를 위한 종합적인 조사·연구
- 국가 또는 지방자치단체가 소비자의 권익증진과 관련하여 의뢰한 조사 등의 업무
- 그 밖에 소비자의 권익증진 및 안전에 관한 업무

용어정리

소비자단체소송

2006년 개정된 소비자기본법에 의해 손해배상 청구는 배제하고 사업자의 위법행위에 대한 금지 청구만 할 수 있는 소비자단체소송제도가 도입되었다. 소비자단체소송제도란, 일정한 요건을 갖춘 소비자단체, 사업자단체, 비영리단체가 다수 소비자의 생명과 신체 재산 등 권익을 침해하는 사업자의 위법행위에 대해 법원에 금지 중지를 청구하는 제도이다.

소송의 남용 가능성이 제기되어 소송허가제가 도입되어 있어 사업자에 대한 침해해위 중지서면요청을 하고 소송허가신청서를 제출한 후 허가를 받아야 소비자단체소송이 시작된다.

소송을 제기할 수 있는 단체의 범위

1) 공정거래위원회에 등록된 단체
2) 대한상공회의소, 중소기업협동조합중앙회 및 대통령령이 정하는 전국단위 경제단체
3) 3년 이상의 소비자권익증진활동 실적이 있고 구성원의 수가 5,000명 이상인 비영리단체 등

더 생각해보기

- 소비자보호를 위한 국제기구를 조사해보고 세계적인 소비자운동을 찾아보자.
- 자신이 경험한 소비자피해사례를 발표하고 이에 적용가능한 피해보상규정이나 관련 법률을 제시해보자.
- 제4차 산업혁명 시대가 온다고 한다. 정보화시대보다 더 첨단 정보기술과 정보공유가 전개될 것으로 보인다. 이러한 시대의 소비자문제는 어떠한 것들이 새롭게 발생할 것인가를 예측해 본다. 소비자주권적 관점에서 시장을 평가해보라.

CHAPTER

05

소비자리서치

제 5 장 소비자리서치

1. 과학적 리서치(Scientific Research)

1) 리서치의 정의

리서치란 무엇인가? 여러분들은 실생활을 하면서 혹은 뉴스를 읽으면서 리서치라는 용어를 많이 접해봤을 것이다. 그러나 리서치를 한단어로 명확하게 정의하는 것은 쉽지 않을 수 있다. 또한 이러한 질문을 어떠힌 사람들에게 질문하느냐에 따라 다른 답변을 얻을 수 있을 것이다.

A라는 사람에게 리서치가 무엇인지를 물었다고 가정해보자. A는 리서치를 소비자에게 사랑을 받은 다양한 브랜드들을 찾아내어 평가하고 그 중 혁신적인 아이콘의 재화나 서비스를 선별하고자 하는 것이라고 정의할 수 도 있다. 이를 통하여 현대 시장에 범람하는 재화나 서비스에 관한 정보 속에서 소비자에게 도움이 될 만한 정보를 제공하고자 할 수 있다고 볼 수도 있을 것이다.

B라는 사람에게 리서치가 무엇인지를 물었다고 가정해보자. B는 선거 캠페인에서 유용하게 사용되는 정량적 여론조사를 리서치라고 대답할 수 있다. 이를 통하여 유권자의 현실적인 의견 및 태도 등을 파악하고자 하며, 신뢰성과 타당성이 확보된 리서치를 통하여 각 후보자에 대한 유권자의 인지도 및 지지도를 분석할 수 있다고 대답할 수 있다. 또한 리서치를 통하여 목표 유권자들의 인구통계학적 특성이 어떠한지 유권자들의 투표 참여 의사, 홍보 매체에 대한 정보 등을 파악할 수 있을 것이라도 설명할 수도 있다.

이렇듯 어떠한 주제에 관심이 있는가에 따라 사람들은 리서치를 다르게 정의할 수 있다. 그러나 기본적으로 리서치가 '과학적 리서치(scientific research)'의 성격을 갖기 위해서는 다음의 몇 가지 조건에 부합하여야 한다. 우선 리서치는 과학에 공헌해야 하며 일정한 과학적 방법(scientific method)을 따라야 한다. 이번 장에서 리서치가 과학적 리서치가 되기 위하여 필요한 '과학적 리서치'(scientific research)의 구성요소 대하여 알아본다. 여러 교재와 학자에 따라서는 리서치와 연구라는 용어를 혼용하여 사용하고 있으므로, 다른 연구자가 '연구'라는 용어를 사용하였을 경우에는 이를 그대로 인용하였다.

2) 과학적 리서치의 정의

과학적 리서치를 이해하기 위해서는 우선 과학이 무엇인가에 대한 이해가 필요하다. 과연 여러분은 과학을 무엇이라고 생각하는가? 몇몇 사람들은 과학이란 물리학, 생물학, 화학과 같은 학문을 통칭하는 개념이라고 생각할 수도 있다. 또한, 어떤 사람들은 과학자들이 실험실에서 비이커와 같은 실험장비를 이용하여 분석하는 등의 기술을 과학이라 지칭할 수도 있다.

우선 과학이라는 용어의 유래부터 살펴보자. '과학'에 해당되는 영어단어는 'science'이다. 이 'science'라는 용어의 어원은 어떤 사물을 '안다'는 의미의 라틴어 '스시엔티아(라틴어 scientia)'에서 연유되었다고 알려져 있다(채서일, 2015). 과학을 정의내리자면 넓은 의미로는 학(學) 또는 학문(學問)과 같은 뜻으로, 지식의 어떠한 분야이건 '과학적 방법(scientific method)'을 이용한 '지식체계(body of knowledge)'를 시스템적으로 구축하는 것이라고 할 수 있다(Song, Kim, and Bhattacherj, 2014).

3) 과학의 분류

과학은 크게 두 가지로 나뉠 수 있다. 하나는 자연과학(Natural Science)이며 다른 하나는 사회과학(Social Science)으로 나뉜다. 자연과학의 사전적 의미는 자연현상을 리서치 대상으로 하는 과학으로 일반적으로 과학이라고 할 수 있다. 자연과학의 분야로는 크게 물리학, 생물학, 화학, 지학, 천문학이 있다. 자연과학은 자연적으로 물질, 생물, 형성된 빛, 천체 등과 같은 현상에 관한 지식이라고 정의할 수 있다.

반면에 사회과학은 사람, 집단, 기업, 사회, 경제와 개별적 집단적 행태에 관한 지식이다. 이와 같이 사회과학은 인간행동을 대상으로 하는 심리학, 집단이나 사회의 행태에 관한 사회학, 가계, 기업, 시장 등을 대상으로 하는 경제학 등으로 나눌 수 있다. 소비자학의 경우도 사회과학의 한 분야에 포함된다.

4) 과학의 필요성

과학은 과연 왜 필요한가? 과학의 기본목적은 사회현상 및 자연현상을 포함한 제 현상을 이해하고 체계적으로 설명하고 예측하기 위함이다. 이렇듯 우리를 둘러싼 많은 현상을 설명하고 예측하기 위해서는 현상과 관련이 있는 변수들 간의 관계를 분석하고 이해하는 것이 필요하다. 예를 들면 소비자학 전공자의 경우라면 과학을 통하여 특정한 소비자의 구매행위 자체만을 이해하고 설명하려고 하기 보다는 구매와 관련된 소비자의 여러 행동을 망라하고 구매행동과 연관될 수 있는 여러 변수들 간의 관계를 파악하여 다른 일반적인 소비자들의 행동을 예측할 수 있을 것이다. 과학의 구체적인 목적에 대하여 채서일(2015)은 다음과 같이 기술하였다.

목적 1.

과학은 이론을 연구의 대상으로 하는 것이지, 결코 가치관이나 철학을 연구의 대상으로 하는 것이 아니다. 과학은 존재(what is)하는 것에만 관심을 갖으며 가치관이 개입된 당위(what should be)에 대해서는 관심을 갖지 않는다. 이러한 점에서 과학자들은 철학자들과는 차이를 보인다. 가령 철학자들은 그들이 주변에서 관찰한 사실, 추측한 내용, 자신이 바람직하다고 생각하는 견해를 통합하여 시식을 형성하게 된다. 그러나 과학자들은 어떤 현상이 존재하는지, 존재한다면 그러한 현상이 왜 발생하였는가에만 초점을 맞춘다. 그러한 현상이 존재하는 당위에 대해서는 관심을 두지 않는다.

즉, 과학적 이론, 나아가 과학 그 자체는 연구의 가치관을 포함시키지 않는다는 의미이다. 따라서 과학은 모든 사람이 동의하는 일련의 기준이 없는 한 A가 B보다 우월하다거나 혹은 그 반대와 같은 가치관이 포함된 평가를 내리지 않는다. 단지, 과학자들은 무엇이 어떤 상태로 존재하며 왜 그렇게 존재하고 있는가와 어떻게 될 것인가 예측하는 것에 관심을 가질 뿐이다.

목적 2.

과학의 목적은 연구의 대상에서 일정한 규칙성을 찾아내는데 있다. 즉 과학은 자연 및 사회현상 속에 존재하는 논리적이고 일관성이 있는 일종의 유형을 찾아내는데 그 목적이 있다고 할 수 있다. 과학이 연구 대상인 자연현상이나 사회현상은 언뜻 보기에는 무작위적이거나 무질서해보일 수 있다. 그러나 그 안을 자세히 들여다보면 무작위와 무질서의 연속으로만 이루어진 것은 아니며 궁극적으로는 일정한 유형이 존재한다는 것이다. 그러나 이에 대해 다음과 같은 몇 가지의 반론이 존재하기도 한다.

- <반론 1> 관찰 가능한 규칙성들을 갖고 있는 현상들이 연구로서의 가치가 없는 특성일 수 있다. 혹은 그 규칙성이 너무나 자명하여 과학적 연구를 통하여 규칙성을 찾아낸 다 하여도 그것이 큰 의미를 주지 못할 수 있다.
- <반론 1에 대한 반론> 반론 1에 대한 반론은 과연 과학적 연구를 통하여 발견한 규칙성이 의미를 갖는지 여부를 섣불리 판단할 수 있는가 하는 것이다. 예를 들어 찰스다윈(Charles Robert Darwin)의 "진화론"을 생각해보자. 이 이론은 지구 상에 존재하는 많은 동물과 식물들이 원래는 무질서한 원자들이었다가 서로 결합과 자연에의 적응을 통하여 다양한 동식물로 진화하여 왔다는 이론이다. 아직까지 명확한 과학적 증거가 없으므로 이 이론이 기정사실로 받아들여지지는 않았다. 그러나 이 이론이 단순한 규칙적 현상에서 출발한 이론이라고 하더라도 과학적 가치를 갖지 않는다고 단언할 수는 없다.
- <반론 2> 모든 규칙성에는 반드시 예외가 있다는 반론이 있을 수 있다. 예를 들어 남자가 여자보다 평균수명이 짧다는 규칙성 혹은 머리 둘레와 IQ가 비례한다는 유형에는 많은 예외가 존재한다.
- <반론 2에 대한 반론> 반론2에 대한 반론은 이렇듯 남자가 여자보다 수명이 짧다거나 머리 둘레와 IQ가 비례한다는 규칙성에 대한 예외가 존재한다고 해서 규칙성이 없다고 단언할 수는 없다는 것이다. 과학에서 말하는 규칙성은 확률적인 의미에서의 규칙성, 발생의 개연성이 높은 규칙성을 의미하는 것이지, 단하나의 예외도 없다는 것을 의미하는 절대적인 의미에서의 규칙성을 뜻하는 것이 아니다.
- <반론 3> 실제로 지금 일관성 있는 규칙으로 받아들여지는 유형들이 얼마든지 변화될 수 있다는 반론이 있을 수 있다.
- <반론 3에 대한 반론> 반론3에 대한 반론은 실제로 지금 일관성 있는 규칙을 위협할 정도로 심각한 다수의 현상은 관찰되기 힘들다는 것이다. 몇몇 사람들과 예외적인 경우가 존재한다 하여도 규칙성이 파괴되었다고 볼 수는 없기 때문이다.

목적 3.

과학에서는 변수(variable) 사이의 관계를 기술하고 설명하는 데 목적을 두고 있다. 여기서 변수란 어떠한 관계나 범위 안에서 여러 가지 값으로 변할 수 있는 속성을 의미한다. 속성에 따라 변수를 여러 개의 수준으로 분류할 수 있으며, 다른 값을 취할 수도 있다. 과학에서 연구의 대상이 되는 변수는 다양하다. 예를 들어 백인, 흑인 등의 리서치 객체를 속성별로 집단화하여 인종이라는 변수가 생성되며, 청년층, 장년층, 노년층 등의 속성을 묶어 연령층이라는 변수가 형성될 수 있다.

목적 4.

과학은 이론을 통해 보편적 원리를 찾아내고 그것을 통하여 현상을 예측하는 데 그 목적이 있다. 예측은 사고와 통찰로 아직 현실화되지 않은 결과를 미루어 짐작하는 것을 의미한다. 과학을 통하여 이론의 기초적인 명제로부터 보다 복잡한 명제를 추론하고자 한다(채서일, 2015). 예를 들어 사회 심리학 문헌에서 자주 등장하는 Ajzen(1991)의 '계획된 행동 이론(Theory of Planned Behavior)'을 생각해보자. 이 이론은 기존에 있던 '합리적 행위 이론(Theory of Reasoned Action)'이 확장된 이론이다. 인간의 태도와 행동 사이의 관계를 설명하는 대표 이론 중 하나이다. 이 이론은 태도와 주관적 규범, 지각된 행동 통제감, 행위 의도, 행동을 포함하여 다양한 분야에서 광범위하게 사용되어 왔다. 이 이론에 의하면 인간의 행동은 행동에 관한 의도에 기반한다고 가정한다. 따라서 이 이론에 기반하여 생각해보면 개인 특정 행위에 대하여 긍정적인 태도를 가지면 개인이 그 특정한 행동을 할 의도를 증가시킬 것이며, 증가된 의도는 특정한 행동을 실제로 수행하게 될 가능성을 증가시킬 것이라고 예측할 수 있다.

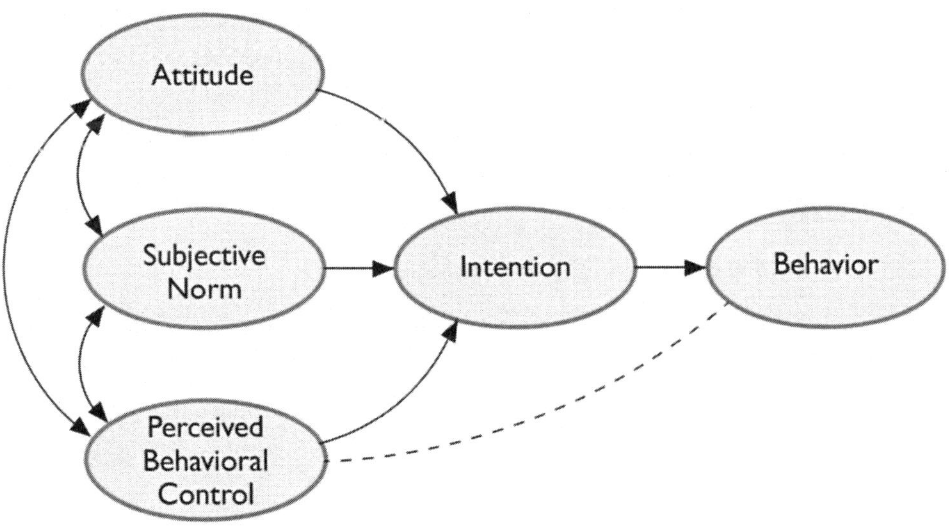

출처: Ajzen, I. (1991). The Theory of Planned behavior. Organized Behavior and Human Decision Process, 50(2), 179-211.

[그림 5-1] 계획된 행동 이론

5) 과학적 리서치의 특징

과학은 우리를 둘러싸고 있는 자연현상 또는 사회현상을 이해하는 데 도움을 준다. 과학자는 과학을 통하여 사물의 현상을 정확하게 기술(describe)하고, 여러 가지 현상 속에 내재하는 규칙성(regularity)을 발견하여 이를 이론과 법칙으로 일반화시키려 한다. 그러나 리서치가 과학적인가 아닌가 여부를 판단하는 것은 쉽지 않다. 채서일 (2015)은 다음과 같은 몇 가지 기본조건을 갖추어야 비로소 과학적 연구라고 설명하였다.

기본조건 1. 과학적 연구는 논리적(logical)이다.

과학은 근본적으로 과학은 논리적 사고에 의존하는 합리적인 사고활동이다. 따라서 과학적인 설명은 이치에 맞아야 하며 어떤 현상이 시간적으로 앞선 현상을 발생시킬 수는 없다고 본다. 즉 원인과 결과가 있을 때 결과가 원인보다 앞설 수 없다고 본다. 사건과 사건의 연결이 우리가 알고 있는 지식체계 내에서 객관적 사실에 의해 뒷받침되어야 한다. 또한 과학적으로 논리적이려면 두 개의 서로 배타적인 상태가 동시에 일어나서는 안 된다. 여기서 배타적이라는 의미는 하나의 상태가 다른 상태의 발생 확률을 거부하는 식으로 상태들이 서로 관련되는 것을 의미한다(이정모 외 17인, 2003). 가령, 동전을 던진다고 가정해보자. 누가 동전을 던진다고 하여도 반드시 동전의 앞면(H) 혹은 동전의 뒷면(T)만이 출현하며, 동전의 앞면과 뒷면이 동시에 출현할 수 없다는 논리이다. 이와 마찬가지로 어떤 소비자가 특정한 재화나 서비스를 구입한 경험이 있는 것과 경험이 없는 것이 동시에 존재 할 수는 없는 것처럼 서로 배타적인 상태가 동시에 발생할 수 없다.

기본조건 2. 과학적 연구는 결정론적(deterministic)이다.

과학에서는 모든 현상을 원인과 결과로 논리적으로 이해할 수 있어야 한다는 것이다. 즉 과학자들에게 있어 모든 현상은 '자연발생'적으로 생겨나는 것이 아니라 어떤 특정한 원인에 의하여 발생한다는 것이다. 예를 들어, 소비자가 여러 브랜드들 중에서 특정한 브랜드를 선호하는 경우를 생각해보자. 사회과학자들은 소비자의 선호의 원인을 찾아 소비자의 소득수준, 성별, 과거 구매 후 만족감, 브랜드의 이미지 등과 같은 다양한 요소가 작용하여 특정한 브랜드를 선호하게 된다고 결론을 내릴 수 있다.

그러나 과학자들이 과학을 통하여 모든 현상의 원인을 규명해 낸다는 것은 불가능하다. 또한 단 한 가지 현상(예를 들어, 브랜드 선호)에 대하여 여러 가지 원인(예를 들어 소비자의 소득수준, 성별, 과거 구매 후 만족감, 브랜드의 이미지)이 존재할 수 있으며, 서로 다른 원인에 의해서도 같은 결과(예를 들어, 특정 브랜드 선호)가 발생할 수 있다고 본다. 즉, 서로 다른 인구사회학적 특징을 지닌 소비자들 중에서 동일한 재화를 선호하는 것이 가능하다는 것이다.

기본조건 3. 과학적 연구는 일반적(general)인 것을 추구한다.

과학적 연구는 개별적인 현상(event)들을 하나하나를 이해하려고 하기보다는 개별적인 현상들을 설명할 수 있는 보편적인 원리를 추구한다는 의미이다. 여기서 보편적인 원리를 추구한다는 의미는 '확률적 결정론'(probabilistic determinism)과 관련이 된다. 과학자들은 정확도가 높은 개별적 상황에 대한 예측보다는 다소 정확도가 떨어지더라도 일반적인 현상에 대한 이해를 추구한다는 것이다. 예를 들어 어떤 특정한 소비자들이 재화를 구매한 이후 그 재화의 재활용방법에 대하여 연구한다고 가정해보자. 이 경우 소비자들의 재활용 방법을 100%의 정확도를 가지고 예측하려고 한다기보다는 일반적인 소비자들의 어떻게 재활용을 하는지 예측하여 보다 많은 일반적인 현상을 설명하고자 할 것이다.

기본조건 4. 과학적 리서치는 간결하여야(parsimonious)한다.

전술한 바와 같이 과학자들은 현상들을 개별적으로 이해하려고 하기보다는 그것들에 대한 보편적인 원리를 찾아내어 일반적으로 이해하려고 한다. 또한 이들은 현상의 일반적인 원리를 파악하는 데 도움이 되지 않는 요소를 발견해 내고 그러한 요소를 일반화된 이론에서 배제하려고 한다. 즉, 과학자들은 어떤 현상을 이해함에 있어 필요한 최소한의 설명변수만을 이용하여 가능한 한 현상을 설명하고자 한다.

13세기 중세 영국의 철학자인 윌리엄 오컴(William of Ockham)은 과학적 리서치는 간결하여야 한다는 조건을 잘 설명한 사람이다. 윌리엄 오컴은 사회현상을 단순하고 간결한 변수를 이용한 가설을 통하여 설명할 수 있어야 한다는 것이다. 이를 오컴의 면도날(Ockham's razor)이라고 한다(남경태, 2006). 이는 전제나 가설은 가장 단순한 것을 선택해야 하며, 불필요한 복잡성을 피하고 가장 간결한 이론을 취해야 한다는 것이다. 실제로 이것이 절대불변의 법칙이나 원리는 될 수 없다. 그러나 과학자들은 지나치게 많은 개념과 개념간의 관계를 설명하는 이론을 추구하는 것을 지양하여야 한다는 것을 의미한다.

출처: https://isene.me/2016/09/25/science-ockhams-razor-god/

[그림 5-2] 오컴의 면도날

기본조건 5. 과학적 리서치는 구체적(specific)이어야 한다.

앞에서 과학적 연구는 일반적으로 적용가능성이 높은 법칙을 발견하려고 노력한다고 설명하였다. 대부분의 연구에서 사용되는 개념들은 연구자에게 따라 다양한 해석이 가능할 수 있으므로 구체적이어야 한다. 예를 들어 사람의 학력과 커뮤니케이션 능력 간의 관계를 연구한다고 가정해보자. 우선 리서치를 수행하기 위해서 학력과 커뮤니케이션의 능력에 대한 정확한 정의를 내려야 한다. 어떤 사람에게 있어서는 커뮤니케이션 능력이라는 것은 "상대방의 말에 귀를 기울이고, 언어적·비언어적 신호를 정확하게 해석하며, 메시지를 이해하는 능력"으로 정의할 수 있다. 반면 또 다른 사람들은 커뮤니케이션은 "글을 쓰고 대화를 하는 능력"으로 정의할 수 있다. 이와 같이 같은 변수라고 해도 사람에 따라 다르게 개념화할 수 있다. 그러므로 과학자는 자신의 리서치를 수행하기 위해서 리서치 문제에 대한 예측 가능한 결과와 관련된 추상적인 개념을 '개념화(conceptualization)'하고 '조작화(operationalization)'할 수 있어야 한다. 여기서 '개념화'라는 것은 개념들과 변수들의 의미를 정의하고 규정하는 것을 의미한다. '조작화'라는 것은 이론적으로 추상화 된 개념들을 어떻게 정확하게 측정할 지 규정하는 것이다(Song, Kim, and Bhattacherjee, 2014). 따라서 조작화는 개념의 '조작적 정의(operational definition)'부터 시작한다. 그리고 과학자는 문헌리서치(literature review)를 통해 기존의 측정방법을 살펴보고 자신의 리서치에 적합하게 수정하여 사용한다. 이것은 몇 개의 설문항목을 사용할 것인지, 어떤 설문항목을 사용할 것인지를 정확하게 명시해야 한다. 이러한 과정을 개념의 조작화(operationalization)라고 하며, 이러한 과정을 통하여 과학자들은 자신들이 리서치에서 사용한 개념들을 어떻게 측정하였는가를 정확히 밝힐 수 있어야 한다.

기본조건 6. 과학적 연구는 경험적으로 검증가능(empirically verifiable)하여야 한다.

과학자는 경험적으로 검증가능(empirically verifiable)한 방법으로 사물의 현상을 정확하게 기술(describe)하고, 여러 가지 현상 속에 내재하는 규칙성(regularity)을 발견하여 이론과 법칙으로 일반화할 수 있어야 한다. 예를 들어, 신학(종교에 관한 리서치)은 신학적 개념(예를 들어, 신, 천국, 지옥의 존재)을 독립적인 연구자들이 공식적 방법을 통해 경험적으로 검증할 수 없으므로 과학이라고 할 수 없다. 유사하게 예술, 음악, 문학, 인문학 등은 비록 그러한 분야가 창조적이고 추구할 만한 가치가 있다 할지라도 과학으로 간주되지 않는다(Song, Kim, and Bhattacherjee, 2014).

기본조건 7. 과학적 리서치는 재현가능(replicable)하여야 한다.

과학적 리서치는 재현할 수 있어야 한다. 이것은 한 연구자가 수행한 리서치를 다른 연구자가 독립적으로 수행하였을 경우 유사하거나 동일한 결과를 얻을 수 있어야 한다는 것을 의미한다. 일반적으로 연구자들은 어느 정도의 각기 다른 "주관적인 동기"에서 리서치를 시작하게 된다. 이렇듯 복수의 연구자들 사이에 서로 다른 주관적인 동기가 있다고 하더라도 리서치의 결과가 같게 나타나야 한다는 것을 의미한다.

예를 들어 대통령 후보의 지지율에 대하여 A당과 B당에서 각각 독립적으로 리서치를 실시한다고 가정해보자. 비록, A당과 B당의 대선 후보자가 다르기 때문에 자신의 당의 후보자에게 더 유리한 결과가 나오기를 기대하는 마음(즉 각기 다른 주관적인 동기)에서 조사를 실시한다 하여도 각 정당의 조사 설계와 자료를 수집하는 과정이 객관적이라면 양쪽당의 지지율 결과는 같게 나타나야 한다는 것이다.

기본조건 8. 과학적 리서치는 수정가능(open to modification)하다.

과학적 리서치는 전술한 바와 같이 사물의 현상을 정확하게 기술하고, 여러 가지 현상 속에 내재하는 규칙성을 발견하여 이론과 법칙을 만들어 낸다. 어느 분야에서든지 절대적인 만고불변의 진리를 발견하는 것은 불가능할 것이다. 따라서 연구자가 만들어 낸 이론과 법칙이 만약 현실과 동떨어지면 이를 부정하고, 현존하는 이론과 법칙을 향상시키거나 수정할 수 있어야 한다. 이미 많은 과학적 이론들이 부정되었거나 다른 이론 및 법칙 등으로 대체되어 오고 있다. 과학은 절대적인 진리를 탐구하는 것이기도 하지만 또한 우리의 주변세계를 이해하는데 얼마나 효용(utility)을 갖고 있는가 또한 평가되어야 한다. 아인슈타인은 이와 관련하여 다음과 같이 말했다. "아무리 많은 실험을 한다고 해도 내가 옳다는 것을 증명할 수 없다. 단 한 번의 실험으로도 내가 틀렸다는 것이 드러날 수 있기 때문이다"(권오상, 2014). 역사적으로 볼 때 수많은 과학적 리서치의 결과가 새로운 이론으로 대체되어 왔으며, 현재에 옳다고 받아들여지고 있는 이론들도 언젠가는 대체될 것이다. 결국, 어느 분야에서든 절대적인 진리를 찾는 것은 쉽지 않을 것이며 언제든 새로운 이론으로 수정 가능하여야 한다.

6) 과학적 리서치방법의 분류

과학적 리서치방법은 크게 두 가지 기본원리에 의하여 나뉠 수 있다. 하나는 연역적 방법(inductive method)이며, 다른 하나는 귀납적 방법(deductive method)이다. 베이컨(Francis Bacon, 1561~1626)은 영국 경험론 철학의 아버지로 평가되는 인물로 정치가, 법률가로서 낡은 영국 사회를 개혁하려고 일생 동안 노력한 인물이다(경향신문 2007). 그는 연역적 방법과 귀납적 방법을 정리한 인물이다. 이 두 가지 방법에 관하여 채서일(2014)은 다음과 같이 설명하였다.

① 연역적 접근법

연역적 방법은 연구자가 미리 결과에 대해서 예언하고, 이를 검증하기 위해 실제 사례나 실험을 통해 이를 확인하는 단계 과정을 밟는 것이다. 이미 확인된 어떤 자명한 원리에서 특수한 사물의 이치를 논리적 추론을 통해 이끌어내는 방법이다. 참이라고 받아들이는 전제로부터 필연적으로 그 참이 보장되는 결론을 이끌어내는 추리로 확실성을 보장하는 추리이다(경향신문 2007). 연역적 추론이 가능하려면, 비약이나 모순이 있어서는 안 되며 대전제가 반드시 참이어야 한다. 공리(axiom)[1]에서 출발하여 정리(theorem),[2] 가설(hypothesis)[3]로 연결되는 과정인 이른바 삼단논법이 가장 전형적인 방법이다. 연역법 접근법으로 사용되는 예는 다음과 같은 것이다.

〈예시〉

"모든 사람은 죽는다."
"소크라테스는 사람이다."
그러므로 "소크라테스는 죽는다."

1) 일정한 이론체계의 맨 앞에 있고 그 체계에서의 다른 모든 명제가 그로부터 도출되지만 그 자신은 좀더 고차적인 원리로부터 도출될 수 없는 기본전제로서 세워지는 일군의 명제(이신철 역, 2009).

2) 증명된 명제.

3) 증명되지는 않았지만 참이라고 생각되는 명제.

〈예시〉

"모든 생물은 영양분을 섭취해야 생존할 수 있다."

"사람은 생물이다."

"그러므로 사람도 영양을 섭취해야 생존할 수 있다."

통상 다음과 같은 단계를 밟게 된다.

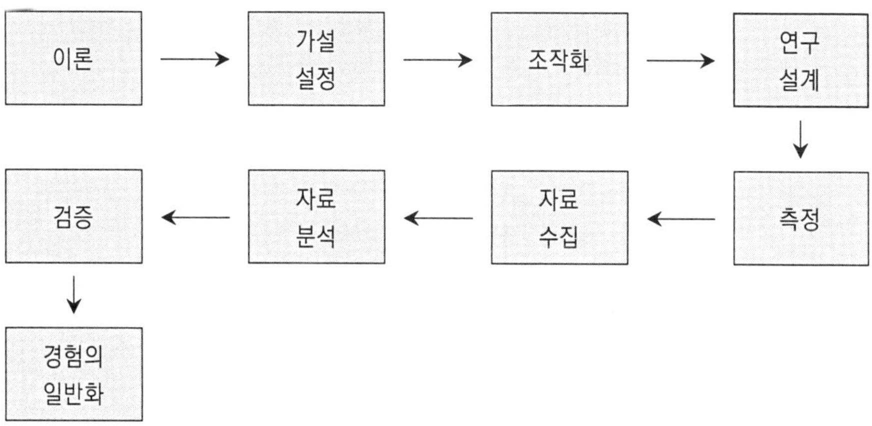

[그림 5-3] 연역적 접근법을 이용한 리서치의 순서

이러한 접근방법을 사용하면 특정한 현상을 해석할 때 논리적인 사고의 틀을 갖추고 정리함에 따라 특수한 사물이나 현상의 이치를 쉽게 파악할 수 도 있지만, 예외적인 사건에 대해서는 기존의 틀에만 얽매이게 될 경우 새로운 사실들을 간과해버릴 수 있다.

② 귀납적 접근법

귀납적 방법은 경험의 세계에서 관찰된 많은 사실들이 모두 공통적인 유형으로 전개되는 것을 발견하고 이들의 유형을 객관적인 수준에서 증명을 하는 것을 의미한다. 즉, 특수한(specific) 사실을 전제로 하여 일반적(general)인 원리를 이끌어 내는 방법이다. 따라서 객관적이기 위해서는 현상의 분석 절차와 방법이 계량적이어야 하며, 이를 위해 통계적 분석이 필요하게 된다. 또한 일반성을 지닐 만큼 대표성이 인정 되고, 충분히 납득할 수 있는 사례들이 충분히 존재하여야 한다. 일반적으로 귀납적 방법으로 연구를 수행하면 다음과 같은 단계를 밟게 된다. 이러한 과정을 통하여 찾아낸 이론과 법칙은 기존의 이론 및 법칙을 수정하거나 보완하는데 적용될 수 있다. 그리고 수정 혹은 재구성된 이론 및 법칙으로부터 또 다른 새로운 연구가 시작될 수 있다.

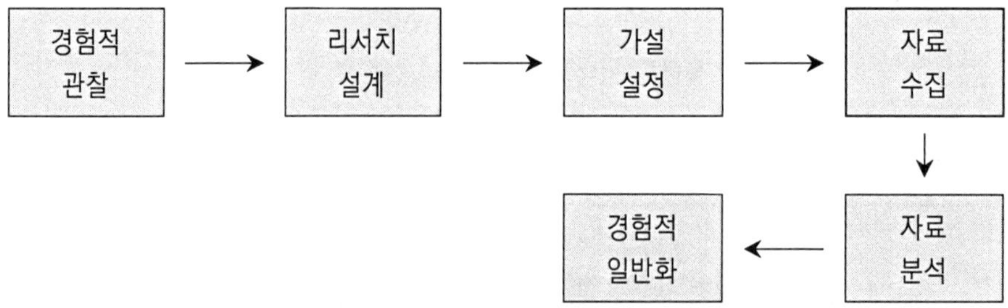

[그림 5-4] 귀납적 접근법을 이용한 리서치의 순서

귀납적 접근법으로 사용되는 예는 다음과 같은 것이다.

〈예시〉

식물은 영양분을 섭취해야 한다.
동물도 영양분을 섭취해야 한다.
식물과 동물은 생물이다.
그러므로 모든 생물은 영양분을 섭취해야 한다.

〈예시〉

토끼는 허파로 숨을 쉰다.
호랑이는 허파로 숨을 쉰다.
사람은 허파로 숨을 쉰다.
그런데 염소, 토끼, 사람 모두 포유동물이다.
그러므로 모든 포유동물은 허파로 숨을 쉬어야 한다.

귀납적 접근법에도 단점이 존재한다. 귀납적 방법을 통하여 연구를 수행할 경우 잘못된 원인과 결과에 의해 잘못된 결론을 도출할 수 있다는 점이다. 이러한 잘못된 인과관계로 인하여 일반화하는 과정에서 오류나 모순이 발생할 수 있다.

③ 연역적 접근법과 귀납적 접근법의 관계

전술한 바와 같이 연역적 접근법과 귀납적 접근법은 상호 대립적인 관계가 아니며, 상호보완적인 관계에 있다고 볼 수 있다. [그림 5-5]와 같이 과학의 수레바퀴형 연결관계를 통하여 상호보완적인 관계에서 서로 교대로 이루어지는 과정임을 알 수 있다.

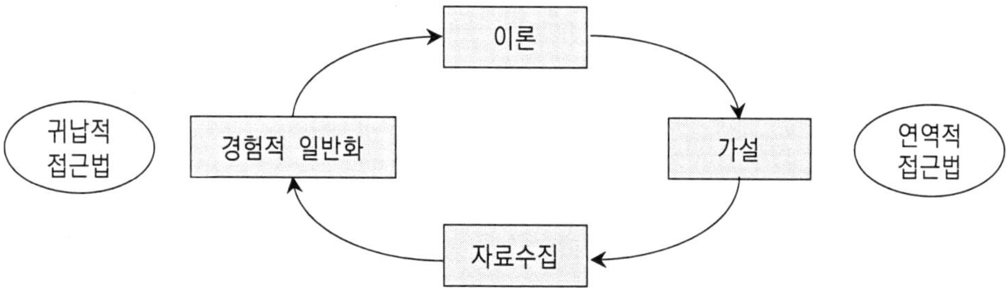

출처: 채서인(2014).

[그림 5-5] 연역적 접근법과 귀납적 접근법의 관계

연역적 접근법과 귀납적 접근법 중 어느 것이 우월하다고 할 수는 없다. 따라서 연구자가 관심을 갖는 연구 주제에 따라 어떤 접근법을 취해서 연구를 수행해야 할지 적절하게 선택하는 것이 중요하다.

본 장의 주요용어

과학, 사회과학, 과학적 리서치, 과학적 조사, 연역적 접근법, 귀납적 접근

더 생각해보기

- 과학은 무엇인지 설명해 봅시다.
- 과학적 리서치가 갖추어야할 조건에 대하여 생각해 봅시다.
- 과학적 리서치는 어떻게 수행될 수 있는지 설명해 봅시다.
- 연역적 접근법과 귀납적 접근법을 예를 들어 비교 설명해 봅시다.
- 소비자학 전공자들이 수행할 수 있는 과학적 리서치의 주제들은 무엇이 있을지 생각해 봅시다.

2. 리서치의 실제

1) 리서치의 필요성

연구자들이 관심의 대상이 되는 현상에 대하여 리서치를 시작하는 상황을 상상해 보자. 연구자들이 리서치를 시작한다는 것은 그 이전에는 그 대상에 대하여 전혀 리서치된 바가 없었기 때문만은 아니다. 오히려 이미 검토되어 있는 구체적인 발견들에 기

초하여 리서치를 시작하게 된다. 더 구체적으로 말하자면 기존의 리서치의 결과는 특정 현상에 대한 어느 정도의 정보를 제공해 주기는 하나 연구자가 알고자 하는 현상에 대한 충분한 정도의 해답을 제공해주지 못하였기 때문에 리서치를 실시한다고 할 수 있다.

그렇다면 기존의 리서치가 특정 현상에 대한 충분한 정도의 해답을 제공해주지 못하는 이유가 무엇일까? 그 이유는 다음의 경우 중 하나일 것이다.

(1) 새로운 현상의 등장

기존의 리서치 결과로는 충분한 설명을 할 수 없는 새로운 현상이 등장할 때이다. 즉, 관찰된 현상이 기존의 이론만으로 설명할 수 없는 경우이다. 연구자들은 우선 그들이 이미 알고 있다고 생각되는 현상들과 새로운 현상들을 서로 연관지어볼 것이다.

예를 들어 최근 모바일 혁명과 함께 쉽게 응용하여 개발 가능한 오픈소스가 발전하고, 금융소비자들의 능동적인 요구가 증가하면서 핀테크 기술을 활용한 금융서비스가 발전하게 되었다(박선영, 2017). 이 핀테크 기술이란 새로운 IT기술을 이용하여 금융시스템을 효율적으로 만드는 기업 또는 산업을 지칭한다. 이러한 기술의 진보로 새로운 유형의 금융 소비자 분쟁이 발생할 수 있다. 따라서 금융소비자를 보호할 수 있는 관련 규정 등에 대한 리서치가 필요할 수 있다. 이에 연구자들은 기존에 이루어진 금융소비자의 보호에 관한 리서치 결과를 새롭게 등장한 현상과 연관지어 설명해보고자 할 것이다. 그러나 기존의 리서치 결과만으로는 새로운 현상에 대한 충분한 정도의 해답을 제공해주지 못할 수 있다. 이에 따라 리서치를 수행해야 할 필요가 발생하게 되는 것이다.

(2) 기존 리서치들과의 결과 상충

동일한 현상을 설명할 수 있는 원인들이 리서치마다 다르게 나타나거나 하나의 현상이 다양한 결과를 도출해 낼 수 있다. 이렇듯 선행연구결과가 상출될 수 있는 이유 중 하나는 각각의 연구자들이 수행한 실험설계방법, 개념의 정립 및 개념의 조작화 과정에서 오류를 범하였기 때문일 수 있다(채서일, 2014). 이러한 경우 리서치의 수정과 반복을 통하여 오류를 수정하여 진정한 이론과 법칙을 찾아낼 수 있다면 문제를 해결할 수 있다. 따라서 기존의 리서치들이 상충된 결과를 만들어 냈을 때 리서치의 수행이 요구된다.

예를 들어 어린이들의 비만률을 낮추기 위하여 운동요법이 더 효율적인지 식이요법이 더 효율적인지에 관하여 선행연구들이 각기 다른 결과를 도출하였다고 가정해보자. 이는 실험의 설계방법을 수정하거나 연구대상으로 선정된 어린이의 성격 및 가정환경 등과 같은 외생변수들을 통제하면서 계속적인 연구를 수행하여 진정한 인과관계를 파악할 수 있을 것이다.

(3) 리서치방법의 혁신

정보기술혁명과 컴퓨터 프로그램의 진화는 21세기 사회과학 리서치방법의 변화에 중요한 영향을 주었다. 자료과학(data science)이라는 이름 아래 통계학과 사회과학 방법론, 그리고 자연과학 및 공학이 서로 교류하는 장이 열리게 되었다(박종희, 김용대, 2015). 최근 들어 빅데이터(big data)의 등장은 이러한 새로운 시대의 시작을 알리는 증거라고 볼 수 있다. 보다 창의적이고 효과적인 리서치 방법이 등장하였다. 앞으로도 자료의 양이 증가했을 뿐 아니라 자료의 형태 또한 다양해 질 것으로 예상된다. 현재는 상상할 수 없는 자료들이 이제 자료 분석의 대상이 될 수도 있다. 이미 텍스트자료나 다양한 비정형화된 양적 자료 등이 사회과학 자료분석의 대상으로 편입되었기 때문이다. 따라서 기존의 선행리서치에서 이미 많이 다루어져 온 주제라고 할지라도 새로운 리서치방법론 상의 도입을 통하여 리서치를 수행하고자 할 수 있을 것이다.

2) 리서치의 종류

연구자들은 어떠한 현상에 대하여 "왜?"라는 의문을 갖고 그러한 현상을 발생시킨 원인이 무엇인지를 설명해보고자 리서치를 시작하게 된다. 즉, 리서치는 원인이 되는 변수와 결과가 되는 변수간의 관계의 규명을 하고 이들 사이에 존재하는 일반적인 규칙성을 찾아내고자 하는 것이다. 이를 위하여 이러한 현상을 발생시킨 변수들에 대해 실증적이고 체계적인 분석을 하여야 한다. 그런데 이러한 변수들 간의 관계를 분석하는 데에는 여러 가지 장애 요인들이 존재할 수 있다. 따라서 이러한 장애 요인을 제거하기 위해서는 정교한 리서치 방법론이 사용되어야 한다.

우선 리서치는 목적에 다음과 같은 크게 탐색적 리서치, 기술적 리서치 및 추리적 리서치로 나뉠 수 있다. 물론 이 세 가지 분류 중 엄격하게 어느 것 하나로 구분되기 어렵고 혼합적인 리서치도 존재한다(홍성열, 2010).

(1) 탐색적 리서치(Exploratory Research)

탐색적 리서치는 예비적 조사로 현상들 간의 구체적인 인과성을 찾기보다는 새로운 리서치문제를 규명하려는 목적으로 수행되는 리서치이다. 연구자가 관심있는 주제가 연구자에게 생소하여 사전 지식이 부족할 경우라면 리서치를 수행하기 전에 주제에 대한 예비적 지식을 넓히고 문제에 익숙해지기 위해서 탐색적 조사를 실시할 수 있다.

즉 어떤 리서치 주제를 보다 깊이 있게 알기 위해서 미리 수행되는 리서치이다. 큰 규모의 리서치를 계획하고 있을 때 그 리서치가 얼마나 어렵고, 진행과정에서 어떤 문제점들이 발생할 수 있는지 파악하기 위하여 탐색적 리서치를 실시할 수 있다(홍성열 2010). 문제가 정확히 어떤 것인지를 알지 못할 때는 탐색적 리서치를 통해 연구문제와 관련된 변수들은 어떤 것인지 밝히고, 이들이 서로 어떠한 연관성을 가지고 있는지를 개괄적으로 파악할 수 있다(채서일, 2014). 탐색적 리서치는 예비적 조사의 성격을 띠고 있으므로 소규모 표본에 대하여 실시하는 융통성 있는 실시하는 것이 일반적이다.

탐색적 리서치의 장점은 연구자가 계획하고 있는 주제에 대해서 새로운 통찰력을 제공하고, 다음 리서치의 가능성과 효과성을 예측하게 도와줄 수 있다는 점이다. 반면 단점은 큰 리서치를 위한 예비적 리서치의 성격을 띠고 있으므로 연구자가 이 리서치 방법만으로는 주제에 대한 전반적인 이해를 할 수는 없다.

탐색적 리서치를 실시하기 위해서 채서일(2014)은 문헌조사, 전문가의견조사, 사례조사와 같은 방법들을 제안하였다.

① **문헌조사**(Literature Review)

과학적 리서치는 단편적이기보다는 누적적인 것이다. 따라서 기존의 리서치들을 통해 축적된 이론 혹은 법칙을 바탕으로 리서치가 설계되고 수행되어야 한다(김상욱, 2004). 과학적 리서치의 발전을 기하기 위해서는 자신의 리서치를 수행하기 이전에 선행 리서치들이 어떻게 연관되는지를 파악하고 점검할 필요가 있다. 만일 연구자들이 자신의 리서치를 수행하기 위해서 기존의 이론 혹은 경험적 결과들을 무시한 채 모두 독립적인 리서치만을 수행한다고 가정해보자. 이럴 경우 단편적이고 파편적인 리서치결과들만이 양산될 것이다.

그러므로 연구자는 자신의 리서치 주제를 본격적으로 규명하기 위해 해당 리서치 주제와 관련된 기존의 문헌 자료들을 면밀히 검토하여야만 한다. 여기서 '문헌'이라 용어는 연구자료, 각종 상업 잡지와 통계자료집 등의 2차 자료를 의미한다. 자신의 학문 영역에 관한 서적뿐만 아니라 다양한 분야에서 출판된 자료를 포함한다. 따라서 이러한 문헌을 이용한 조사를 '문헌조사'라고 부른다.

② **전문가의견조사**(Expert Survey)

전문가 의견조사는 연구자가 관심 있는 주제와 관련하여 전문적인 경험을 가지고 있는 전문가들로부터 정보를 얻는 리서치 방법이다. 연구자는 문헌조사와 병행하여 보완적인 수단으로 이용될 수 있다. '파일럿(Pilot)' 조사라고도 불리운다.

이 리서치 방법은 전문가들로부터 일치된 견해나 문제의 해결책을 찾기보다는 리서치주제에 대한 명확한 규명과 관련 변수들과 관련하여 전문가들로부터 의견을 듣고 참조하여 새로운 아이디어를 찾고 문제를 해결하는데 도움이 될 수 있다.

전문가의견조사의 대상은 일정한 자격기준은 없으나 해당 리서치문제와 관련하여 도움이 되는 정보를 제공할 수 있는 사람으로 조사자의 판단과 편의에 따라 선정된다. 일반적으로 리서치 주제에 전문적인 견해와 식견을 갖는 사람으로 선정되지만, 직접적인 관련이 없는 사람이라도 선정될 수 있다. 어떤 집난구성원들의 의견이 필요하다고 판단되는 경우에 이들이 리서치 대상으로 선정될 수 있다. 예를 들어, 마케터, 공무원, 교수, 의사, 디자이너 등등이 전문가들이 리서치의 대상으로 선정될 수 있다. 또한 전문가의견조사는 어떤 형식이나 절차에 의해서 이루어지는 것이 아니며 리서치주제와 관련된 내용이면 제한 없이 그들의 의견을 제시할 수 있도록 한다.

예를 들어 황지은과 오유미(2014)는 이러한 리서치방법을 이용하였다. 현재의 담배규제 및 금연정책에 대한 비판적인 시각이 난무하고 있는 상황이라고 보고 해당정책에 대한 체계적인 고찰과 적절한 평가가 필요하다는 점에서 리서치를 실시하게 되었다. 리서치의 목적을 달성하기 위하여 금연정책 평가도구의 타당성을 검증하기 위하여 담배규제 실무자문단 각 분과장인 4명의 전문가에게 각 지표별 의견을 사선 수렴한 후 평가도구를 수정, 보완하였다.

③ **사례조사**(Case Study)

사례조사는 연구자가 관심 있는 주제와 유사한 사례들을 찾아 분석하는 리서치방법이다. 실제 발생한 사건이나 목격한 사실을 토대로 분석을 실시할 수도 있으며, 시뮬레이션 등을 통하여 분석을 실시할 수도 있다. 이 방법을 통하여 연구자는 자신의 리서치 주제에 대한 간접적인 경험과 사전지식을 얻을 수 있게 된다.

예를 들어 홍연금과 송인숙(2010)은 이러한 리서치방법을 이용하여 우리나라의 소비자들이 어떠한 동기에 의해 윤리적 소비를 실천하게 되었으며 이를 지속하고 있는지에 대해 살펴보고자 하였다. 구체적으로는 윤리적 소비자 14명을 심층 조사하여 인터뷰 내용을 분석하였다. 조사 결과 윤리적 소비자의 주요 관심주제로는 자아성숙, 참 삶을 사는 방법으로 내적 세계의 성숙에 관심이 컸으며 자연과 환경오염에 대해서도 관심이 높은 것으로 나타났다.

사례조사는 장점과 단점을 갖고 있다. 우선 리서치주제의 규명과 주제와 관련된 변수들 간의 관계를 파악하는데 매우 효과적이라고 할 수 있다. 그러나 그 결과가 결정적인 것은 아니며 시사적인 의미를 갖는데 그칠 수 있으므로 추가적인 리서치를 수행하여 리서치를 정교화시키는 것이 필요하다.

(2) 기술적 리서치(Descriptive Research)

기술적 리서치는 사회과학 분야에서 가장 많이 이루어지는 리서치이다. 특히 다음과 같은 상황에서 주로 수행된다고 할 수 있다.

첫째는, 연구자가 관심 있는 주제에 대한 특성과 특정 상황의 발생빈도를 분석하고 기술하는 것이다. 예를 들어 고등학생들의 흡연 경험 실태, 흡연을 시작한 시기 등을 분석한 것이 이에 해당한다.

둘째는, 연구자가 관심 있는 주제와 관련된 변수들 간의 관계를 파악하는 것이다. 예를 들어 특정한 브랜드와 해당 브랜드 애호가의 인구통계적인 특성(소득, 연령, 성별) 간의 관계를 분석하는 경우가 이에 해당된다.

셋째는, 연구자가 관심 있는 주제와 관련한 상황에 대한 예측이다. 예를 들면,

담배가격과 흡연인구와의 관계가 존재하는지 분석하여, 담배가격이 인상되면, 흡연인구가 변화하는지를 예측하는 경우가 이에 해당된다. 이 경우는 과거에 나타난 변수들 간의 연관성으로 미래의 상황을 예측하는 것이다. 그러나 이러한 방법은 담배가격과 흡연인구의 규모 간에 인과관계가 있음을 밝힌 것은 아니다. 즉, 담배가격의 변화와 흡연인구의 규모 간에는 관계가 있다는 것을 밝힐 수는 있으나, 담배가격이 인상되면 흡연인구가 감소한다고 결론내릴 수는 없다는 것이다.

기술적 리서치는 예측 할 필요성이 있는 변수(예를 들어, 흡연인구 규모)와 이를 설명할 수 있다고 가정되는 변수(예를 들어, 담배가격)를 찾아내고 그들 간 관계가 존재함을 대략적으로 파악할 수 있다는 것이다. 기술적 리서치는 탐색적 리서치보다는 연구자가 리서치주제에 관하여 보다 많은 지식을 가지고, 체계적인 계획과 절차 하에서 수행되어야 한다.

기술조사에는 여러 가지 형태가 있는데 크게 종단적 리서치(Longitudinal Research)와 횡단적 리서치(Cross Sectional Research) 및 추리적 리서치(Inferential Research)로 구분할 수 있다.

종단조사는 특정조사대상인 패널(panel)을 이용하여 자료를 얻어내는 방법이며, 일정한 시간 간격을 두고 반복적으로 측정하는 조사방법이다. 반면에 횡단조사는 가장 보편적이고 널리 사용되는 조사인데 주로 리서치의 대상이 되는 모집단에서 표본조사를 위해서 임시적으로 추출된 표본으로부터 자료를 얻어내며 단 한 번의 측정을 하는 조사이다. 이러한 조사방법들은 사회과학분야의 조사에 널리 쓰이고 있으며 각기 장·단

점을 가지고 있으므로 이를 잘 고려하여 조사목적에 보다 적합한 방법을 선택하여야 할 것이다.

① **종단적 리서치**(Longitudinal Research)

종단적 리서치는 리서치의 시점을 달리하여 같은 집단 또는 개인을 리서치대상으로 하여 반복적으로 측정, 관찰하고, 조사하는 리서치방법이다. 따라서 특정한 기간 동안에 일어난 변화에 대한 측정과 관찰이 주된 과제가 된다. 특히 성장과 발달에 관한 리서치를 할 때 이 방법을 많이 사용한다(서울대학교 교육리서치소, 1995). 종단적 리서치는 주로 패널조사를 이용하게 된다. 여기서 패널은 고정된 조사대상의 전체를 의미한다. 또한 패널조사란 대상자들를 선정해 놓고 일정기간을 두고 동일 대상자들을 반복적으로 조사하는 방법을 말한다. 어린 시절 특수한 교육을 받은 아동들이 성장하면서 학습능력에 있어서 차이를 보이는가를 리서치하기 위하여 시간이 흐름에 따라 계속적으로 이들의 학습능력 수준을 조사하는 것이 종단적 리서치의 한 예라고 볼 수 있다.

종단적 리서치는 장점과 단점을 갖고 있다. 장점으로는 개인이나 집단의 성장과정 및 변화의 양상을 구체적으로 파악할 수 있고, 변인들 간의 상호상관 혹은 인과관계를 규명할 수 있는 점이다(서울대학교 교육리서치소, 1995). 반면 단면으로는 비교적 장기간에 걸쳐 리서치하는 것이므로 많은 경비와 노력이 소요된다는 점이다. 또한 장기간 선정된 표본이 조사대상에서 탈락하지 않아야만 조사결과 얻어진 결과들간의 의미있는 비교가 가능하므로 조사 대상의 선정 및 관리가 어려울 수 있다는 점이다. 또한 리서치의 초기와 후기에 사용하는 측정도구가 달라짐에 따라 측정한 결과를 비교하기 곤란하다는 기술적인 문제도 있다(서울대학교 교육리서치소, 1995).

예를 들어 하홍열(2010)은 종단적 리서치를 실시하여 브랜드 이미지와 브랜드 애호도의 관계를 시간 흐름의 변화에 따른 차이에 대해 고찰하고자 하였다. 이를 위하여 온라인에서 최근 3개월 동안 특정 사이트에서 최소 2회 이상 구매경험이 있는 사용자를 선정한 후 30일간의 시차를 두고 1차와 2차 설문조사를 실시하였다. 1차와 2차 설문조사에 응답한 사람들은 동일하였다.

② **횡단적 리서치**(Cross Sectional Research)

현장리서치 중 표본조사에서 모든 관련된 변수들에 대한 자료를 하나의 시점에서 동시적으로 수집하여 분석하고 추론하는 리서치방법이다(한국교육심리학회, 2000). 이 방법을 통하여 연구자들은 시간의 경과에 따른 변화를 측정하여 어떤 의미를 찾는 것이 아니고, 다른 특성을 가지고 있는 대상자들을 비교함으로써 의미를 찾을 수 있다. 이러한 리서치는 측정 및 관찰이 한 번만 이루어진다.

종단적 리서치와 비교하면 횡단적 리서치는 동태적인 성격을 갖는다고 할 수 있다.

일반적으로 횡단적 리서치는 조사대상의 특성에 따라 집단을 분류하여 비교하여야 되기 때문에, 종단적 리서치보다 표본의 크기가 상대적으로 커야만 한다. 예를 들어 최근 소비자들의 유기농 식품에 대한 인식 수준을 비교하거나 특정지역 주변의 생활수준 조사라든가 10대 여학생의 휴대폰 사용 실태 조사 등이 횡단적 리서치라고 할 수 있다.

③ **추리적 리서치**(Inferential Research)

전술한 대로 기술적 리서치는 예측 할 필요성이 있는 변수와 이를 설명할 수 있다고 가정되는 변수를 찾아내고 그들 간 관계가 존재함을 대략적으로 파악할 수 있다는 것이다. 그러나 기술적 리서치는 변수들 간의 보다 정확한 인과관계를 파악하기 위해서는 추리적 리서치가 필요하다. 특히 사회과학자들의 경우 특정한 사회현상을 야기하는 원인과 그 결과 간의 인과관계를 정확히 밝힘으로서 근본적인 문제해결과 올바른 의사결정을 할 수 있을 것이다.

예를 들어 추리적 리서치의 한 사례로 이경탁, 구동모, 노미진(2011)은 소셜커머스에 대한 초기 리서치로서 소셜커머스에 대한 소비자들의 이용의도를 알아보고자 하였다. SNS를 활발하게 사용하고 새로운 문화 및 기술 수용을 가장 먼저 추구하는 대학생을 대상으로 자료를 수집하여, 경제적 가치와 심리적 가치는 소셜커머스에 대한 태도에 영향을 미친다는 사실을 발견하였다.

3) 리서치를 수행의 절차

지금까지 리서치 방법의 종류에 대하여 알아보았다. 본 절에서는 리서치를 효과적으로 수행하기 위한 절차에 대해 설명하고자 한다.

과학적 리서치의 절차는 리서치의 목적에 따라 달라질 수 있으나 일반적으로 다음과 같은 절차를 따르게 된다. 리서치가 효율적으로 수행되기 위해서는 리서치 주제의 선정, 리서치 방법의 선택, 리서치 자료의 수집, 자료의 분석 및 결과 해석, 보고서 작성 및 제출 의 5개 주요 부분으로 구성된다. 효율적으로 과학적 리서치를 수행하기 위해서는 각 단계별로 효과적인 관리가 이루어져야 한다.

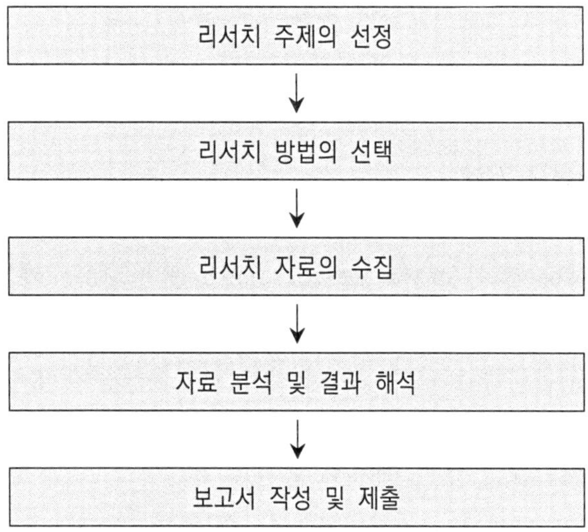

[그림 5-6] 리서치의 절차

(1) 리서치 주제의 선정

흔히 '시작이 반이다' 말이 있듯이 리서치의 절차 중 첫 번째 단계인 '리서치 주제를 선정'하는 것은 리서치에 있어서 시작이면서 중요한 단계이다. 리서치를 시작하기 위하여 연구자는 우선 리서치의 주제를 명확하게 규명하여야 한다. 리서치 주제를 선정하는 것은 과학적 리서지의 방향을 설정하기 위한 단계로서 성공적인 리서치 수행을 위하여 매우 중요한 단계라고 할 수 있다. 만약 연구자가 리서치 주제를 지나치게 광범위하게 선정하거나, 지나치게 지엽적인 주제로 한정하는 식으로 주제를 명확하게 규정되지 못한다면 유의미한 리서치의 결과를 얻기 어려울 것이다.

리서치 주제를 선정했다면, 리서치를 통하여 해결하여야 할 문제와 그러한 문제를 야기시킨 배경에 대한 이해가 필요하다. 리서치 주제와 관련된 배경을 분석하기 위해서는 전술한 바와 같이 <문헌 조사>, <전문가 의견조사>, <사례 조사>와 같은 리서치방법을 이용할 수 있다. 이러한 과정은 올바른 리서치 문제의 선정뿐 아니라 문제의 해결을 위해서도 매우 필요하다.

이 단계에서 리서치의 목적, 리서치 문제, 리서치 가설 등을 명확하게 규명하여야 한다. 여기서 리서치가설(research hypothesis)은 변인들 사이에 관계가 있을 것이라는 의미를 갖으며, 영가설(null hypothesis)과 반대되는 개념이다. 영가설은 변인 들 간에 관계가 없을 것이라고 가정하는 것이다. 리서치는 리서치가설과 영가설 모두를 가지고 시작한다. 그리고 측정결과 리서치가설이 채택되지 않으면 영가설이 수용되며, 리서치가설이 채택되면, 영가설은 기각한다. 리서치의 결과는 언제나 이들 두 가설을 모두 허용하지 않고 둘 중 어느 하나만을 선택한다(홍성열, 2010).

(2) 리서치 방법의 선택

연구자가 관심 있는 리서치주제를 선정하였다면, 리서치를 수행할 수 있는 구체적인 방법을 선택하여야 한다. 리서치 방법은 리서치를 수행하는데 소요되는 시간과 비용을 고려하여 리서치가 효율적으로 이루어질 수 있도록 선택되어야 한다.

리서치 방법을 선택하는 단계에서는 리서치를 수행함에 있어 필요한 리서치의 틀(Research Framework)의 설정하여야 하며, 자료를 수집하는 절차와 자료를 분석하기 위한 기법들을 선택하여야 한다. 또한 예산의 편성과 조사 일정을 구체적으로 설정하여야 한다. 예산을 편성하기 위해서는 조사기간, 조사원 수당, 질문지 비용, 기타 잡비를 포함하여 다양한 내역을 포함할 수 있도록 수립하여야 한다.

(3) 리서치 자료의 수집

리서치의 자료는 크게 1차 자료와 2차 자료로 나뉠 수 있다. 1차 자료는 특정목적을 위해 연구자가 직접 수집하는 자료이다. 소비자나 고객을 대상으로 한 마케팅 조사가 대표적인 사례이다. 1차 자료의 수집은 일반적으로 직접적인 방법과 간접적인 방법으로 구분된다(채서일, 2015). 직접적인 방법은 조사대상자에게 직접 질문을 하여 조사하는 방법인데, 이를 위하여 면접을 이용하거나, 전화, 혹은 우편을 이용할 수 있다. 간접적인 방법은 연구자의 관찰에 의하여 조사하는 방법 등이 있다.

2차 자료란 조사를 수행하고 있는 조사자가 아닌 다른 주체에 의해서 이미 나와 있는 자료를 의미한다. 각종 논문, 책 등의 문헌자료 뿐 아니라 국가나 리서치기관 및 공공기관에서 발행하는 각종 통계/연구자료 등이 대표적이다(하지철, 2010). 마케팅 조사자료라 하더라도 연구자가 특정한 목적을 위해 직접 만든 것이 아니라 기존에 있던 자료라면 이것은 2차 자료라고 할 수 있다.

2차 자료는 1차 자료보다 획득하기가 용이하므로 리서치를 성공적으로 수행해 나가기 위해서 2차 자료를 어떻게 이용하는가가 중요한 변수로 작용하기도 한다. 2차 자료가 비록 직접적으로 조사에서 다루고 있는 문제의 해결에 관련이 되지 않는다고 하여도 조사를 평가하고 분석하는 데 지침을 제공해 주는 경우가 많다(채서일, 2015).

조사의 대상은 사람이 될 수도 있고, 사물이 될 수도 있다. 본 저서에서는 소비자학과 같은 사회과학 전공자들을 위하여 리서치대상을 개인으로 제한하고 설명을 하고

자 한다. 왜냐하면 사회과학 리서치들이 분석단위로 개인을 포함하기 때문이다(홍성열, 2010). 연구자는 리서치문제를 해결할 수 있는 자료를 얻을 수 있는 리서치 대상자를 선정하여야 한다. 이를 이해하기 위해서 모집단, 표본, 표집과 같은 용어들을 이해하여야 한다.

- **모집단** : 연구자의 관심의 대상이 되는 모든 개체의 집합으로 조사할 대상이나 사람들 전체를 의미한다. 예를 들어 연구자가 우리나라의 대통령 후보자 지지율에 대하여 조사하고자 할 때 모집단은 우리나라에서 선거권을 갖고 있는 사람 전체가 될 수도 있고, 나이, 학력, 결혼여부, 거주지역 등을 제한하여 더 적은 수의 집단으로 모집단의 크기를 규정할 수도 있다. 모집단의 특성을 파악하기 위해서는 모집단 전체를 대상으로 리서치(전수조사)를 실시할 수도 있으며, 모집단을 대표하는 표본을 추출하여(표본조사) 통계치를 구해 모집단의 특성을 추론할 수도 있다.
- **표본** : 모집단을 대표할 수 있으며 모집단에서 추출된 모집단의 일부를 의미한다. 예를 들어 소비자들의 유기농 농산품의 선호도를 리서치하고자 하는 경우 전국의 소비자 중 1,000명을 추출하였을 때 추출된 집단을 표본이라고 하며 표본을 추출하는 과정을 표집이라고 한다. 이때 1,000명은 표본의 대상 수이며 이것을 표본의 크기(sample size)라고 한다.
- **표집** : 모집단의 전체 대상으로부터 표본을 추출하는 과정이다. 어떤 표집 방법을 사용하느냐에 따라서 표본이 모집단의 대표성을 띠는지가 결정될 수 있다. 표집 방법에는 단순 무선표집(simple random sampling), 체계적 표집(systematic sampling), 유층표집(stratified sampling), 군집표집(cluster sampling) 등이 있다. 홍성열 (2010)은 다음과 같이 표집 방법을 설명하였다.

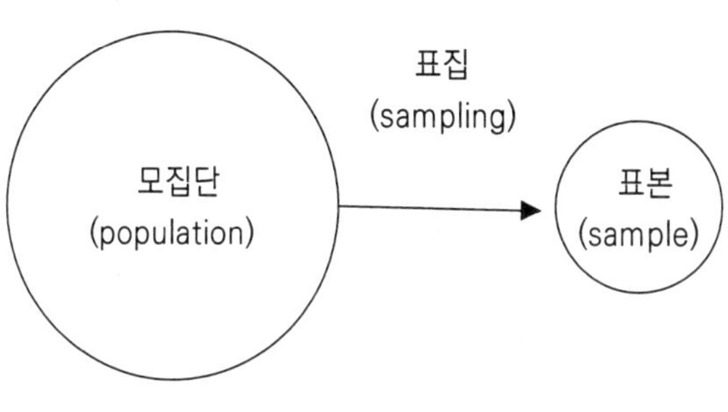

[그림 5-7] 모집단과 표본의 관계

① 단순 무선표집

가장 기본적인 표집방법의 예이다. 특별한 선정 기준을 마련하지 않고 무선으로 표집하는 방법이다. 모집단으로부터 표본으로 추출될 확률이 같고, 한명의 조사대상자가 표본으로 추출되는 것이 다른 조사대상자가 표본으로 추출되는 데 영향을 미치지 않은 독립된 표집 방법이다. 예를 들어 모집단 10,000명의 모집단에서 100명의 표본을 추출하고자 할 때 모집단 구성원이 표본으로 뽑힐 확률은 1/100로 동일하다.

② 체계적 표집

최초의 표본단위만 무선적으로 선택하고 나머지는 일정한 표집 간격을 두고 리서치 대상을 추출하는 방법이다. 예를 들어 전체 모집단의 수는 10,000명이라고 할 때 100명을 추출하려고 하면 10,000을 100으로 나눈 100이하의 수에서 하나를 선택한 후 계속하여 100을 더하면서 표집하는 식이다.

③ 유층 표집

추정값의 표본오차를 감소시켜 표본의 대표성을 높이는 방법이다. 모집단 안에 동일성을 갖는 여러 개의 하위집단이 있다고 연구자가 가정할 때 모집단을 속성에 따라 유층화하고 그 집단의 크기에 따라 단순 무선 표집을 하는 방법이다. 예를 들어 소비자정보학과의 발전방향에 대한 설문조사를 한다고 했을 때 소비자정보학과를 구성하는 성원은 교수, 대학원생, 학부생으로 소그룹화하여 유층화 할 수 있다

④ 군집 표집

이 방법의 표집의 단위가 개인이나 요소가 아니라 군집이다. 모집단의 구성요소들이 군집화 되어있는 경우 군집을 표본 단위로 하여 무선 표집에 의해 추출된 군집 내에 있는 대상을 표본으로 추출하는 방법이다. 예를 들어 사회과학 전공자들을 대상으로 하는 리서치에서는 몇 개의 전공을 추출하고 각 전공안의 모든 전공자들을 표본으로 추출하면 되는 식이다.

(4) 자료 분석 및 결과 해석

자료의 분석은 수집된 자료의 코딩 과정이 이루어 지고 난 후 통상 통계적 기법을 이용하여 이루어지게 된다. 여기서 코딩이란 자료 처리를 자동화하기 위해 관찰된 내용을 일정한 규칙에 따라 품목별로 일정한 대상번호 또는 문자를 부여하는 것을 말한다. 즉 기계가 알 수 있는 언어를 일정한 명령문에 따라 문자 또는 숫자를 사용해 기호화하는 것을 말한다(이종수, 2009). 사회과학 분야에서 널리 이용되는 컴퓨터 패키지로는 SPSS, SAS, Minitab, STATA 등이 있다. 코딩 후 컴퓨터에 입력된 자료의 통계적인 분석

은 조사목적에 따라 선택된다.

수집된 자료들에 대한 분석을 수행한 이후에는 결과에 대한 해석이 이루어져야 한다. 동일한 통계적 방법론과 컴퓨터 패키지를 이용하여 분석한 결과도 연구자에 따라 다른 해석을 할 수 있다. 왜냐하면 연구자가 사용한 통계 기법에 대한 이해의 차이나 분석관점에 따라서 결과가 달라질 수 있기 때문이다(채서일, 2015). 따라서 최종적으로 리서치 결과를 해석하는데 있어 신중한 고려가 이루어져야 하며, 연구자는 자신의 리서치문제를 해결하기 위한 적절한 통계 기법의 숙지가 명확하게 선행되어져야 한다.

(5) 보고서 작성 및 제출

연구자는 자신의 리서치결과를 일정한 형식(예를 들어, 문자나 도표)에 맞추어 정리하여야 한다. 연구자는 자신의 리서치결과를 읽게 될 독자들을 고려하여 리서치결과를 진술하여야 한다. 리서치 결과가 아무리 좋다고 하여도 실제로 독자들이 이를 이해하지 못한다면 의미가 없는 것이므로 보고서의 작성은 이용자의 이해도와 조사에 관한 지식의 정도에 맞추어 작성되어야 한다.

더 생각해보기

- 자신이 리서치를 시작하고자 하는 이유는 무엇인가.
- 리서치의 목적에 따라 자신의 리서치를 구분해보자.
- 횡단적 리서치와 종단적 리서치의 사례를 생각해보자.
- 자신의 리서치 주제에 맞추어 리서치의 절차를 수립해보자.

CHAPTER

06

개인재무관리

제 6 장 개인재무관리

1. 개인재무관리 목표와 과정

1) 돈의 의미

돈은 우리 일상생활에서 꼭 필요한 자원이다. 기본적으로는 일반적인 의식주 생활을 영위하기 위하여 돈이 필요하다. 학생의 경우 학비를 지불하거나 책을 구입하기 위하여 돈이 필요할 것이며, 가족원 중에 환자가 있다면 질병 및 장애를 치료하기 위해서도 돈이 필요할 수 있다. 또한 친구와의 만남 혹은 친구에게 줄 선물을 준비하거나 자녀와의 여행 및 여가를 선용을 위해서도 돈이 필요할 수 있다.

이처럼 돈은 매일의 생활에서 꼭 필요한 것이며 어느 정도의 안정된 일상생활을 영위할 수 있게 도와준다. 이러한 점에서 필요한 돈이 부족하다면 우리의 삶에서 중요한 부분이 결핍될 수 있다. 최근 몇 편의 재미있는 연구가 보고되었다. 2014년 The Wall Street Journal(The Wall Street Journal, 2014)은 세계 각국을 대상으로 소득과 행복의 연관성을 조사한 연구를 보도하였다. 연구결과 돈 그 자체는 행복한 삶을 보장해주지 못하지만 돈 자체 보다 중요한 것은 돈을 어떻게 쓰는가에 달린 것으로 나타났다.

New research is suggesting that happiness is determined not by how much money one earns, but rather, how one spends it. University of British Columbia associate professor Elizabeth Dunn explains why. Photo: Getty.

출처: The Wall Street Journal(2014).
https://www.wsj.com/articles/can-money-buy-happiness-heres-what-science-has-to-say-1415569538

[그림 6-1] 소득과 행복의 연관성을 조사한 연구

최근 The Science Times(2017)에서는 '과연 얼마만큼의 돈을 벌어야 인간은 행복하다고 느낄까'에 대한 연구결과를 제시하였다. 이 보도에 의하면 영국인들이 가장 행복해하는 연소득은 5만 파운드(약 9천만원)인 것으로 밝혀졌다. 함께 인용한 자료에 의하면 연봉이 1만 파운드에서 7만 파운드 사이인 영국인 삼천명에게 질문한 결과 "5만 파운드를 버는 사람들이 가장 행복하다"고 응답한 것으로 나타났다. 흥미로운 사실은 조사 결과 7만 파운드 이상의 연봉을 받는 사람들이 5만 파운드 연봉자들보다 덜 행복한 것으로 나타났다는 점이다. 이는 '행복과 돈은 항상 비례하는 것은 아니다'라는 세간의 인식을 뒷받침하는 결과라고 볼 수 있다.

이러한 예에서 보듯 돈의 가치는 상황에 따라 다르게 느껴질 수 있으나 우리의 일상생활에서는 꼭 필요한 자원임에는 틀림이 없다. 본 장에서는 이렇게 우리의 일상생활에 꼭 필요한 돈의 관리에 대하여 좀 더 구체적으로 살펴보고자 한다.

2) 개인재무관리의 정의

개인재무관리란 개인의 재무상태와 현금의 흐름을 분석하여 가족생활 주기에 따른 재무계획을 수립하여 실천하는 것을 의미한다. 종종 개인재무관리는 재무(財務)와 테크놀러지(technology)의 합성어인 '재테크'와 혼용되기도 한다. 그러나 재무관리는 이 '재테크'와는 차이가 존재한다.

재테크는 여유자금을 갖고 있는 경우 금융 상품을 활용하여 수익을 올릴 수 있는 기술에 관한 것을 뜻한다. 이는 투자의 목적이 전제되지 않은 단기적이고 일회성의 투자 행위이다(김현용, 2012). 따라서 재테크를 위한 상담은 다양한 금융상품을 활용하여 여유자금을 어떻게 운용할 것인지에 집중한다. 반면 개인재무관리는 여유 자금에 상관없이 한 개인이 경제활동을 시작하면서부터 평생 동안 자신이 성취하고 싶은 재무목표를 설정한 뒤 그 목표를 달성하기 위해 소득과 지출을 관리하고 투자와 저축에 대한 합리적인 계획안을 수립하고, 수립된 계획을 실행한 후, 그 과정 및 결과를 관리, 모니터링하는 일련의 과정이다.

3) 개인재무관리의 필요성

(1) 생애 소비만족의 극대화

인간은 출생한 이후 유년기를 거쳐 성인으로 성장해 간나. 이와 유사하게 한 개인이 결혼과 출산을 통해 가족을 이루고 그 가족구성원들이 성장해서 다시 또 다른 가족을 이루는 과정들 속에서 성숙·발전하게 된다. 이렇듯 가족의 형성에서부터 가족의 붕괴까지의 변화들을 '가족발달'이라고 한다. 가족발달은 일반적으로 '가족생활주기'(family life cycle)로 설명되며, 가족 간에 일어나는 특별한 사건이나 기념할 수 있는 일, 변화에 따라 주기가 구분된다(이정숙, 1993). 가족생활주기는 결혼함으로써 형성된 새로운 가족이 시간의 흐름에 다라 변화하는 과정을 의미한다. 즉, 가족은 결혼으로 형성되고 자녀의 출산으로 발전, 확대 되었다가, 자녀의 결혼으로 부모로부터 독립하여 가족이 축소되면서 사망으로 마무리하는 것으로 설명할 수 있다. 연구자마다 용어에 있어서 차이를 보이나 일반적으로 결혼준비기, 신혼기, 자녀양육기, 자녀성장기, 은퇴준비기, 은퇴생활기 등 6단계로 구분한다.

자료: NPS 국민연금(2017).
http://news.nps.or.kr/newshome/mtnmain.php?mtnkey=articleview&mkey=scatelist&mkey2=3&aid=579

[그림 6-2] 가족생활주기에 따른 수입과 지출

위의 그림에서 보듯이 가족생활주기에 따라 가계는 소득과 지출의 불일치를 경험하게 된다. 소득과 지출수준을 가족생활주기에 따라 분석해보자. 개인이 20대의 중반에 직장생활을 시작한다고 가정하자. 직장생활의 초기에는 소득수준이 낮다가 직장경력이 증가하면서 차츰 소득이 증가하게 된다. 시간의 경과에 따라 소득수준이 점차 향상되어 대략 40대 중반에부터 최고 수준의 소득을 획득하게 되고 대략 50대 중후반부터 은퇴를 하게 되는 것이 우리나라 근로자의 일반적인 모습니다. 또한 은퇴를 한 이후에는 국민연금 및 개인연금을 수급하거나 부업을 하는 등으로 소득수준은 감소하는 경향을 보인다. 따라서 가계의 소득 수준은 시간의 경과에 따라 큰 변화를 보인다는 점이다. 한편 개인의 지출수준은 조금 다른 양상을 보이는데, 자녀를 출산하고 양육하면서 점차 높은 수준을 보이다가 자녀의 대학교육기에 가장 높은 지출수준을 보이고, 자녀의 교육기가 종결되면 다시 점차 낮아지는 경향을 보인다. 따라서 각 가족생활주기에 따른 소득과 소비지출의 불일치에 대비하여 경제생활을 영위하기 위해서는 일생에 걸친 재무관리가 필요하다.

(2) 원하는 생활양식을 유지

인간의 욕심을 무한하지만 인간이 소유할 수 있는 자원은 유한하다. 사람들은 누구나 소유하고 싶고 사고 싶은 것도 많으나 그때마다 필요한 만큼의 돈이 생기기는 쉽지 않다. 또한 사람들은 많은 것을 누리면서도 늘 부족하다고 느끼게 되는 것이다. 따라서 우리는 자신이 원하는 생활양식을 유지하거나 미래에 급전이 필요할 경우를 대비하여 자신이 갖고 있는 자산을 관리할 필요성이 있다. 효율적인 개인재무관리를 수행한다면 자신이 수립한 재무목표를 좀 더 쉽게 달성할 수 있을 것이다.

(3) 예상치 못한 불확실성에 대한 대비

우리는 때때로 예상하지 못한 일들을 경험하게 된다. 어제까지 운전하였던 차가 갑자기 시동이 안 걸릴 수도 있으며, 등교를 하다 교통사고를 당할 수 도 있다. 건강검진을 통하여 우연치 않게 질병이 발견되어 수술을 하여야 할 수도 있다. 또한 홍수, 지진과 같은 자연재해를 경험할 수도 있으며, 직장에서 해고당할 수도 있다. 이러한 일들이 미래에 발생하기를 원하지는 않지만 우리가 원하던 원하지 않던 우리의 인생에 발생할 수 있는 사건들이다. 또한 이러한 생애 사건들은 우리의 재무자원의 손실을 야기할 수 있는 일들이다. 이러한 일들에 대비하여 위하여 재무관리를 하여야 한다.

(4) 사회, 경제적 환경의 변화

우리나라는 1997년 외환위기 이전까지 은행이 개인의 주된 거래 금융기관이었다. 두 자리의 높은 확정이자는 자산증식을 위한 좋은 수단이었다. 높은 이자덕분에 개인은 다양한 금융상품을 비교할 필요가 없는 상황이었다. 예를 들어 재형저축(근로자 재산형성저축) 금리는 1980년 최고 연 41.6%까지 올라 한때는 재형저축에 5년만 돈을 넣으면 원금의 두 배가 넘는 돈을 받을 수 있었다. 또한 이러한 상품을 이용하면 아파트 분양 우선권을 주는 등의 부가 혜택도 있었다. 따라서 꾸준하게 월급을 재형저축에 입금하는 것이 목돈을 마련하는 가장 빠르고 안전한 방법이었다(조선일보, 2013).

[그림 6-3]에 의하면 (위 사진) 1979년 10월 한일은행(현 우리은행)의 재형저축 홍보 팸플릿. 금리 대폭 인상'이라는 문구와 함께 최고 연 33.1%의 이자를 지급한다고 적혀 있고 (아래 사진)에는 우리은행 대구 상인동지점 부지점장인 정해영씨의 1984년 당시 급여 명세표가 나타나 있다. 대부분의 봉급 생활자가 재형저축에 가입했었기 때문에 재형저축 불입액 칸(붉은 점선 안)이 있었다.

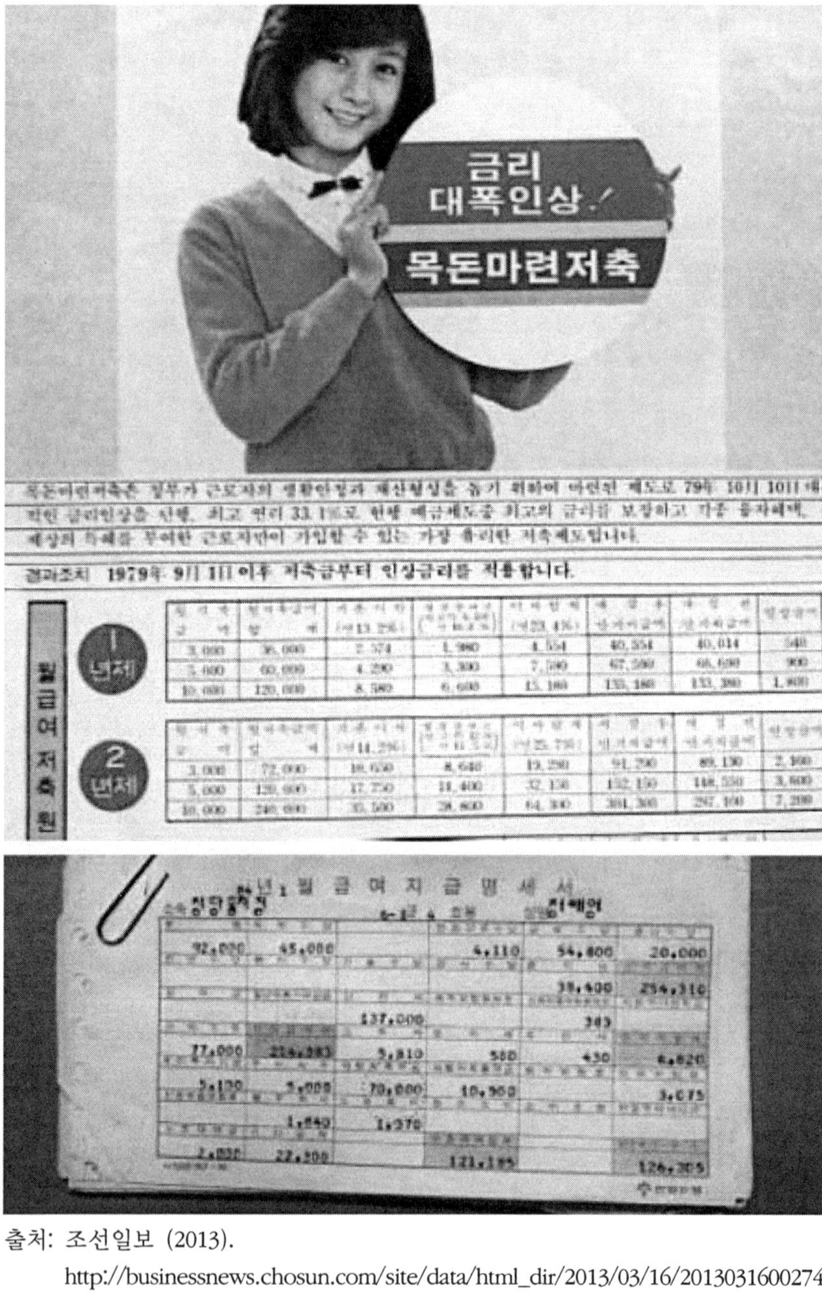

출처: 조선일보 (2013).
http://businessnews.chosun.com/site/data/html_dir/2013/03/16/2013031600274.html

[그림 6-3] 과거 재형저축 사례

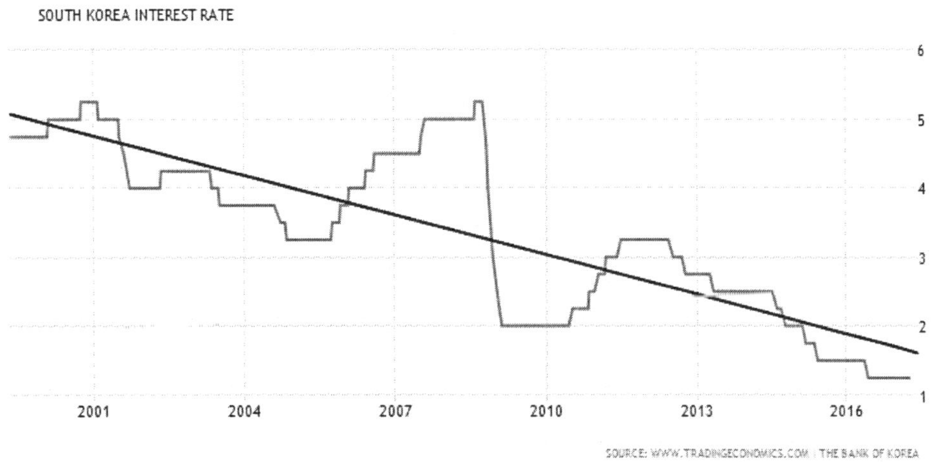

출처:Trading Economics.com(2017). http://www.tradingeconomics.com/south－korea/interest－rate

[그림 6-4] 2000년의 금리 변화

그러나 2000년대 들어 본격화된 저금리 기조로 인하여 개인 및 가계의 자산관리에 많은 변화가 발생하였다. 저금리 기조는 주식과 같은 위험자산에 대한 투자의 필요성을 가져왔으며, 투자에 대한 책임도 스스로 감수하여야 민하는 상황이 되었다. 한편 다양하고 복잡한 금융상품이 출현하게 되었다. 그러나 체계적인 금융과 경제교육을 받은 경험이 부족한 소비자들은 이러한 환경의 변화에 능동적으로 대처하는데 어려움을 겪었다. 이와 같은 금융환경의 변화는 인구구조의 변화와 더불어 가계 및 개인의 재무목표 달성과 재무적 안정을 저해하는 요인으로 지적되었다.

(5) 고령화사회[1])로 진입에 대비

현재 한국사회는 이미 고령화사회에 진입하였다. 2016년 12월 말 만 65세 이상 고령 인구(699만 5,000여명)는 사상 처음으로 만 14세 이하 유소년 인구(691만 6,000여명)를 추월하였다. 2003년 7만9000여명이던 차이는 2016년 2월 말 17만8000여명으로 늘어난 샘이다(한국경제, 2017). 한국이 고령화사회가 된 원인은 여러 가지이다. 대표적인 원인으로는 기혼자들이 현실적인 문제로 출산을 기피하는 경향과, 가족원 없이 분리독립하여 살아가는 독거노인의 증가하는 경향으로 보인다. 혼인 적령기에 해당하는 세대들이 경제적 사정이나 개인적 사정 등을 이유로 비혼[2]) 또는 만혼을 하는 경향이 높아졌기 때

1) 총인구중에서 65세 이상의 인구가 총인구의 7%이상인 사회.
2) '미혼'이라는 용어가 '결혼은 원래 해야 하는 것이나 아직 하지 않은 것'의 의미하는 경향이 있으므로 '결혼한 상태가 아님'이라는 보다 주체적인 의미로 사용되는 용어.

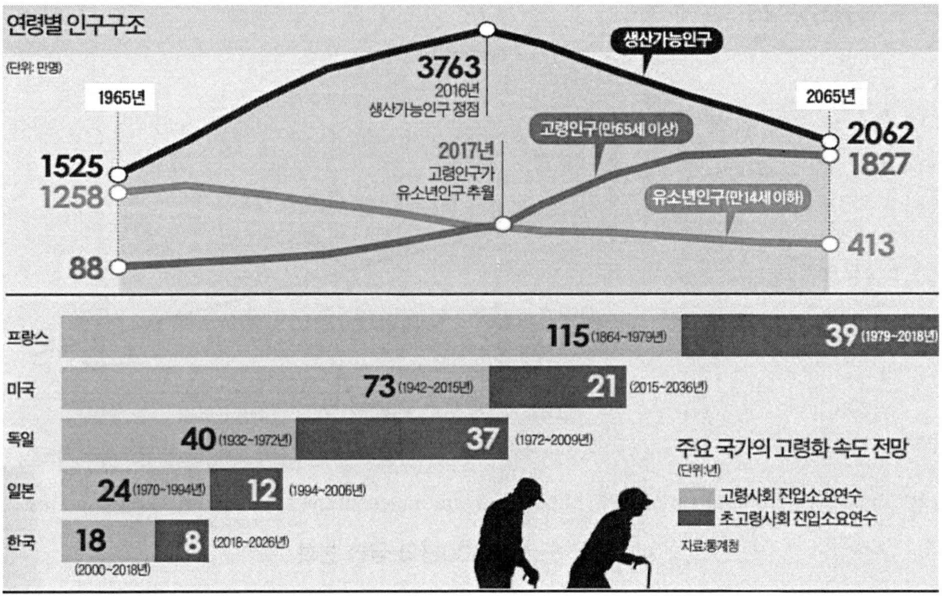

출처: 한국경제(2017). http://www.hankyung.com/news/app/newsview.php?aid=2017040609881

[그림 6-5] 고령화 사회로 진입

문이다. 이러한 세대나 가정 등이 증가하여 고령화사회에 빠르게 진입하게 된 것이다.

2015년 현재 한국인의 기대수명은 82.3세(시니어오늘, 2016)이며, 앞으로는 평균수명이 100세가 될 것이라고 전망한다. 그러나 2016년 취업포털 사람인이 기업 201개사를 대상으로 한 연구에서 현재 정년제를 운영하고 있는 경우, 규정된 정년 연령은 평균 59세로 집계되었고, 실제로 직원들이 퇴직하는 연령은 평균 51.4세로 8년 가량 빨랐다(파이낸셜뉴스, 2016). 따라서 최근의 입직시기를 고려해보고, 부모에 의존하여 살아가는 기간을 약 30년정도로 가정하고, 60세까지는 지속적으로 소득활동을 한다고 가정한다면, 30년간 벌어서 기본적인 소비지출 비용뿐 아니라 은퇴 이후 특별한 소득 없이 20~30여년의 노후생활까지 준비해야 한다고 볼 수 있다.

4) 개인재무관리의 목적

<표 6-1>에 제시된 바와 같이 각 연령대마다 주요 당면과제가 다르므로, 연령대별로 세워야 할 재무목표가 달라지게 된다. 따라서 그에 따라 적절한 재무관리방법이 요구되는 것이다.

〈표 6-1〉 연령대별 재무목표 및 재무관리 방법

연령대	주요	주요재무목표	재무관리 방법
20대 사회 초년기	졸업 취직 능력개발 결혼	결혼자금 마련 주택자금 마련 취업 후 경제적 독립	재무설계 필요성 자각 주거래 은행 선정 부채관리 중요성 자각 예산 수립 저축 계획 수립 비과세 저축가입
30대 가정 꾸미기	결혼 자녀출산 육아 교육	자동차구입 주택자금마련 출산 및 육아비용마련 자녀 교육비 마련 창업자금마련 신용카드 부채상환 비상예비자금	소비지출 계획 수립 주택청약 상품가입 보험/개인연금 가입 세제혜택 상품파악 장기저축 계획 수립
40대 자녀 성장기	자녀교육 새산형성	자녀교육자금 마련 주택확장자금 마련 자녀결혼자금 마련 노후대비자금 마련	재산증식/자산배분 점검 절세방법 점검 위험관리점김 창업상담 부채상환 상속, 증여 점검
50대 가족 성숙기	자녀결혼 노후생활 준비	자녀결혼자금 마련 자녀대학학비마련 노후대비자금 마련 의료비 마련 상속 및 증여준비	부채상환 위험관리 점검 의료비 점검 상속 및 증여 점검 제2의 인생 설계
60대 노후 생활기	노후생활 시작	은퇴 및 노후생활 상속설계 실행 사회봉사	노후자금 점검 의료비 점검 상속 및 유언 서류작성 취미활동 설계 주택규모 점검 및 설계

(1) 주택 구입 비용 마련

주택을 구입하기 위해서는 막대한 자금이 필요하다. 결혼생활을 시작할 때는 월세 혹은 전세로 시작하는 경우가 많으나 점차 생활이 안정되어 가고 자녀가 성장할수록 주택의 구입을 적극적으로 고려하여야 한다. 그러므로 장기간에 걸친 세심한 재무관리가 필요하다.

국토교통부(2015a)의 「2014년도 주거실태조사 결과」발표에 의하면 국민의 약 79.1%는 '내 집을 꼭 마련하겠다'고 생각하는 것으로 나타나 전반적으로 한국인의 주택에 대한 보유의식이 높은 것으로 나타났다. 가구주의 연령에 따라 구분하면 가구주가 40세 미만인 경우 타 연령층에 비해 보유의식이 73.3%로 낮았으나, 전반적으로 자신의 주택을 소유하고자 하는 의식이 높았다. 「2014년도 신혼부부가구 주거실태 패널조사」의 조사 결과(국토교통부, 2015b)에서도 신혼부부의 84.7%가 내 집을 꼭 마련해야 한다고 생각하여, 일반가구(79.1%)보다 주택에 대한 보유의식이 높은 것으로 나타났다.

「2014년도 신혼부부가구 주거실태 패널조사」의 조사 결과에 의하면 신혼부부가구 중 37.2%가 맞벌이를 하며, 맞벌이를 하는 가장 큰 이유는 주택비용 마련(41.2%)을 위한 것으로 나타났을 정도로 주택마련은 신혼부부들에게 있어서 주요한 재무과제라 할 수 있다(국토교통부, 2015b). 일반적으로 생애 최초로 주택을 마련하는데 소요되는 기간은 2014년 현재 6.9년이었다(국토교통부, 2015a). 즉 주택을 마련하기 위해서는 많은 금액이 필요하며 비교적 장기간에 걸쳐 주택 마련을 위한 준비가 필수적임을 알 수 있다.

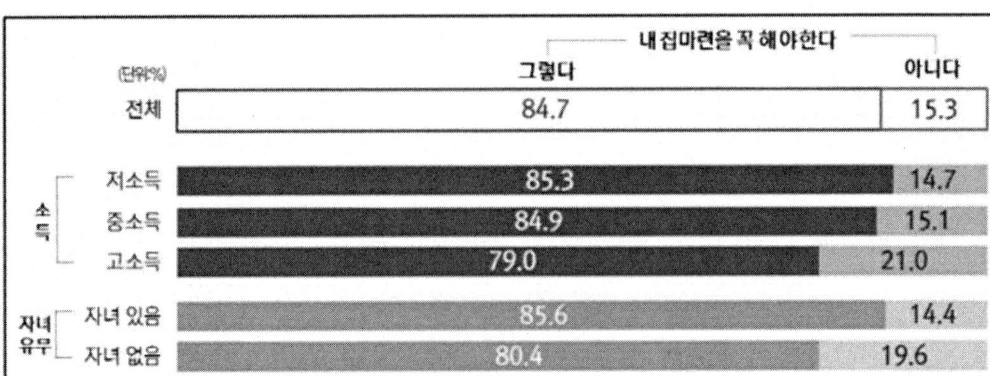

출처: 국토교통부(2015b). http://korealand.tistory.com/5008

[그림 6-6] 주택 보유의식

(2) 자녀교육비 마련

각 가정마다 생활수준의 차이는 있지만 자녀가 성장해 해나갈수록 소득의 상당부분은 자녀의 교육비로 지출하게 된다.

보건복지부와 한국보건사회연구원이 전국 18,000가구의 남녀 13,385명을 대상으로 실시한 '전국 출산력 및 가족보건복지실태 조사' 결과(김승권 외 6인, 2012)를 발표하였다. 조사 결과에 의하면 출생부터 대학 졸업까지 총 22년간 자녀 1명에게 들어가는 비용(재수, 휴학, 이학연수 비용 제외)은 총 3억 896만 4,000원으로 추산되었다. 자녀의 양육비는 월 평균 118만 9,000원이었다. 주거·광열비와 교양·오락비 등 가족 구성원 모두에 해당하는 지출 항목을 빼고 오직 자녀를 위해 쓴 식료품비와 의복, 교육비 등은 월평균 68만 7,000원으로 2003년 45만 4,000원보다 1.5배 늘었다. 이 가운데 사교육비가 약 3분의 1인 22만 8,000원으로 가장 많은 비중을 차지하였다. 시기별로는 대학교(만18~21세) 4년간 양육비가 7,708만 8,000원으로 가장 많았고, 다음이 초등학교 재학기간으로 7,596만원이었다.

이와 같은 한 가계에서 자녀가 출생한 후 10년 여년을 자녀의 교육비로 지출하다 보면 부부가 은퇴를 한 이후 소득이 단절된 시기를 위한 노후자금은 부족할 수 있다. 따라서 일반적으로 첫 지너가 대학에 들어가기 전까지 자녀에게 필요한 교육비를 마련하는 것이 바람직하다.

(3) 결혼준비비용 마련

자녀의 교육기가 끝나면 자녀는 취업을 하여 사회로 진출하게 된다. 이 경우 부모는 자녀의 경제적인 독립으로 여유가 생기기도 하지만 자녀의 결혼준비 비용을 미리 마련하는 것이 필요하다. 그렇지 않으면 자녀결혼 준비 때문에 본인의 노후준비를 소홀히 하여 은퇴이후 경제적인 면에서 어려움을 겪을 수 있기 때문이다.

결혼비용은 주택마련, 신혼여행, 하객접대, 예물, 예단 등을 어떻게 하는가에 따라 달라질 수 있지만, 대부분의 경우 관행에 크게 어긋나지 않는 정도로 지출하게 된다. 실제로 2016년 연합뉴스(연합뉴스, 2016)는 최근 2년 사이 결혼한 남성 504명과 여성 496명을 대상으로 조사한 '2016 결혼비용 실태 보고서'의 결과를 발표하였다. 이 보고서에 따르면 우리나라 신혼부부의 평균 결혼 비용은 약 2억 7천 400만원으로 나타났다. 결혼자금을 용도별로 구분해 보면 주택을 마련하기 위해 드는 비용이 1억9천174만원으로 총 결혼비용의 70%가량을 차지했고 예식장(2천 81만원)과 예물(1천 826만원)·예단(1천 832만원)·혼수용품(1천 628만원)에도 1천만 원 이상을 지출하는 것으로 나타났다. 한편 신혼

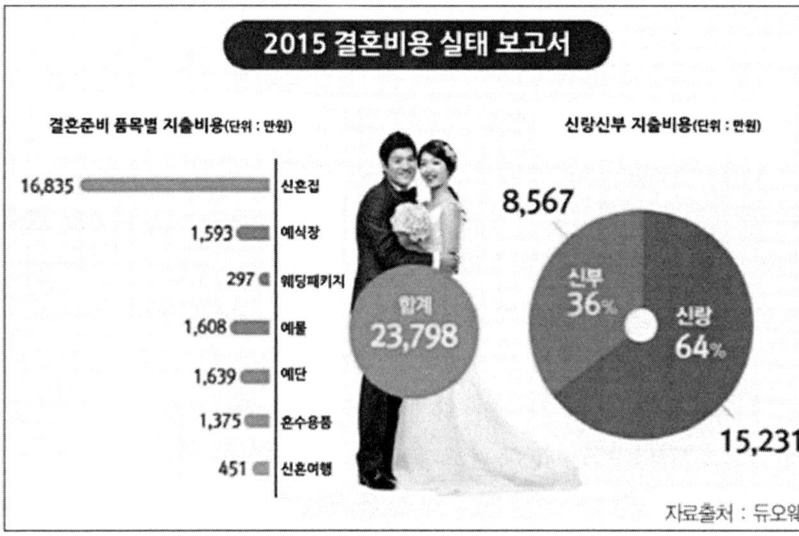

출처: 백만기의 아름다운은퇴연구소(2016).
http://blog.joins.com/media/folderlistslide.asp?uid=cafe&list_id=13823279

[그림 6-7] 결혼준비 비용

여행에는 평균 535만원, 스튜디오 촬영과 드레스·메이크업 비용 등 웨딩패키지에는 344만원을 지출하는 것으로 조사되었다. 연령별로는 20대에 결혼할 경우 2억 537만원, 30대는 1억 8천 961만원, 40대는 1억 8천 305만원으로 연령대가 낮아질수록 주택마련에 지출하는 비용이 높은 것으로 나타났다. 주택마련 자금을 제외한 결혼 비용 8천246만원 가운데는 예식장 비용이 2천 81만원(25.2%)으로 가장 큰 비율을 차지하였다. 성별로 구분해보면 전체 결혼 비용 가운데 예비신랑이 63%(1억 7천 275만원), 예비신부가 37%(1억 145만원)로 약 6 대 4의 비율로 분담하는 것으로 나타났다.

(4) 노후대비 비용 마련

전술한 바와 같이 많은 부모들이 자녀의 교육비에 막대한 지출을 하고 있다. 이렇듯 자녀의 교육비 지출로 인하여 자신의 노후를 준비 못하는 세대를 '리타이어 푸어(retire poor)'라 부른다. 은퇴 이후의 삶에 대한 관심이 높아지면서 노후 자금을 위한 관리가 필요한 것은 알고 있으나 실제로 노후준비가 되어 있지 않은 경우가 많다. 자녀를 위한 교육비 등에 지출하고 난 후에는 저축이나 투자를 할 여력이 없기 때문이다.

그렇다면 과연 은퇴이후의 삶을 영위하기 위하여 얼마가 필요한가? 은퇴 후 기간동안의 예상생활비 총액에서 은퇴 후 소득총액을 차감하면 은퇴 후 생활을 위하여 필요한 자금의 총액을 구할 수 있다. 그런데 은퇴시점까지는 짧게는 3~5년부터 길게는 30여년의 긴 시간이 남아 있을 수 있다. 따라서 그동안의 물가가 지속적으로 상승한다는 것을 고려하여야 한다. 물가의 상승은 화폐가치를 하락시키고 소비자의 실질 소득과 구매력을 저하시키므로 반드시 물가상승률을 고려하여야 한다. 금융감독원의 '통합연금포털(https://100lifeplan.fss.or.kr)'을 이용하면 현재 본인의 소득과 소비·저축을 통해 은퇴 후 사용할 수 있는 금액을 계산할 수 있다. 특히 자신이 예상하는 은퇴 시점과 본인의 예상수명, 은퇴 후 필요한 월 생활비, 본인과 배우자의 예상 퇴직금 등을 입력하면 은퇴 후 매달 사용할 수 있는 금액과 여유 정도 등에 관한 정보를 알 수 있다.(서울경제, 2017).

조사기관별 노후 적정생활비

기관	예상 적정 금액
국민연금공단	최소 174만원, 적정 237만원
경기연구원	최소 185만원, 적정 262만원
보험개발원	최소 196만원, 적정 296만원
서울시청	150만~250만원
삼성생명	208만원

※2인 기준

출처: 서울경제(2017).
http://www.sedaily.com/NewsView/1OC8TYLCAZ

[그림 6-8] 노후 적정생활비

더 생각해보기

- 20대는 부모의 그늘에서 벗어나 독립을 시작하는 시기이다. 대학에 진학하여 학업을 지속하기도 하며, 일찍 사회생활을 시작하기도 한다. 사회생화를 시작한 경우 첫 월급을 받게 되는 기쁨을 누릴 수 있다. 한편 대학생이면서도 아르바이트 등을 통하여 수입을 얻는 경우도 있다. 이렇듯 인생주기에 있어서 수입이 발생하는 첫 시기이다. 수입이 발생하면 그동안 사고 싶었던 것들을 사고 싶은 욕구가 생겨나는 것은

어찌 보면 당연한 일이다. 그동안 뒷바라지해주신 부모님께 선물을 드리고 싶다거나 친구들에게 한턱 쏘고 싶은 마음이 들 수도 있다. 또한 휴가기간 동안 해외로 배당여행을 떠나거나 그동안 갖고 싶었으나 고가여서 구입할 수 없었던 명품 브랜드의 재화 등을 구입하고 싶을 수도 있다.

- 20대에 해야 할 가장 중요한 점은 바로 재무관리 습관을 기르는 것이다. 소득의 일정부분을 저축과 투자에 이용하여야 한다. 가령 소득의 약 50% 정도를 미리 떼어 소비지출이 아닌 저축 및 투자에 지출하는 것이다. 그리고 남은 소득을 이용하여 소비지출에 이용하는 것이다. 그러나 전술한 대로 소득이 발생하기 시작하면서 많은 소비욕구에 직면하게 된다.
- 최근행동경제학[3]에서는 이를 위한 하나의 방법을 제시하고 있다. 바로 소비자들에게 자기 통제를 위한 행동 장치(commitment device)를 제공하는 것이다. 일반적으로 'commitment'는 '몰입' 혹은 '전념' 정도로 한국어로 표현할 수 있는데 사전적 용어로 표현하자면 전력을 다하는 일이나 적극적인 관여라고 표현할 수 있다. 그러나 경제학에서는 몇 개의 대안들을 포기함으로써 자신의 행동에 변화를 일으키려는 행위라고 설명한다. 예를 들어 월급을 받은 후 소비지출을 하여 남는 금액을 저축하기로 하였다고 가정하자. 대부분의 경우 소비지출의 양은 매달 다를 수 있으며, 소비욕구를 다스리기 힘들기 때문에 저축과 투자는 생각보다 쉽지 않다. 이러한 경우라면 다음의 상황을 생각해 볼 수 있다. 우선 직장에서 임금이 지불되면 자동이체를 통하여 소득의 일정부분을 바로 저축으로 들게 하여, 처음부터 그만큼의 소득은 없었던 것처럼 여기고 그 한도 내에서 재화나 서비스의 구입을 위한 지출을 하는 것이다.
- 과연 그렇다면 20대의 소비자들은 어떻게 소비욕구를 다스리고 저축과 투자를 할 수 있을까? 개인적으로 실천할 수 있는 방법을 구체적으로 생각해보자.

2. 단계별 개인재무관리

1) 1단계 : 재무상태의 파악

재무관리를 하기 위해서는 우선 자신의 재무상태를 파악하는 것이 필요하다. 첫 단계는 현재재무상태가 어떠한지, 문제점은 무엇인지 파악하는 것으로부터 시작한다. 이를 위하여 가계의 재무재표를 작성하여야 한다. 대표적인 가계의 재무재표는 '자산부채상태표'와 '현금흐름표'가 있다. 이에 대해서 알아보자.

(1) 자산부채상태표

자산부채상태표는 특정시점에서 가계의 자산, 부채, 순자산 등을 한눈에 보여준다. 쉽게 말해 자산부채상태표는 일정시점에서 가계가 소유한 것과 빚진 것을 나타내 주는 표이다. 이 표는 일반적으로 6개월이나 1년에 한 번씩 작성한다. 월급을 받는 직장인의

3) 인간의 실제 행동을 심리학, 사회학, 생리학적 견지에서 바라보고 그로 인한 결과를 규명하려는 경제학의 한 분야 (한경닷컴, 2016).

경우라면 연말정산을 실시할 때 본인의 금융재산에 대한 자료를 모아서 분석하고, 개인사업자의 경우는 부가가치세를 신고할 때 작성해 보는 것이 좋다. 자산부채상태표를 작성함으로써 현재 자산과 부채의 내용을 파악하고 재무목표에 따라 적정한 금액이 적립되고 있는지, 과도한 부채는 없는지 등을 판단할 수가 있다.

자산부채상태표는 개인마다 다양한 형식으로 만들 수 있지만 먼저 작성 시점(예: 2016년 12월 31일)의 자산과 부채를 조사한다. 보통 T자를 그린 후 왼쪽에 자산을 모두 열거하고 총액을 구한다. 오른쪽에는 부채를 모두 열기하고 부채의 총액을 구한다.

① 자산

자산은 일반적으로 현금성 자산, 투자자산, 개인사용자산 등으로 나뉜다. 현금성 자산은 신속하게 현금으로 전환할 수 있으며 위험부담이 낮은 자산이다. 요구불예금, MMDA, MMF, CMA, 투자목적의 자산 중 만기가 6개월 미만인 항목 등이 있다. 금융자산은 기존에 가입하고 있는 모든 종류의 예금과 직접 투자하고 있는 주식, 채권, 펀드 등을 평가일 시점의 금액으로 표시한다. 투자자산으로는 만기가 6개월 이상인 CD, 채권, 주식, 부동산, 미술품, 개인연금 평가액 및 기타투자자산등을 표시한다. 개인사용자산은 개인의 사용을 목적으로 하는 자산으로, 개인이 거주하는 주택, 사용 중인 자동차, 보트, 회원권 등을 들 수 있다.

자산의 분류 시 주의할 점은 자산의 분류가 각 자산이 가지고 있는 목적에 의해 분류되어야 한다는 점이다. 예를 들어 개인이 보유하고 있는 미술품이 집에 장식을 위함이라면 개인사용자산으로 분류하여야 하며, 투자를 위하여 보유하고 있다면 투자자산으로 분류하여야 한다. 또한 아파트의 경우, 투자자산으로 분류할 수도 있으나 적극적인 투자 수단이 아닌 실제로 거주의 목적으로 사용되는 경우 개인사용자산으로 분류하여야 한다. 기타자산은 분류하기 모호한 자산이며, 주석을 통해 설명하도록 한다.

② 부채

부채의 경우 기준날짜의 원금잔액은 부채금액으로 간주되며, 만일 가계가 상환 기일에 원금 상환을 이행하지 않는다면 그 금액은 연체가 되고 따라서 연체이자가 발생하므로 그 이자 또한 원금 잔액에 추가하여야 한다.

③ 순자산

순자산은 자산의 총합계에서 부채의 합계를 뺀 것이다. 이 순자산이 진정한 의미의 가계의 자산이라고 할 수 있다. 순자산이 증가한다는 것은 재무상황이 호전되고 있다는 것을 의미한다.

〈표 6-2〉 자산부채상태표(2016년 12월 31일 현재)

자산 (단위 : 천원)			부채 (단위 :천원)		
현금/예적금	당좌계좌	5,000	대출	무담보대출	0
	적금	100		담보대출	0
금융자산	청약저축	3,600	부채 계		0
	연금자산	4,200			
부동산	전세보증금	75,000	순자산		87,900
총자산		87,900			

이렇게 자산부채상태표를 작성해 보면 가계의 재무상태를 파악할 수 있으며 해마다 순자산의 변화 정도를 파악할 수 있다. 그러나 순자산 변화의 원인이 되는 상황들은 개인의 현금흐름표를 통하여 파악할 수 있다.

(2) 현금흐름표

현금흐름표는 일정기간 가계의 현금유입과 현금유출을 나타낸 표이다. 쉽게 말해 현금흐름표는 일정기간 가계에 들어오고 나간 돈을 나타내 주는 표이다. 현금흐름표는 대부분 1년을 단위로 하는 경우가 많다. 이 표 작성함으로써 작성자는 자계의 수입과 지출의 내용을 파악할 수 있다. 현금흐름표의 형식 또한 특별히 정해진 것은 없으나 보통 T자를 그린 후 좌측에는 유입액 우측에는 유출을 기입한다. 이 표를 작성함으로써 일정기간동안 돈이 어디에서 들어와서 어디로 지출되었는가를 한눈에 확인할 수 있으며 수입 대비 지출이 적정한지 여부를 확인할 수 있다. 현금흐름표상 어떤 수입이나 지출을 명확하게 할 필요가 있을 때 주석을 통해 표시한다.

① 유입(inflows)

유입은 두 가지로 나뉠 수 있다. 첫 번째는 개인의 급여, 사업소득, 이자수입 및 배당금, 임대소득 등 개인이 수령한 모든 소득을 포함한다. 두 번째는 예금을 인출한 금액이나 대출 입금액 등과 같은 내역이다. 투자자산을 정리하여 현금이 유입된 경우도 현금흐름표의 유입에 해당된다. 주의해야 할 점은 소득 뿐 아니라 일정 기간 동안 가계에 들어오는 모든 현금을 기록해야 한다는 점이다.

② 유출(outflows)

유출란에는 저축과 투자, 고정지출과 변동지출 내역이 포함되어야 한다. 고정지출은 한번 정해지면 거의 변하지 않는 지출이다. 일반적으로 고정지출 내역에는 주택관리비, 월세, 대출 상환금, 공과금, 보험료 등이 포함된다. 변동지출이란 매달 고정적으로 지출하지 않고, 지출 금액이 확정되지 않는 지출을 의미한다. 식비, 교통비, 피복비, 접대비 등과 같이 어느 정도 조정할 수 있는 비용을 포함한다.

〈표 6-3〉 현금흐름표

현금의 유입	단위 (천원)	현금의 유출	단위 (선원)
분류	금액	분류	금액
근로소득	급여(40,000) 보너스(4,000)	고정지출	세금(5,500) 부채상환금(20,000) 관리비(2,400)
재산소득	이자(500) 배당금(700)	변동지출	식료품(3560) 사교육비(6000) 교양오락비(2400) 교통통신비(4200) 기타(7000)
기타소득	강의료(2,000)	저축 및 투자	정기예금(7,000) 적립직 투자(6,000)
저축 및 투자	대출금(15,000) 적금해약 (5,000)	기타	미확인유출 (3,140)
총유입	67,200	총유출	67,200

〈표 6-4〉 자산부채상태표와 현금흐름표 비교

	자산부채상태표	현금흐름표
구성	자산, 부채, 순자산	현금유입, 현금유출
의미	일정시점의 가계의 자산, 부채, 순자산의 상태를 보여줌	일정기간 동안의 개인 및 가계의 현금유출입 현황을 보여줌
내용	• 재무상태 변동의 결과를 파악할 수 있음 • 자산 및 부채의 규모를 파악할 수 있음	• 재무상태 변동의 원인 • 총소득과 총지출의 규모를 통하여 저축 및 투자를 파악할 수 있음
세부구성	자산 1. 현금및현금등가물 2. 금융투자자산 3. 개인사용자산 부채 1.신용부채 2.담보부채	현금유입 1. 총소득 2. 저축및투자 현금유출 1. 저축및투자 2. 고정지출 3. 변동지출

2) 2단계 : 재무목표를 설정한다.

재무목표는 개인의 목표뿐만 아니라 가족 공통의 목표를 포함하며, 단기재무목표, 중기재무목표와 장기재무목표를 포함하여야 한다. 일반적으로 단기재무목표는 6개월~1년, 길어도 3년 안에 달성해야 할 목표로 비상자금마련, 재화 구입비 마련, 여행경비 마련 등 자신이 단기간에 달성하기 위하여 세우는 목표이다. 이러한 목표를 달성하기 위해서는 일정한 기간 모든 소비욕구를 자제하면서 달성하겠다는 분명한 의지가 있어야 한다. 중기재무목표는 1~5년 사이에 달성할 수 있는 목표이다. 예를 들어 청약통장가입으로 1순위를 확보하거나, 결혼자금마련, 자가용 구입자금마련, 어학연수와 같은 자기 개발을 위한 자금마련, 기타 목적자금 마련을 위하여 금융상품에 가입하는 것을 들 수 있다. 장기재무목표는 5~10년 사이에 달성할 목표로 비교적 장기간에 걸쳐 달성할 수 있는 목표다. 장기목표의 예로는 주택마련을 위한 자금 마련, 자녀 결혼자금 마련, 노후생활비 마련 등이 있으며, 10년 이상 유지해야만 혜택을 볼 수 있는 연금상품 가입 등이 여기에 해당된다고 할 수 있다.

재무목표는 다음과 같이 설정하도록 한다.

① 실현가능하도록 재무목표를 구체적으로 설정하여야 한다. 예를 들어 단순하게 '은퇴 후에 편안하게 살고싶다', '어학연수 자금을 마련하고 싶다'와 같이 추상적으로 재무목표를 설정해서는 안되며, '미국에서 3개월간 어학연수를 위한 자금 마련', '3,000cc 자가용 구입을 위한 자금 마련', '주택마련을 위한 부채의 상환'과 같이 구체적으로 정한다.

② 달성하기를 원하는 액수를 정한다. 위 사례의 경우 '미국 어학연수를 위하여 600만원 모으기', '3,000cc 자가용 구입을 위한 자금 마련 2,500만원 모으기', '주택마련을 위한 부채의 절반인 1억원 상환하기' 와 같이 설정하여야 한다.

③ 목표를 언제까지 달성할 것인가를 명확하게 정한다. 몇 주, 몇 월, 몇 년에 걸쳐서 달성할 수 있는 목표인지를 결정하도록 한다. 위 사례의 경우 '미국 어학연수를 위하여 지금으로부터 1년간 600만원 모으기', '지금으로부터 4년간 3,000cc 자가용 구입을 위한 자금 마련 2,500만원 모으기', '지금으로부터 10년간 주택마련을 위한 부채의 절반인 1억원 상환하기'와 같이 설정할 수 있다.

④ 목표의 우선순위를 결정한다. 예산 제약이 존재하는 상황에서 재무목표를 달성해야 하므로 재무목표를 달성하기 위해서는 중요도에 따라서 재무목표를 중요성에 따라 순서를 정해야 한다. 목돈이 필요한 경우라면 가족 간 상의를 통하여 재무목표의 우

선순위를 정하는 것이 필요하다.

⑤ 목돈이 필요한 목표는 쉽게 실행할 수 있는 여러 개의 작은 목표로 나눈다. 또한 장기목표를 달성하기 위해서는 여러 개의 단기 목표를 설정하여 달성하도록 한다. 위 사례의 경우 '미국 어학연수를 위하여 지금으로부터 1년간 600만원 모으기' 대신 '미국 어학연수를 위하여 지금으로부터 1년간 매달 50만원씩 모으기'와 같이 설정할 수 있다.

3) 3단계 : 재무목표를 어떻게 달성할지에 대한 재무계획을 설정한다.

재무계획은 재무목표 달성을 위해 필요한 자금을 어떠한 방식으로 마련할지에 대한 계획이라고 할 수 있다. 즉, 재무목표를 달성하기 위해 얼마의 자금을, 언제까지, 어떻게 마련하겠다는 계획을 의미한다. 가령 '미국 어학연수를 위하여 지금으로부터 매달 50만원씩 적금통장에 입금하기'와 같이 계획을 수립하는 식이다.

4) 4단계 : 재무계획을 실행한다.

재무계획의 지속적인 실행하기 위해서는 다른 곳에 돈을 지출하지 않고 미리 설정한 재무계획에 따라 지출하는 등의 철저한 자기통제가 필요하다. 실행의지가 없는 재무계획은 달성되기 어렵다.

5) 5단계 : 재무계획을 검토하여 수정한다.

개인이 처해있는 상황이 변화면 기존에 수립한 재무계획을 검토하여 수정하여야 한다. 가령 가계의 수입 변화, 결혼, 출산, 가족원의 질병, 사고 등 개인적 상황의 변화는 재무계획의 변화를 필요로 한다. 따라서 이러한 변화를 재무계획에 반영하기 위하여 재무계획을 정기적으로 점검하는 것이 필요하다.

3. 주제별 개인재무관리

본 장에서는 개인재무관리를 주제별로 나누어 소개한다. 특히 자금관리, 신용관리, 투자관리로 나누어 각각의 의미, 특징, 방법 등에 관하여 소개하고자 한다.

1) 자금관리

일반적으로 가계는 가계가 이미 형성한 자산, 가계로 유입되는 소득, 타인이나 금융기관으로부터 차용한 부채 등으로 경제생활을 운영하며, 효율적인 자금관리를 통하여 가계의 재무목표를 달성하게 된다. 이러한 기본적 원리에도 불구하고 많은 사람들의 경우 미래에 대해 막연한 불안감을 갖고 있으면서도 쓰고 남은 돈으로 저축을 하려는 경향이 있다(한겨레, 2005). 자금관리의 기본적인 원리는 수입의 일부는 현재의 단기적 소비를 위해 즉각적으로 이용될 수 있는 형태로 보관하며, 나머지는 미래의 소비를 위해 저축을 하는 것이다(이기춘 외 5인, 2009). 이렇듯 일단 저축부터 하고 남은 돈으로 생활을 해야 한다는 이야기를 자주 들으면서도 실천하지 못하는 이유는 무엇인가. 많은 사람들이 습관적이고 충동적으로 지출하고 있기 때문이다.

개인의 재무관리를 보다 효율적으로 하기 위해서는 소비예산부터 철저하게 세워야 한다. 그러려면 이전의 소비습관을 전제로 해서는 안된다(한겨레, 2005). 미래 재무목표들을 달성할 만한 저축재원을 떼어놓고 체계적으로 수립된 예산안에 맞추어 합리적인 수입과 지출관리를 하여야 하며, 자동차, 주택과 같은 내구재의 구매를 위한 시기와 방법을 고려하여야 한다. 미래에 있어 실질적인 구매력은 물가가 상승함에 따라 내려가는 것이 일반적이다. 따라서 미래의 소비를 위해 저축을 하려면 인플레이션에 대비하여 구매력을 유지할 수 있는 수단을 이용해야 한다.

2) 신용관리

(1) 신용의 정의

다양한 재무목표를 달성하는 과정에서는 현재의 소득이나 자산보다 더 많은 금액을 지출해야 하는 경우가 존재한다. 이때 타인이나 금융회사로부터 도움을 받아야 하는 상황이 발생하기도 한다. 이것은 미래에 상환할 것을 약정하고 타인이나 금융회사 등으로부터 자금을 빌리는 행위로 이어지는데 이것을 '신용의 사용'이라고 한다.

일상생활에서 '신용(credit)'이란 용어는 신뢰, 믿음, 약속 등을 의미하지만, 경제활동에서는 '신용'이란 미래 일정 시점에 상환할 것을 약속하고 돈을 빌려 쓰거나, 재화나 서비스를 미리 구입할 수 있는 능력을 의미하며, 미래에 대가를 지불할 것을 약속하고 현시점에서 현금, 재화 혹은 서비스를 제공받기로 하는 일종의 계약 행위이다(한국 AFPK, 2017). 이는 신뢰를 바탕으로 이루어진다. 신용이 좋다는 것은 빌려 쓴 돈 등을 정해진 기한 내에 상환할 수 있는 능력이 있다는 것을 의미한다. 신용을 제공한 측의 입장에서는 신용이라는 용어가 사용되지만 신용을 이용하는 입장에서는 신용을 통해 채무가 된다.

신용은 '소비자신용'이라는 용어로 구분되기도 한다. '소비자 신용'은 소비자가 자신의 신용을 담보로 미래의 소득을 앞당겨 쓰는 것을 의미한다. 개인이나 가계의 소비행동과 관련하여 신용이 사용되는 것을 말한다. 기업이 아닌 개인이나 가계의 소비행위와 관련되어 신용이 사용되는 경우를 일컫는다.

(2) 신용사용의 이유

소비자들이 신용을 사용하게 되는 이유는 다양하다. 신용이 있는 경제주체는 시간의 제약을 뛰어넘어 소비를 할 수 있다. 즉 신용을 이용함으로써 현재 현금이 없는 사람도 재화나 서비스를 구입하는 등 시간적 측면에서 보면 신용을 통하여 미래의 구매능력을 현재로 앞당겨 현재의 구매력을 증진시킬 수 있다는 것이다. 우리는 살면서 결혼, 출산, 질병, 주택마련, 자녀결혼 등 생애주기마다 목돈이 한꺼번에 필요한 순간을 경험하게 된다. 그러한 순간에 신용을 이용하여 미래의 소득을 현재로 앞당겨 쓸 수 있다면, 급전이 필요한 상황에 대비할 수 있을 것이다. 또한 부채를 상환하기 위해서, 비상사태의 발생 등으로 신용을 사용할 수 있을 것이다. 한편 신용을 사용하면 금리 변동 및 인플레이션에 대처하여 소득 및 자산을 보호할 수 있다. 금리가 상승할 때 현재의 낮은 금리를 적용한 장기대출을 받고 인플레이션이 높을 때 대출을 받아 미리 구매함으로써 이득을 얻을 수 있다. 예를 들어 현재 구입하여야 하는 고액의 재화가 있다거나 주택을 마련할 때 금리인상이나 높은 인플레이션 변동이 예상되면 현재의 낮은 고정금리로 장기대출을 받아 미리 구입할 수 있나년 경제적으로 이득을 볼 수 있다.

시장조사전문기업 트렌드모니터(앰브레인트렌드모니터, 2015)는 2015년 전국 만 19세 이상 성인남녀 1,000명을 대상으로 화폐활용 및 현금영수증 발급에 대한 설문조사에 대한 결과를 발표하였다. 조사 결과 소비자들이 일상생활에서 주로 이용하는 결제수단은 주로 현금(71% 중복응답)과 신용카드(65.3%), 체크카드 및 직불카드(60.1%)로 나타나 신용을 이용한 재화나 서비스의 구매가 빈번함을 알 수 있다.

특히 신용카드의 경우라면 편리성이라는 장점을 빼놓을 수 없다. 신용카드를 이용하면 현금소지의 가능성을 대폭 줄여준다. 가령 해외여행을 가게 될 경우 신용카드를 사용하면 현금 100만원 혹은 수표 등을 소지할 필요성을 대폭 줄여주므로 혹시 소매치기를 당하지 않을까 걱정할 필요 없이 신용카드로 간편하게 물건을 사거나 급전을 이용할 수 있다. 또한 소비자 자신의 신용을 보증하는 하나의 증표로서 작용할 수 있다는 점이다. [그림 6-9]를 보면 소비자들이 신용카드를 결제수단으로 사용하는 이유를 알 수 있는데 각종할인혜택이나 공제혜택을 받기 위한 것이 가장 큰 이유였다. 두 번째 이유는 현금을 보유하지 않아도 되는 점이었으며, 그 외 이유는 마일리지 거래 및 할부거래가 가능하기 때문인 것으로 나타났다.

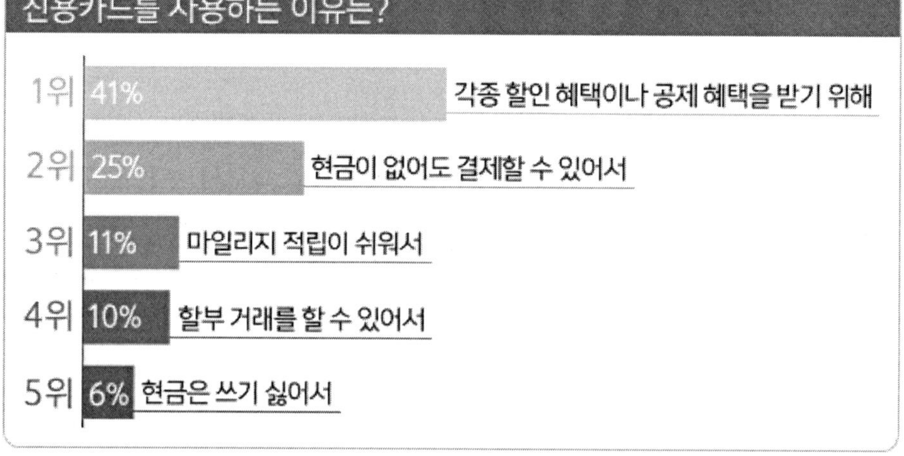

출처: 한화생명(2013). http://www.lifentalk.com/346

[그림 6-9] 신용카드를 사용하는 이유

(3) 신용의 종류

신용은 자금을 빌려주는 주체와 방법 등에 따라 종류가 달라진다. 우선 소비자 신용이 현금으로 주어지는지에 따라 '소비자 금융'과 '신용판매'로 나뉜다. 여기서 '소비자 금융'은 금융회사에서 현금을 직접 제공해주는 신용이다. 이것은 일반 가계대출을 의미하며, 금융회사에서 일반 소비자들에게 자금을 빌려주고 미래 정해진 시기에 빌려준 자금에 대한 지불이행을 약속받는 것이다. '소비자 금융' 중에서 신용을 이용할 때 담보를 요구하기도 하는데 이러한 대출은 '담보대출'이라고 하며, 담보가 없이 빌리는 사람을 믿고 빌려주는 대출은 '신용대출'(비담보대출)이라고 한다. 또한 제도권 금융기관을 이용하는 경우(공금융대출)와 사금융을 이용하는 경우(사금융대출)등으로 나뉠 수 있다.

또한 '신용판매'는 판매업자가 소비자를 대상으로 하여 신용을 담보로 재화나 서비스를 미리 판매하고 그에 대한 대가는 일정기간이 후에 지급 받는 방법이다. 일종의 외상 구매라고 할 수 있다. 신용카드할부판매, 할부금융 등이 이에 해당된다고 볼 수 있다(금융위원회, 2012).

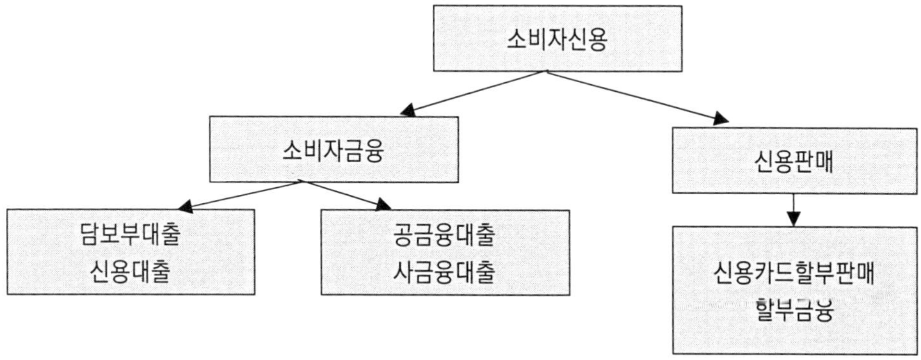

출처: 한국 AFPK(2017).

[그림 6-8] 소비자 신용의 종류

(4) 신용관리의 필요성

전술한 바와 같이 소비자가 신용을 이용하면 미래의 소득을 현재로 앞당겨 쓸 수 있다. 따라서 급하게 금전이 필요한 상황에 대비할 수 있으며, 신용카드를 이용하면 현금소지의 가능성을 대폭 줄여준다.

반면, 신용을 사용하면 그에 따르는 대가가 존재한다. 소비자 신용을 사용하게 되면 미래에 원금을 상환하여야 하기 때문에 미래의 소비지출 여력을 감소시킬 수 있다. 또한 미래의 소득을 앞당겨 쓰는 댓가로 이자, 수수료 또는 보험료 등의 비용을 지불하여야 한다. 신용을 사용하면 당장의 현금을 사용하지 않으므로 과소비를 할 가능성이 높아져 가계가 감당할 수 없는 수준의 부채를 질 수 있다. 따라서 신용관리를 제대로 하지 않으면 채무불이행자로 전락할 수 있다. 더 나아가 이러한 개인들이 증가하게 되면 가정이 파탄에 이를 수 있으며 부실채권의 증가로 인한 금융기관에도 악영향을 미칠 수 있다.

실제로 최근 신용사용에 있어서 문제를 갖고 있는 개인이 증가하고 있다. <표 6-5>에서 보듯이 2014년도 20대 청년의 워크아웃 신청자는 8,090명이었으나, 2016년 1만1102명으로 증가하며 약 37%의 증가율을 보였다. 저금리 기조 속에 30대와 40대의 연령대에서 각각 9%, 6% 증가한 것으로 나타났다. 이러한 이유 중 하나는 20대 소비자들은 신용실적이 없는 경우가 많아 대출자금이 필요할 경우 제2 혹은 제3금융권을 이용하여야 대출을 받을 수밖에 없어서 일 수 있다. 이로 인하여 학자금이나 생활비 등으로 사용하려고 차용한 부채의 금리 부담이 커 상환이 어렵고, 신용불량자가 되었을 가능성이 크다고 할 수 있다(이뉴스투데이, 2017).

〈표 6-5〉 연령별 워크아웃[4] 신청 수

(단위: 건, %)

구분	'14년	'15년	'16년	증가율
20대	8,090	9,519	11,102	37%
30대	24,967	25,995	27,238	9%
40대	28,285	29,485	30,047	6%
50대	17,962	19,436	20,103	12%
60대 이상	5,864	7,085	7,829	34%
합계	85,168	91,520	96,319	13%

출처: 이뉴스투데이(2017). http://www.enewstoday.co.kr/news/articleView.html?idxno=1006753

(5) 신용등급

신용도란 개인이 돈을 빌려갈 때 얼마나 잘 상환할 수 있는가하는 것이다(박병률, 2014). 신용은 한 사람의 상환능력을 평가하는 중요한 수단이고, 중요한 자산이 된다. 실제로 개인의 신용등급에 따라 돈을 빌릴 수 있는 대출한도금액, 대출금리 등이 달라진다. 신용도가 좋은 것으로 인정받으면 은행에서 돈을 싸고 쉽게 빌릴 수 있지만 신용이 나쁘면 돈을 아예 빌리지 못하거나 비싼 이자를 감당해야 한다. 반면 신용등급을 잘 관리하면 급전이 필요할 때 보증이나 담보 없이도 필요한 돈을 빌릴 수 있고 적은 이자만 내고도 돈을 빌릴 수 있어 도움이 된다(한국은행, 2014). 따라서 좋은 신용기록을 쌓아서 신용등급을 높이도록 하여야 한다.

신용과 관련하여 흔히 등장하는 용어는 바로 '신용등급'이다. '신용등급'은 신용과 관계된 개인의 각종 정보를 종합하여 계산한 신용의 정도를 등급화하여 나타낸 것이다(한국은행, 2014). 신용등급은 한 사람의 신용 수준을 보여주는 지표다. 지난해 기준으로 4,400만명 가량이 신용등급을 갖고 있다. 국민 대부분이 자신의 신용등급을 갖고 있는 셈이다(경향신문, 2016).

4) 개인 워크아웃제도는 "개인 워크아웃이란 개인이 법원에 파산신청을 내기 전에 채무를 일부 탕감해 주거나 만기를 연장해 개인에게 신용회복의 기회를 주는 제도이다. 은행이나 신용카드사에서 많은 돈을 빌린 후 갚지 못해 신용불량자가 된 개인이 법원에 파산신청을 내기 전에 채권단협의회를 열어 채무를 일부 탕감해 주고, 만기를 연장해 줌으로써 개인에게 신용 회복의 기회를 주기 위해 도입된 제도이지요. 신용회복복지제도라고도 하는데, 빚을 갚을 의지가 있으나 여력이 없는 사람들을 구제할 목적으로 2002년 11월부터 시행"되었다(금융위원회, 2012).

〈표 6-6〉 신용등급의 의미 및 특징

등급	구분	의미특징
1~2등급	최우량등급	오랜 기간 신용거래 경력을 보유하고 있으며 다양하고 우량한 신용거래 실적을 보유함. 부실화가능성이 매우 낮음.
3~4등급	우량등급	활발한 신요거래는 없지만 꾸준하게 우량거래를 계속하면 최우량등급으로 진입이 가능한 수준. 부실화가능성이 낮음
5~6등급	일반등급	수로 저신용 업체와 거래가 있는 경우. 단기연체 경험이 있음. 부실화가능성은 일반 수준. 신용관리에 주의가 필요함.
7~8등급	주의등급	주로 저신용 업체와 거래가 많은 경우. 단기연체 경험이 많음. 단기적 신용로 하락 예상.
9~10등급	위험등급	현재 연체 중이거나 매우 심각한 경험을 보유. 부실화가능성이 매우 높음.

출처: 한국경제(2011). http://www.hankyung.com/news/app/newsview.php?aid=2011040421671

신용등급의 등급별 의미와 특징을 <표 6-6>에 제시하였다. 신용등급은 1등급부터 10등급까지 나뉘는데 1등급으로 갈수록 신용이 높으며, 1~2등급의 경우 '최우량등급'으로 분류된다. 등급이 내려갈수록 신용도가 낮아지는 것을 의미하며, 9~10등급인 경우 '위험등급'으로 분류된다. 일반적으로 6등급 이하의 경우는 은행대출 등에 어려움이 있을 수 있다(한국은행, 2014).

개인의 신용등급을 계산하기 위해서는 여러 가지 정보가 이용된다. 구체적으로는 이름, 주소, 전화번호와 같은 개인식별정보, 가계당좌예금 개설 여부 대출 정보, 채무보증 내역 및 채무조정 내역, 신용카드 발급 및 해지 정보, 연체정보, 부도정보, 금융질서문란정보 등 개인의 신용정도를 판단할 수 있는 다양한 금융거래 관련 정보가 필요하다.

신용등급을 높이기 위해서 한국은행(2014)은 <신용관리에 대해 알아야 할 5가지>를 통하여 다음의 사항을 제시하고 있다.

• 신용을 사용할 때는 꼭 필요한 것인지 신중하게 생각해 보고, 자신의 능력으로 추후 상환할 수 있는지를 따져보아야 한다. 자신의 소득이나 능력을 넘어서는 큰

금액을 카드로 쓰거나 과도하게 대출받지 않아야 한다.

- 소득이 없거나 일정하지 않은 경우에는 본인의 예금 한도 내에서 소비할 수 있도록 신용카드 대신 체크카드를 사용하도록 한다.
- 금융기관 등이 신용을 평가할 때 가장 중요하게 생각하는 요소가 연체정보이므로 신용을 이용하여 거래를 한 후에는 상환 연체를 하지 않도록 조심하여야 한다. 청구서가 도착하지 않아 결제일에 결제를 하지 않거나 무심코 연체를 할 가능성이 있으므로 가급적이면 자동이체 납부를 이용한다. 그리고 주소 및 연락처 변경 시 조처를 취하여 요금청구서를 받을 수 있도록 한다.
- 대부분 금융회사는 동일한 금융회사와의 거래실적이 많은 개인의 신용도를 높이 평가한다. 신용거래 실적이 많을수록 다양한 우대혜택도 준다. 따라서 주거래은행을 정하여 예금 및 대출 등의 금융상품을 이용하는 것뿐 아니라 급여이체나 각종 공과금, 카드대금 등의 결제를 주거래은행을 통하도록 한다.
- 신용카드는 자신에게 꼭 필요하면서 거래실적이 좋고 기간이 오래된 카드로 한 장에서 두 장 정도만 사용하고 현금서비스는 긴급한 경우에만 사용하도록 한다.
- 자신의 신용정보를 주기적으로 확인하여 꼼꼼히 점검하도록 한다. 본인의 신용거래 정보가 제대로 등록되어 있는지, 자신이 모르는 거래가 존재하지는 않는지, 잘못된 정보는 없는지를 확인한다.
- 신용등급과 신용점수는 나이스 평가정보에서 운영하는 마이크레딧(www.mycredit.co.kr) 홈페이지 또는 KCB(코리아크레딧뷰로)에서 운영하는 올크레딧(www.allcredit.co.kr) 홈페이지 등에서 '전 국민 무료 신용조회' 메뉴를 통해 4개월마다 1회씩 무료로 조회할 수 있다.

3) 투자관리

(1) 투자의 정의

투자는 이익을 얻기 위하여 자본이나 자금을 사용하는 것이다. 흔히 저축과 투자를 같은 개념으로 보기도 하지만, 저축과 투자에는 차이점이 존재한다. 저축은 간단히 말해 "아껴서 돈을 모은다"의 개념이다. 반면, 투자는 "미래에 수익이 날 가능성을 믿고 자금을 투하한다"는 개념으로 수익이 날 수도 있고 손실이 날 수도 있는 위험(불확실성)이 존재한다. 확정된 이자율의 보장을 받는 저축과 달리, 투자의 경우는 불확실성이 수반된 수익률이 발생한다. 여기서 수익률이란 내가 투자한 돈으로 얼마의 수익을 올렸나를 의미한다. 이 수익은 예상대로 발생한다는 보장이 없기 때문에 불확실성이 존재하게 되는 것이다. 대표적인 저축상품으로는 예금, 적금, 지급액이 확정된 보험 및 연금이 있다. 대표적인 투자상품으로는 주식, 채권, 파생상품 등을 들 수 있다. 따라서 투자를 시작하기 위해서는 이러한 불확실성에 대한 개념을 이해하여야 하며 위험을 분산하고 관리하는 방법, 다양한 금융투자상품에 대한 이해 및 선정에 대한 세심한 관리가 필요하다.

(2) 투자의 필요성

사람들은 왜 투자를 할까? 기본적으로 사람들이 투자를 하는 이유는 가능한 한 최대한의 수익을 얻어서 자신이 원하는 재무적 목적을 달성하기 위해서일 것이다.

현재 우리가 처해있는 상황을 구체적으로 살펴보자. 위험을 감수하더라도 투자를 하지 않고는 자산형성이 어려운 시대가 도래하였다. 실제로 우리가 시중은행 적금을 가입하기 위해 정보를 수집하다보면 금리가 매우 낮다는 것을 실감할 수 있을 것이다. 아래 <표 6-7>을 보면 2017년 은행 정기예금의 금리를 알 수 있다. 현재 세후 이자율이 약 1.5% 전후인 것을 알 수 있다. 가까운 일본의 경우 일본 중앙은행인 일본은행(BOJ)이 금융정책 결정회의에서 금융완화책으로 '마이너스 금리' 도입을 결정했다(매일경제, 2016). 마이너스 금리란 돈을 맡기면서 수수료도 함께 내는 것으로 예금을 하면 이자를 받는 금리와 반대되는 개념이다. 다른 선진국의 경우도 제로금리 혹은 마이너스 금리 시대가 도래함에 따라 투자는 이미 생활의 일부로 자리 잡았다고 볼 수 있다.

〈표 6-7〉 은행 정기예금 수익률

순위	금융회사	상품명	세전이자율	세후이자율	최고우대금리
1	광주은행	쏠쏠한마이쿨예금	1.90%	1.61%	1.90%
2	전북은행	JB 다이렉트예금통장 (만기일시지급식)	1.80%	1.52%	1.80%
3	한국산업은행	KDB Hi정기예금	1.75%	1.48%	1.75%
	제주은행	사이버우대정기예금 (만기지급식)	1.75%	1.48%	1.85%
4	부산은행	MY SUM정기예금	1.70%	1.44%	2.20%
	한국스텐다드 차타드은행	e-그린세이브예금	1.70%	1.44%	1.70%
5	케이뱅크은행	뮤직K 정기예금	1.68%	1.42%	1.68%

출처: 한국금융신문(2017). http://www.fntimes.com/paper/view.aspx?num=180320

(3) 투자의 순서

성공적인 투자를 위해서는 투자 계획을 확실하게 세우고 그것에 따라 투자를 실행에 옮겨야 한다. 투자를 위한 순서는 [그림 6-9]와 같다. 이기춘 외 5인(2009)은 투자목표의 설정, 투자대안의 탐색, 투자대안의 선택, 투자선택에 대한 평가의 순서로 투자할 것을 제안하였다. 각 단계를 설명하면 다음과 같다.

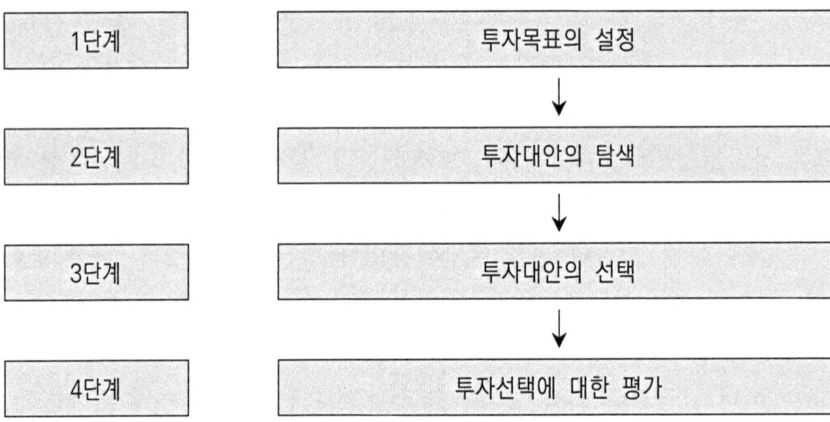

[그림 6-9] 투자의 순서

① 투자목표의 설정

효과적인 투자를 위해서는 우선 투자목표를 명확하게 세우고 일관성 있게 투자하여야 한다. 투자 목표는 현실적이며, 수치화할 수 있고, 투자를 통하여 얻고 싶은 수익과 투자의 성과가 나타나야 하는 기간이 설정되어 있어야 한다. 이때의 재무목표는 전체적인 재무목표의 일부여야 한다. 투자목표는 투자제약에 따라 다를 수도 있고, 가계의 특성에 따라 달라질 수도 있다.

이기춘 외 5인(2009)은 생애주기에 따른 일반적이고 공통적인 투자목표의 사례를 제시하였다. 단, 다음의 목표들은 서로 상호배타적이지 않다. 가계의 상황에 따라 여러 목표들을 한번에 추구할 수도 있고, 한가지 목표를 성하고 난 이후 다른 목표를 추구할 수도 있다는 뜻이다. 생애주기에 따른 투자목표의 사례는 다음과 같다.

〈표 6-8〉 생애주기에 따른 투자 목표

생애주기	주요 투자목표
사회 초년기(20대)	• 결혼자금 마련 • 취업 후 홀로서기
가정 형성기(30대)	• 주택구입자금 마련 • 자녀 육아비용 마련 • 자녀 교육자금 마련 • 비상 예비자금 마련
자녀 성장기(40대)	• 자녀 교육자금 마련 • 주택 규모 넓히기 • 자녀 결혼자금 마련 • 은퇴자금 마련
가정 성숙기(50대)	• 자녀 결혼자금 마련 • 은퇴 후 재무적 독립 준비 • 노후생활 준비 • 상속 및 증여 준비

현재 투자를 위해 쓸 수 있는 가용자원은 얼마나 되는지 검토한다. 투자를 시작하기 전에 투자자금을 마련하기 위해서 장기간의 준비기간이 필요할 수도 있다. 투자기간은 언제부터 언제까지로 할지 구체적으로 결정한다. 투자를 통하여 달성하고자 하는 액수는 자신의 재무목표에 근거하여 산출한다.

② **투자대안의 탐색**

투자목표가 설정한 뒤에는 투자대안을 탐색한다. 투자대안이 갖는 위험과 수익 및 투자자의 투자기간을 고려하여 투자대안을 비교한다. 투자대안을 투자 기간, 수익, 위험에 따라 다음과 같아 나누어 볼 수 있다.

A. 투자의 기간에 따른 투자대안

투자자는 투자를 할 때 투자기간에 따라 위험을 조절하여야 한다. 투자위험은 일반적으로 장기적으로 투자할수록 낮아지지 때문에 단기투자라면 최대한 안전하게, 장기투자라면 기대수익률을 높이는 방법으로 자산을 운용하는 것이 현명하다.

a. 단기투자

• 단기투자는 대게 1년~3년 미만의 기간을 요하는 투자를 말한다. 대부분의 단기

투자는 수익률이 낮은 편이다. 근시일내에 자금을 사용해야 하는데 원금의 손실이 발생하면 안 되므로 원금의 손실이 발생할 수 있는 금융상품보다는 안정적인 단기자금운용처가 필요하다. 예를 들어 1년 후에 세입자의 전세계약이 끝나 보증금을 돌려줘야 하는 상황, 6개월 후 결혼할 예정이어서 예금, 펀드를 할 수 없는 상황, 소득이 불안정하여 자산운용이 힘들어 입출금통장에 넣어두는 상황에서 단기적인 자금운용이 필요하다.

- 소비자들이 흔히 사용하는 단기적인 자금운용처는 CMA, MMF, 적금, 예금, MMDA 등이 있다. 전국투자자교육협의회(2009)는 단기금융상품으로 다음의 상품들을 소개하였다.

CMA

- CMA(어음관리계좌, Cash Management Account)란 종합금융회사가 고객으로부터 예탁받은 예탁금을 당사 거래 적격업체의 할인어음, 채권, 국/공채, 상장채권, 양도성 예금증서 및 지급준비자산 등으로 구성해 이중 50% 이상을 할인어음으로 운용하여 수수료를 공제한 수익금을 고객에게 지급하는 상품이다. 실적배당형이지만 확정 이자형 상품이며, 예금자 보호[5] 상품이다.
- 이 상품의 장점
  - 안정성 : 예금자 보호 대상 상품
  - 유동성 : 수시 입출금이 자유로우며 만기일이 경과되면 자동으로 재 예탁되어 신규로 운용됨
  - 거래의 용이성 : 실물이 아닌 당사 어음관리계좌로 거래됨으로써 은행의 저축예금 성격을 지님

MMDA

- MMDA(Money Market Deposit Account)란 수시로 입출금이 가능하고 잔액이 크면 클수록 더 높은 금리를 주는 은행의 수시입출금 예금 상품이다. 일반적으로 500만원 미만 금액에 대해서는 이자지급이 되지 않는다.

---

5) 금융기관이 영업정지나 파산 등으로 고객 예금을 지급하지 못할 경우를 방지하기 위하여 고객의 예금을 보호하는 제도를 갖추고 있는데, 이를 '예금보험제도'라고 한다. 예금보험은 "동일한 종류의 위험을 지닌 사람들이 평소에 기금을 적립하여 만약의 사고에 대비한다"는 보험 원리를 이용하여 예금자를 보호하는 제도이다. 즉, 예금자보호법에 의해 설립된 예금보험공사가 평소에 금융기관으로부터 보험료를 받아 기금을 적립한 후, 금융기관이 예금을 지급할 수 없게 되면 금융기관을 대신하여 예금을 지급하게 된다(기획재정부, 2010).

• 이 상품의 장점
  – 안정성 : 예금자 보호 대상 상품
  – 유동성 : 고객의 출금요청 시 바로 요청금액이 지급되며 별도의 수수료가 없음
  – 금리 : 보통예금 보다 금리가 높음.
  – 거래의 용이성 : 은행 상품으로 대출 등 보통예금 계좌와 동일한 대부분의 은행 업무가 가능

MMF

• MMF(Money Market Funds)란 투자신탁회사가 고객의 돈을 금융자산에 투자한 후 그 수익을 고객에게 돌려주는 상품이다. 소액투자가 가능하다. 자산을 주로 1년 미만 국공채, 단기성 자산(콜론, CP, CD등)에 운용하는 단기형 상품이다. 환매수수료가 없어 은행의 보통예금처럼 자유롭게 입·출금이 가능한 상품이다. 국공채 MMF의 경우 안정성과 유동성이 높은 국채 및 통안채, Call 등으로 운용되기 때문에 기존 MMF에 비해 보다 더 높은 안정성을 추구하는 상품이다.
• 이 상품의 장점
  – 자유로운 입출금 : 고객의 출금요청 시 바로 요청금액이 지급되며 환매수수료가 없음. 수시입출금이 가능함
  – 금리 : 은행권 수시입출금식 상품 대비 높은 수익 제공
  – 인징싱 및 유동성 : 편입자산의 안정성과 유동성이 높음

정기적금

• 정기적금이란 일정 기간동안 일정한 금액을 적금할 것을 약정하는 예금이다. 일반적으로 6개월 이상 60개월 이내로 월 단위로 계약할 수 있다. 목돈을 마련하기 위한 가장 보편적인 저축수단으로 이용된다. 정기적금과 자유적금으로 나뉜다. 정기적금의 경우 일정금액을 매달 적립하는 방식으로 만기시 이자를 지급받으며, 자유적금은 자유롭게 정해져있지 않은 금액을 원하는 날 마음대로 적립하는 형태이다.
• 이 상품의 장점
  – 금리 : 보통예금보다 금리 높음
  – 안정성 : 예금자 보호 적용

정기예금

• 정기예금이란 일정한 금액을 약속한 기한까지 예치할 것을 약속하는 기한부 예

금을 말한다. 목돈을 일정기간 동안 은행에 예치하고 은행이 이를 운용해 수익을 내고 만기에 예금자에게 원금과 이자를 지급한다. 손실을 입을 가능성이 없는 안전한 금융상품이다.

• 이 상품의 장점
  – 안정성 : 예금자 보호 적용

b. 장기투자

• 장기투자는 3년 이상의 기간을 요하는 투자를 말한다. 기간이 길어질수록 수익률이 높고 자본이득으로 인한 수익을 기대할 수 있으나 인플레이션이나 시장변동으로 인한 여러 가지 위험을 감수하여야 한다.
• 장기 금융상품은 장기간 꾸준하게 투자해야하기 때문에 목적성이 있는 금융상품을 운용하는 것이 바람직하다 소비자들이 흔히 사용하는 장기투자 운용처는 내 집 마련을 위한 장기주택 마련 상품 및 노후대비 목적으로 가입하는 저축성 보험 등이 있다.

내 집 마련을 위한 장기주택 마련 상품

• 장기주택마련 상품은 장기적으로 돈을 모아 장래 주택을 마련할 때 도움이 되도록 국가에서 약간의 세금혜택을 주는 상품이다. 비과세 혜택에다 복리의 효과를 볼 수 있는 대표적인 장기상품이다. 비과세 상품인 동시에 소득공제까지 받을 수 있지만 7년 이상 장기간 가입해야 하는 상품이다 (우용표, 2016). 7년 이상 유지해야만 비과세 혜택을 받을 수 있으므로 계획적인 자금 운용이 필수이다.
• 이 상품은 크게 3가지로 나눌 수 있다.개인의 투자성향에 따라 상품선택이 달라질 수 있다.
  – 만기시 확정금리를 받는 상품은 은행의 '장기주택마련저축'이다. 비록 적은 금리라도 확정적인 금리를 원한다면 이 상품을 선택하는 것이 좋다.
  – 펀드 운용실적에 따라 수익률이 달라지는 상품은 자산운용회사의 '장기주택마련펀드'이다. 다소 위험을 감수하여도 시장의 변화에 따라 수익이 날 수 있는 가능성을 염두에 둔다면 '장기주택마련펀드'을 선택하는 것이 좋다.
  – 보험 기능이 추가된 상품은 보험회사의 '장기주택마련보험'이다. 약간의 비용을 더 지불하더라도 보험의 혜택까지 받기를 원한다면 '장기주택마련보험'을 선택하는 것이 좋다.

노후대비 목적으로 가입하는 개인연금보험

• 연금이란 적립한 자산을 운용해 주면서 매월 자동으로 일정 금액을 지급해 주는 상품이다. 가장 대표적인 것이 국민연금이다. 매월 소득의 9%를 적립하면 65세 이후부터 죽을 때까지 일정한 연금을 지급받게 되어 있다. 그러나 일반적으로 국민연금으로 노후에 받게 되는 금액은 노후에 생활비로 쓰기에는 모자란 금액이다. 은퇴 후 안정적인 삶을 이어나가기 위해서 고려해 볼 수 있는 것이 '개인연금보험'이다.

• 개인연금보험이란 노후대비가 주목적인 저축성 연금 보험상품으로, 비과세 혜택이 있는 '일반연금보험'과 연말정산 세액공제 혜택이 있는 '연금저축보험'으로 구분된다(디지털데일리, 2016). 연금보험은 10년 이상 유지 시(관련 세법 요건에 부합시) 발생한 이자에 대한 세금을 면제 받을 수 있는 절세상품이다. 반면, 연금저축보험은 연말정산시 세액공제 혜택이 있어 연간 납입보험료 400만원 한도로 13.2% 또는 16.5%까지(최대 52만 8천원까지) 세액공제로 돌려받을 수 있는 상품이다.

c. 투자의 수익과 위험정도에 따른 투자대안

• Burkett(1989; 이기춘 외 5인, 2009 재인용)은 투자의 수익과 위험정도에 따라 투자대안을 구별하였다. 일반적으로 '위험'이란 위태하고 안전하지 못한 상태 등으로 정의하며 부정적인 의미를 내포하고 있다. 그러나 투자에서의 '위험'이란 반드시 나쁘고 부정적인 의미만 있는 것은 아니다. 투자에서의 위험이란 투자의 가치가 일정하지 않고 변할 수 있는 가능성, 즉 투자의 기대수익률에 대한 불확실성을 의미한다.

• 이 상품은 개인이 원하는 수익과 감수할 수 있는 위험 정도에 따라 달라질 수 있다.
  - 확정된 수익을 원하는 경우라면 현재소득을 주로 창출하는 투자대안으로 저축, 국채 및 공채 등의 채권 등을 고려한다.
  - 장기적인 수익을 원하는 경우라면 상당기간 이익을 내는 투자대안으로 회사채 등의 채권, 연금보험, 주식배당금 등을 고려한다.
  - 성장투자를 원하는 경우라면 성장과 투기를 목적으로 하는 투자대안으로 보통주 등을 고려한다.
  - 완전한 투기적 투자를 원하는 경우라면 변동성과 성장잠재력이 매우 높은 투자대안으로 위험도가 가장 높으며, 예술품 투자 등을 고려한다.

(4) 투자대안의 비교

모든 면에서 절대적으로 우위에 있는 투자대안은 찾는 것은 쉽지 않다. 투자대안마다 각각 장점과 단점이 존재한다. 투자대안을 선택할 때는 몇 가지 요소를 고려하여야 한다. 투자자가 고려하여야 할 주요요소는 위험과 수익이라고 할 수 있다. 투자자들은 누구나 위험은 낮으나 기대수익은 높은 투자대안을 선호한다. 그러나 절대적으로 탁월한 투자대안(즉, 위험은 가장 낮으면서 기대수익은 가장 높은 투자대안)이라는 것은 존재하지 않는다. 그 이유는 일반적으로 위험과 수익은 비례관계를 가지고 있기 때문이다. 즉, 투자자가 부담하는 위험이 크면 클수록 투자자들이 요구하는 수익률도 커진다. 이와 같은 관계를 위험－수익의 상쇄관계(risk－return trade－off)라 한다. 따라서 투자자들은 위험과 수익을 함께 고려하여 투자와 관련된 의사결정을 내려야 한다.

① 위험

위험은 실현된 결과가 예상한 결과로부터 벗어날 가능성. 즉 불확실성(uncertainty)을 의미한다. 투자자들 대부분 기대할 수 있는 수익이 동일하다면 여러 대안 중에서 덜 위험한 쪽을 선택할 것이다. 투자자의 이러한 행동을 위험회피적(risk－averse)이라 한다. 이들은 위험을 회피하려고 하기 때문에 불확실한 기대치보다는 확실한 수익을 선호한다. 위험추구형 투자자(Risk seeker)는 높은 수익을 위해 큰 위험을 기꺼이 감수하려는 유형이다.

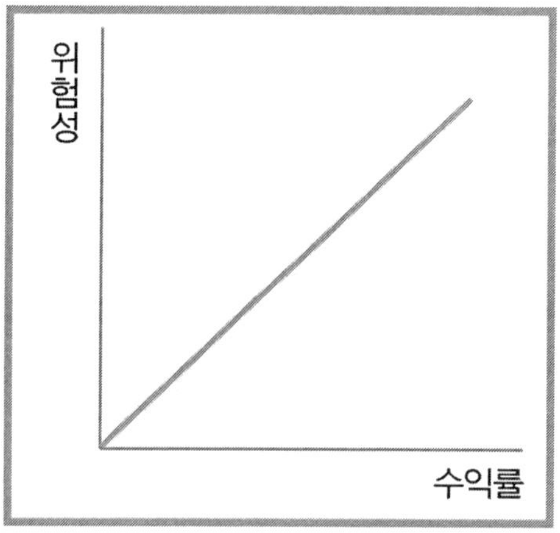

[그림 6-10] 위험과 수익률과의 관계

② 수익

투자의 수익을 다음과 같이 두 가지로 분류될 수 있다.

A. 원금으로부터의 파생수익

원금으로부터 파생되는 수익으로는 배당금, 이자소득, 임대료 등이 있다. 여기서 '배당금'이란 회사가 일정한 기간 동안 영업활동을 하여 이익이 발생했을 경우 회사 내에 누적하여 온 이익잉여금의 일부를 회사의 주주들에게 돌려주는 것을 의미한다. '이자'란 자본을 사용한 대가로 원본의 액수와 사용한 기간에 비례하여 지급되는 금전 또는 그 밖의 대체물을 의미하는데 한다. 이러한 자본(자금)의 이용 관계로 인해 발생하는 소득을 '이자소득'이라고 한다. '임대료'는 동산 혹은 부동산을 임대하고 그 대가로 받는 돈을 의미한다(기획재정부, 2010).

B. 자본이득

자본이득은 투자자가 금융자산을 보유하고 있을 때 가격이 상승하여 발생한 이익을 의미한다. '미실현'일 경우에는 '평가익'이, '실현'되었을 경우에는 '매매(차)익'이 된다(미래와경영연구소, 2006). 다시 말해 어떠한 대상의 가격이 매입 시점보다 상승함으로 얻게 되는 이익을 말한다. 여기서 미실현이라는 것은 아직 판매되지 않아 그 가치가 실현되지 않은 상태를 의미한다. 예를 들어 주낭 5,000원짜리 주식을 샀다가 나중에 증권가격이 상승하여 10,000원에 팔아서 100%의 이익을 남기는 것이 실현되었을 경우라면 매매(차)익을 남기는 것이며, 5,000원짜리 주식을 샀다가 현재 10,000원으로 증권가격이 상승하였다면 평가익이 발생한 예라고 볼 수 있다.

(5) 투자대안의 선택

투자를 생각하는 소비자라면 주변에서 포트폴리오라는 말을 많이 들어봤을 것이다. 포트폴리오는 본래 자신의 이력이나 경력 또는 실력 등을 알아볼 수 있도록 자신이 과거에 만든 작품이나 관련 내용 등을 모아 놓은 작품집이라고 할 수 있다. 이 용어가 투자분야에서는 주식투자에서 위험을 줄이고 투자수익을 극대화하기 위한 일환으로 자산을 여러 종목에 분산 투자하는 방법으로 쓰이게 되었다. 최근에 와서 포트폴리오는 '개인의 재무목표를 달성하기 위한 예/적금, 주식, 채권, 펀드, 부동산 등과 같은 투자상품에 자산을 분산투자하는 식으로 쓰이고 있다(미래와 경영, 2006).

투자자는 이러한 포트폴리오를 구성하는데 있어서 적합한 투자대안들을 선택하여야 한다. 즉 여러 형태의 투자대안을 선택할 때 위험을 최소화하면서 수익을 최대화시킬 수 있는 조합을 구성하여야 하는 것이다. 또한 투자자의 투자기간 및 투자 목적에 맞도록 포트폴리오를 구성하여야 한다. 일반적으로 투자자들은 포트폴리오를 관리할 때 다음과 같은 몇 가지 요인들을 고려하여야 한다.

① 투자선택 시 고려하여야 할 요인

A. 투자자가 손실을 만회할 수 있는 가능성

투자선택시 고려하여야 할 요인 중 하나는 투자를 통하여 투자 원금이 손실될 경우 투자자가 얼마만큼 대처할 수 있는가 이다. 이는 투자자의 소득이 얼마나 안정적인지, 가계에 복수의 소득원이 존재하는지, 투자자의 연령, 자산의 크기, 생활비의 규모 등에 달려있다.

가령 사회로부터 첫 발을 내딛는 20대의 경우라면 다른 연령대에 비하여 투자기간이 다소 길다고 할 수 있다. 따라서 투자의 실패를 한 경우라도 만회할 기회가 비교적 많다고 볼 수 있다. 따라서 다른 연령대에 비해서 다소 공격적인 상품에 투자를 하는 것도 좋은 방법이다. 예를 들어 주식형 펀드는 위험부담이 높긴 하지만 그만큼 높은 수익을 얻을 수 있기 때문에 장기적인 목표를 세우고 주식형 펀드의 비중을 높이는 것도 한 방법일 수 있다. 반면 60대의 투자자라면 은퇴를 앞두고 있거나 은퇴를 할 경우가 많으므로 투자기간의 면에서 투자의 실패를 만회할 기회가 상대적으로 부족하다. 따라서 투자 자금을 보전하는 것이 중요하다. 이를 위하여 안정성과 유동성을 고려한 투자대안을 선택하는 것이 좋다.

B. 투자자의 투자성향

투자대안을 선택할 때 투자자의 투자성향을 고려하여 수익성과 안전성을 고려하여 대안을 선택하여야 한다. 예를 들어 안정성을 추구하는 보수적인 투자자라면 만기 시 원금 보장을 받으면서 시중 금리 이상의 목표 수익률을 기대할 수 있는 상품을 고려하여야 하며, 다소 공격적 성향의 투자자라면 만기 시 원금 보장은 되지 않지만 고수익을 기대할 수 있는 상품을 고려하여야 한다.

2009년 2월, '자본시장과 금융투자업에 관한 법률'(자본시장법)이 발효되었다. 이 법률을 증권사·자산운용사·선물회사의 경계를 허물고 1개 법인이 이들 3개 업종을 모두 할 수 있도록 규제를 풀어 글로벌 투자은행의 탄생을 유도하자는 취지 및 투자자 보호를 강화하는 것을 주요 골자로 하고 있다(한국금융투자협회, 2016). 자본시장법은 투자자 보호를 강화하기 위하여 보험·은행·증권사 등에서 펀드 등의 금융상품을 팔 때 절차와 요건을 까다롭게 하여 투자자의 손실 위험을 최대한 줄이도록 하고 있다. 특히 제2편 투자권유 준칙 일반 제1장 제5조(고객 및 금융투자상품의 분류)에 의하면 " 임직원등은 고객의 투자목적, 재산상황 및 투자경험 등의 정보(이하 '투자자정보'라 한다)를 별지 제1호의 투자자정보 확인서(해당 고객이 장외파생상품에 투자하고자 하는 개인사업자 또는 법인인 경우 별지 제5호의 장외파생상품 투자자정보 확인서)에 따라 확인하고, 해당 고객으로부터 서명(「전자서명법」 제2조제2호에 따른 전자서명을 포함한다. 이하 같다), 기명날인, 녹취, 전자우편 또는 그 밖에 이와 유사한 전자통신, 우편, 전화자동응답시스템(이하 '서명등'이라 한다)의 방법으로 확인을 받아 유지·관리하여야 한다"라고 명시되어 있다(한국금융투자협회, 2016). 투자자의 투자성향은 안정형, 안정추구형, 위험중립형, 적극투자형, 공격투자형의 5단계로 분류하여야 한다. 투자성향별로 요구하는 수익률 정도와 추천금융상품의 종류가 달라진다.

■ 고객투자성향

공격투자형(1등급)	시장평균 수익률을 훨씬 넘어서는 높은 수준의 투자수익을 추구하며, 이를 위해 자산가치의 변동에 따른 손실 위험을 적극 수용, 투자자금 대부분을 주식, 주식형펀드 또는 파생상품 등의 위험자산에 투할 의향이 있음
적극투자형(2등급)	투자원금의 보전보다는 위험을 감내하더라도 높은 수준의 투자수익의 실현을 추구함. 투자자금의 상당 부분을 주식, 주식형펀드 또는 파생상품 등의 위험자산에 투자할 의향이 있음
위험중립형(3등급)	투자에는 그에 상응하는 투자위험이 있음을 충분히 인식하고 있으며, 예·적금보다 높은 수익을 기대할 수 있다면 일정수준의 손실위험을 감수할 수 있음
안정추구형(4등급)	투자원금의 손실위험은 최소화하고, 이자소득이나 배당소득 수준의 안정적인 투자를 목표로 함. 다만 수익을 위해 단기적인 손실을 수용할 수 있으며, 예·적금보다 높은 수익을 위해 자산 중 일부를 변동성 높은 상품에 투자할 의향이 있음
안정형(5등급)	예금 또는 적금 수준의 수익률을 기대하며, 투자원금에 손실이 발생하는 것을 원하지 않음

출처: 신한금융투자. https://open.shinhaninvest.com/open/place/task/invest_info.html

[그림 6-11] 투자자의 투자성향

더 생각해보기

- 20대는 이제 막 사회로 처음 발을 내딛는 단계이다. 처음으로 받는 월급은 많지 않은 금액이라 할지라도 잘 관리해야 한다. 돈을 쓰는 습관은 나중에 나이가 들어서도 바뀌지 않기 때문에 20대부터 올바른 재무관리 습관을 갖는 것이 중요하다. 일찍 저축하여 오래 굴릴 수 있는 금융상품에는 무엇이 있을까. 금융회사에서 판매하고 있는 저축상품에 대하여 구체적으로 조사해보자.
- 투자대안마다 각각 장점과 단점이 존재한다. 투자자가 고려하여야 할 주요요소는 위험과 수익이라고 할 수 있다. 자신이 특히 중요하게 여기는 요소는 무엇인지 생각해보자.

CHAPTER

07

소비자, 가계 그리고 경제적 복지

제 7 장 소비자, 가계 그리고 경제적 복지

1. 가계소득과 지출구조 분석

소비자 개개인의 경제활동은 가족과 함께 결정하고 영향을 받고 있다. 구매를 위한 자원 확보에서부터 구매의사결정과 구매 후 사용 등 일련의 과정에서 가족을 위해 또는 가족의 도움을 받아서 행해지는 경우가 많다. 보통 가족 또는 가정, 가구, 가계라는 용어가 가족구성원들의 집합적 경제활동에 대하여 사용되고 있다. 가정이란 가족을 주체로 하여 생활을 영위하는 공동조직체와 생활의 본거지로서 가족생활 장소의 개념이 결합된 의미이다. 가족은 혈연, 결혼, 양자 관계로 이루어진 사회의 가장 보편적인 단위로서 보통 인간 주체를 강조하는 개념이다. 가계는 경제생활단위로서의 가족을 지칭하는 개념이다. 따라서 가계는 자원과 목표를 공유하고 있는 가족구성원들과 그들의 자원획득, 배분 그리고 소비활동을 하는 경제공동체를 의미한다.

가계경제 용어정리

- 가구 또는 가계(家口, household)

1인 또는 2인 이상이 모여 취사, 취침 및 생계를 함께하는 생활단위로 일반가구, 집단가구, 외국인 가구로 구분하다. '가계동향조사'에서는 일반가구를 대상으로 조사하고 집단가구나 외국인 가구는 조사하지 않는다.

- 가구주(家口主, reference person)

주민등록상의 세대주와는 관계없이 가구의 구성원 중 실제적으로 생계를 책임지고, 생활비용을 주로

조달하고 있는 사람을 말한다. 주민등록의 세대주나 단순히 가구의 중요한 일을 결정하는 가장과는 차이가 있다

- 가구원(家口員, household member)

주민등록 등재여부와 관계없이 생계를 같이하고 자산 또는 소득의 전부나 일부를 공동으로 사용하는 가구의 구성원을 말한다. 가구는 혈연관계인 가족으로 구성되기도 하고, 비혈연관계인 가구원이 동거하는 경우도 있다. 또한, 가족이라 해도 취업, 유학 등의 사유로 함께 생활하지 않는 경우는 가구원에 포함하지 않는다.

- 근로자가구(勤勞者家口, wage and salary earners)

가구주가 정부나 기업(준법인기업 포함)에 고용되어 정신적 또는 육체적 노동을 제공하고 그 대가로 급여를 받는 가구

1) 가계의 기능

경제의 주체로서 가계는 다양한 기능을 수행한다. 가계의 경제활동의 목적은 가계의 인적 자원과 물적 자원을 사용하여 직접적으로 또는 간접적으로 만족을 창출하는 것이다. 가계는 가계구성원 상호간의 복지를 추구할 목적으로 가계구성원 사이에 자원을 공유 하고 선택가능한 다양한 대안을 가진 1인 이상의 소집단이다(Bryant, 1990). 피츠시몬스와 윌리암스(Fitzsimmons & Williams, 1973)는 가계의 기능을 배분(allocation), 생산(production), 가계생산(household production), 분배(distribution), 소비(consumption)로 분류한다([그림 7-1] 참조).

가계의 기능 가운데 배분(allocation)이란, 가계에 들어오는 다양한 종류의 자원을 배분하여 생산, 가계생산, 소비, 처분활동을 수행한다. 우선 자원의 배분 기능이란 가계는 이미 보유하거나 또는 획득된 인적·물적 자원을 다양한 용도에 배분한다. 직접 생산활동에 배분하기도 하고 가계생산이나 소비에 배분하기도 한다. 가계의 생산(production)이란 가족원의 인적, 비인적 자원을 시장에 제공하고 그 대가로 화폐소득을 획득하는 활동을 의미한다.

가계의 가계생산(household production)이란 가족원에 의해 가족원을 위해서 수행되는 무보수의 활동이며 가계생산물은 가족원의 가계생산 활동을 통해 획득되어진 결과물이다. 가계생산은 시장 내에서 교환되지 않기 때문에 무보수이며 국민총생산(GNP)과 같은 시장에서 교환된 생산물의 가치만을 측정 포함하는 경제수준지표에는 포함되지 않는다. 예를 들어, 가족원에 의해 수행되어지는 자녀 양육, 식사 등과 같은 가사노동이 대표적인 예이다. 가계생산은 가계만이 가지는 고유한 기능으로서 가계의 효용을 실제

로 증가시키기 행위이며 화폐소득이 가계생산과 합해졌을 때 가계의 실소득을 파악할 수 있다. 이러한 가족원에 의해 수행되는 무보수의 가계생산의 가치에 대한 평가가 포함되어야 정확한 경제적 복지를 파악할 수 있을 것이다.

가계의 기능가운데 분배란 가족원의 다양한 욕구와 이해관계를 근거로 해서 실소득을 가족원에게 할당하는 것을 말한다. 가계의 한정된 실소득을 누구를 위해 투입해야 하는 것은 가족원 발달단계, 욕구, 그리고 공통된 목표나 가치 등이 고려될 것이다. 분배는 가족의 실소득을 현재 사용할 것인지 또는 미래를 위해 사용을 연기할 것인지에 대한 결정도 포함된다. 가계의 기능가운데 소비란 가족원의 욕구충족을 위해서 실소득을 직접 사용하는 것이다. 소비를 통해 가계는 심리적 소득인 만족감을 얻게 되며 이것은 복지를 의미한다. 소비는 인적자원의 질적 향상에 기여하기 때문에 가족원의 인적자본(human capotal)을 향상시켜 미래의 생산에 재투입된다.

자본주의 사회에서는 가계가 자립 자족할 수 있는 체제가 아니다. 가계는 여러 면에서 사회와 연결되어 있고 밀접한 관계를 가지고 있지만 특히 경제부분에서 전체국민경제에서 가계는 다른 경제주체인 기업과 정부 등과 밀접한 상호작용을 하면서 경제순환을 이루고 있다. 이와 같이 생산, 분배, 지출의 과정을 통해서 끊임없이 되풀이 되는 경제활동을 경제순환이라고 한다.

자본주의 경제에 있어서 경제순환의 가장 간단한 형태는 기업의 생산과 가계의 소비를 중심으로 하는 경제활동이다. 가계는 기업과 함께 개별경제로서 민간경제를 이루고 공적 개별경제인 정부와 함께 국민경제를 구성한다. 생산과 소비라는 두 경제 단위의 활동은 화폐를 매개로 하는 교환을 끊임없이 계속 하여 한편으로는 재화가 흐르고 그 반대방향으로는 화폐가 흐른다. 가계는 소유한 자원을 기업에 제공하는데 즉 가계가 노동력, 자본을 기업에 제공하고 이는 생산의 요소가 된다. 가계는 이러한 생산요소를 기업에 제공하는 대가로 그에 상응하는 화폐를 받게 되는데 노동력을 제공한 대가로 임금을, 자본 및 토지를 제공하는 대가로 재산소득을 획득한다. 기업으로서는 가계의 자원을 제공받는 대가로 화폐소득을 제공한다. 반면에 기업은 가계에 대하여 재화를 공급하고 가계는 보유한 소득으로 재화에 대한 대가를 기업에 지불한다. 가계로서는 지출이지만 기업에 있어서는 수입이 되고 생산비를 제외한 나머지는 이윤을 형성하게 된다.

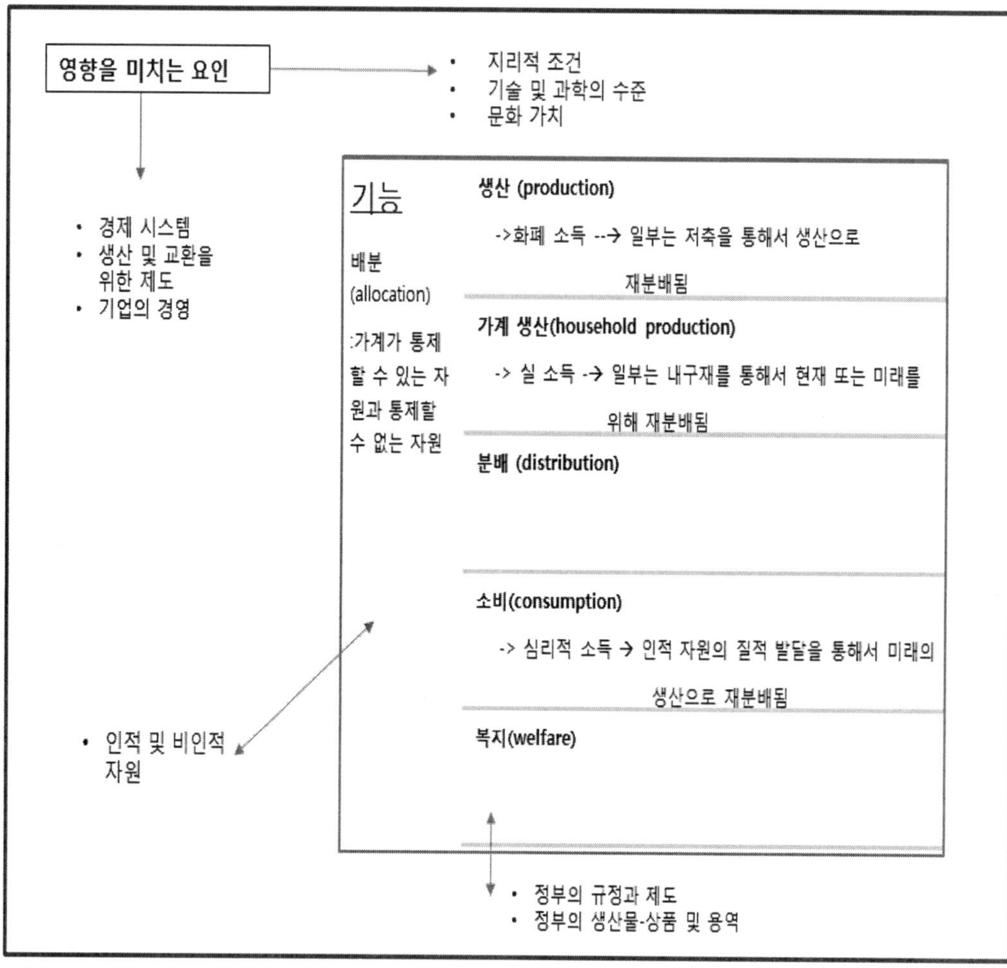

자료: 이기춘·윤정혜(1998), 가정경제학, 한국방송대학출판부, p.19.

[그림 7-1] 가정경제 모델

가계와 정부와의 관계를 또한 살펴보자. 정부는 경제정책의 주체로서 경제계획을 세우고 실행함으로써 경제조직체에 통제와 간섭을 가한다. 따라서 한 나라의 국민경제를 구성하고 있는 모든 가계와 기업은 정부의 정책에 의하여 지배를 받는다. 가계는 가족원이 국가기관에 종사함으로써 정부에 인적자원을 제공하고 그 대가로 근로소득을 획득한다. 또한 국영기업체에 대하여 토지, 자본 등 비인적 자원을 제공함으로써 재산소득을 획득한다. 이는 정부의 입장에서는 재정지출이 된다. 다음으로 가계가 각종조세를 정부에게 제공하여 재정수입을 가능하게 하는 것이다. 그 대신에 가계는 정부로부터 의무교육, 사회보장, 국가서비스 또는 각종 국가보조금을 직·간접으로 받는다. 이화같이 가계는 정부와 밀접한 관계 속에서 국민경제를 형성하고 있으며 국민경제의 발전에 영향을 미친다. 가계는 이와 같이 소비의 주체이지만 가계의 기능을 단지 소비에만 국한시키는 것은 가계의 기능을 매우 축소시키는 결과를 초래하며 소득획득의 기능과 소비의 기능을 함께 중요시 해야 한다. 또한 각 가계는 소비는 생산에 기본적인 영향을 미치고 있으므로 국민경제의 밑거름이 되므로 가계의 작은 행동들이 모여서 전체 국민경제의 안정과 발전에 기여하는 바가 크므로 가계의 경제기능의 중요성을 인식해야 할 필요가 있다.

2) 가계의 소득과 자산

가계의 경제 상태는 소득과 자산, 소비지출에 대한 분석을 통해 파악할 수 있다. 가계의 소득구조 분석은 가계소득이 얼마나 증가하였고 구조적인 면에서 어떠한 변동을 하고 있는지 검토하기 위한 것이다. 궁극적으로 가계의 바람직한 소득의 상태는 소득의 안정, 향상 및 여유라고 할 수 있으며 소득구조 분석을 통해 바람직한 소득 상태를 달성하는 방법이나 전략을 모색한다.

소득이란, 일정한 기간 내에 가계에 들어와서 가계의 순자산(순가치)을 증가시키는 화폐가치의 총량이다. 여기서 화폐가치란 화폐소득 이외에 재화와 용역의 화폐 가치를 포함한다. 소득과 수입은 다른 개념이다. 수입이란 가족이 일정한 기간 내에 가정경제에 들이오는 모든 화폐가치의 총체를 말한다. 그 중에는 소득 이외에 가계의 순가치를 증가시키지 않으면서 그 기간 중 들어오는 화폐가치도 포함된다. 예를 들어 저금의 인출금, 후일에 갚아야 하는 부채로서 빌린 돈, 재산매각대금과 같은 것이다.

가계경제학에서는 비시장소득(non-market income), 시장소득, 심리적 소득이라는 용어를 사용하기도 한다. 이는 가계가 시장의 거래를 통하지 않고 직접 획득하는 소득으로 예를 들면, 가사노동에 의한 재화와 용역(주부의 서비스 및 가정관리능력, 가정에서 재배되는 채소), 소유내구재화의 사용가치, 무료로 또는 지역사회의 자원으로부터 얻는 사회 적 소득 등이 있다. 시장을 거치지 않고 가정 내에서 직접 소득을 창출하기 때문에 직접소득이라고도 한다. 비시장 소득은 가계간의 화폐소득의 차이를 평준화하는데 중요한 역할을 할 수 있다.

시장소득(market income)이란 시장에서의 거래를 통하여 간접적으로 재화와 용역을 획득할 수 있는 소득으로 시장을 반드시 거치기 때문에 간접소득이라고도 한다. 화폐소득이나 물물교환소득, 피용자편익이 포함된다. 물물교환소득이란 화폐가 아닌 형태의 소득으로 농촌에서의 품앗이나 품삯으로 쌀로 주는 것, 공동육아가 그예이다. 피용자편익 또는 특별급여란 직장에서 피고용인에게 화폐소득 이외의 재화와 용역의 형태로 제공하는 실질소득으로 예를 들면 직원사택, 교통서비스, 제복, 사내식장, 건강보험, 정년퇴직 후 혜택 등이 있다.

가계경제용어

- 소득(所得 : income)
  가구의 실질적인 자산의 증가를 가져온 일체의 현금 및 현물의 수입을 말하며 경상소득과 비경상소득으로 구성. 자산거래, 이전 및 보유로 인한 평가손익 및 자산거래로 인한 손익은 포함되지 않음.
- 경상소득(經常所得 : current income)
  가구가 근로제공의 대가로 받은 근로소득, 자영사업으로부터의 사업소득(혼합소득), 자산으로부터 이자, 배당금 등의 재산소득, 정부, 타가구, 비영리단체 등으로부터 이전되는 이전소득 등 경상적으로 발생하는 소득
- 비경상소득(非經常所得 : non-regular income)
  경조소득, 퇴직수당 등 일정하지 않고, 확실하지 않으며 일시적으로 발생하는 소득. 임시소득
- 가처분소득(可處分所得 : disposable income)
  소득에서 세금이나 사회보장부담금, 비영리단체로 이전, 타가구로 이전 등의 비소비지출을 공제하고 남는 소득. 즉, 가구에서 이전되는 부분을 제외하고 소비지출 할 수 있는 소득 (화폐소득-세금과 비소비지출)
- 국민총생산액(GNP)
  한 국가의 국민이 일정기간(1년)에 생산한 최종생산물의 시장 가격을 모두 합한 액수
- 국민총소득(GDP)
  국내총생산(GDP)은 한 나라의 영역 내에서 가계, 기업, 정부 등 모든 경제 주체가 일정기간 동안 생산 활동에 참여하여 창출한 부가가치 또는 최종 생산물을 시장가격으로 평가한 합계. GDP는 우리나라에서 생산된 모든 소득을 뜻하므로, 우리나라에 와서 일하는 외국인 근로자의 생산 활동도 GDP에 포함. 우리나라 1인당GDP는 2만 9,115달러로 세계 30위(IMF 기준)
- 국민총소득(GNI)
  가계, 기업, 정부 등 한나라의 모든 경제주체가 일정기간에 생산한 총 부가가치를 시장가격으로 평가하여 합산한 소득지표이다. 즉, 국민총소득(GNI)은 한 나라의 국민이 생산 활동에 참여한 대가로 받은 소득의 합계로서, 해외로부터 국민(거주자)이 받은 소득(국외수취요소 소득)은 포함되고 국내총생산중에서 외국인에게 지급한 소득(국외지급 요소소득)은 제외.

심리적 소득이란, 일정기간 가족원이 얻는 만족의 유량을 의미한다. 매일 매일의 생활에서 화폐수입과 실질수입의 사용을 통해서 획득하게 되는 만족감을 말한다. 가정경제의 목적이 가족구성원의 욕망을 충족시키는데 있는 것이므로 이 심리적 수입을 극

대화하는데 궁극의 목적이 있다. 하지만 심리적 소득은 주관적이므로 객관적으로 측정하는 것은 어렵다.

화폐소득은 임금, 봉급, 이자 , 배당금, 지대, 사례금, 연금 등의 형태로서 일정기간에 모든 원천으로부터 가계에 들어오는 화폐 금액을 의미한다. 대부분이 가족의 일상생활에 요구되는 재화와 용역으로 전환되고 일부는 장래의 사용을 목적으로 저축되거나 투자를 위한 자본이 된다. 소득원천에 따라 화폐소득은 근로소득, 재산소득, 사업소득, 이전소득 등으로 구분된다. 근로소득이란, 가족이 정신적 육체적 노동력을 제공하고 그 대가로 얻는 소득이다. 재산소득이란 화폐, 토지, 건물 등의 재화를 생산 자본으로 제공하고 그대가로 받는 것을 말하며 이자, 지대, 집세 등의 형태로 가계에 들어온다. 사업소득은 자본과 노동의 생산요소를 결합하여 기업가가 생산 활동을 통해서 얻는 소득이다. 이전소득은 아무런 대가를 치르지 않고 일방적으로 주어지는 소득이다. 이전소득은 공적 이전소득과 사적 이전소득으로 나뉘는데 정부의 기초생활수급자에게 제공하는 급여는 공적 이전소득의 예이고 상속이나 증여 또는 선물은 사적 이전소득이다.

가계소득 통계를 보면 명목소득과 실질소득으로 표시된 것을 볼 수 있다. 명목소득이란 물가수준에 따른 실질구매력을 고려하지 않고 화폐의 액면가치 그대로 나타낸 것을 말한다. 그런데 명목소득은 물가수준에 따라 그 구매력이 달라지므로 연도별 소득을 비교할 때 정확하게 비교할 수 없다. 즉 어떤 해에 명목소득이 100이라고 가정해보자. 그 다음 해에 105로 화폐소득이 증가했고 물가수준도 5% 증가했을 경우 실질적인 소득수준이 5%증가했다고 할 수 없다. 왜냐하면 명목소득이 5%증가한 만큼 물가수준도 5% 올랐기 때문에 실질적인 소득수준은 변동이 없기 때문이다. 명목소득을 소비자물가지수(CPI; Consumer Price Index)로 나누어 물가상승에 따른 화폐가치의 하락을 조정한 것이 실질소득이다. 이는 소득을 재화와 서비스의 구매력으로 평가한 소득이다.

아래의 [그림 7−2]와 <표 7−1>은 국내총생산과 1인당 국민총소득, 2015년 월평균 구소득의 수준을 보여준다. 2015년 2인 이상 가구의 월평균 가구소득은 437만 3천원으로 전년[430만2천원]대비 1.6% 증가하였다. 2015년 가구소득의 원천별 구성비는 경상소득이 96.5%를 차지하고, 경상소득 중에는 근로소득(66.7%) > 사업소득(19.3%) > 이전소득(10.0%) 순으로 비중이 많은 것으로 나타났다.

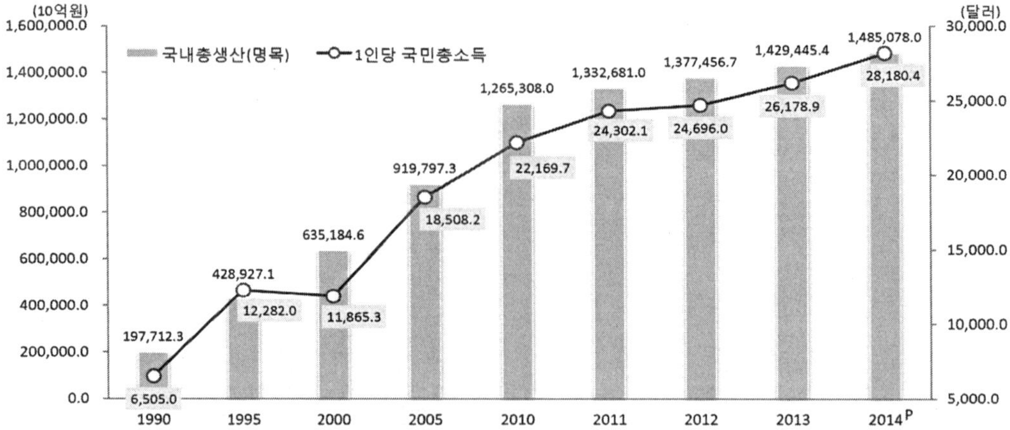

	1995	2000	2005	2010	2011	2012	2013	2014P
GDP (10억원)	428,927	635,185	919,797	1,265,308	1,332,681	1,377,457	1,429,445	1,485,078
1인당 GNI (달러)	12,282	11,865	18,508	22,170	24,302	24,696	26,179	28,180

자료: 한국은행, 「국민계정」 각년도, 2010년 기준(명목)임.

[그림 7-2] 소득의 변화 추이 : 국내총생산(GDP)과 1인당 국민총소득(GNI)

〈표 7-1〉 가구 소득 및 지출[1)]

(단위 : 천원, %)

	2005	2007	2010	2011	2012	2013	2014	2015
월평균소득	2,898.3	3,200.0	3,631.7	3,841.6	4,076.9	4,161.8	4,302.4	4,373.1
(전년비)	3.9	5.3	5.8	5.8	6.1	2.1	3.4	1.6
월평균 소비지출	1,871.9	2,015.9	2,286.9	2,392.7	2,457.4	2,480.7	2,551.1	2,563.1
(전년비)	4.2	3.6	6.4	4.6	2.7	0.9	2.8	0.5

자료: 통계청, 「가계동향조사」 각년도.
주: 1) 전국가구(2인 이상 비농가).

가계소득에 영향을 주는 요인은 가계가 소유하고 있는 자산과 노동력의 양과 질이라고 할 수 있다. 자산은 경제적 가치를 가지고 있는 모든 소유물로 총자산에서 부채를 제한 순자산으로 계산하여 고려한다. 순자산은 판매하여 수입이 될 수 있고 또는 재산소득을 창출할 수 있는 근거가 되기도 한다. 가족원들의 노동력의 질은 인적자본에 의해 결정된다. 가족원들의 인적자본은 교육수준, 연령, 거주지에 의해 영향을 받는다. 대도시의 거주자들은 소도시나 농촌거주자보다 일반적으로 소득수준이 높은데 경제발전수준이나 생활비 차이에 기인한다. 그 외, 성별, 인종, 종교에 의한 차별도 소득수준에 영향을 준다는 보고가 있다.

3) 가계의 소비와 지출

가계의 소비와 지출이 중요한 이유는 지출과 소비행위를 통해서 가계의 경제적 복지가 실현되기 때문이다. 가계의 경제활동의 궁극적 목적은 전 생애에 걸친 경제적 복지를 증진시키는 것이다. 각 년도에 따라 소비지출 수준이 증가했다면 경제적 복지수준이 증가하였음을 의미한다. 또 사회경제적 수준에 따라 소비자지출 수준의 차이가 얼마나 큰 지에 따라 사회의 경제적 수준의 양극화 정도도 파악할 수 있다. 성별이나 연령과 같은 인구학적 변수에 따라 소비지출 수준의 차이가 있는지를 보면 어떤 집단이 어느 정도의 경제적 복지수준이 미흡한 지를 보여준다. 가계의 소비지출은 가계경제의 바람직한 운영을 위해서도 중요하게 고려된다. 소비가 소득을 초과하는 적자가계인지 혹은 소득이 소비를 초과하는 흑자가계인지 여부뿐만 아니라 적자율과 흑자율은 가계경제의 미래를 예측할 수 있게 해준다.

소비는 3단계의 과정, 즉 재화와 용역을 획득하는 것, 그것을 사용하는 것, 그리고 소비하고 남은 것을 처분하는 행위를 포함한다. 소비의 전 과정, 즉 구매－사용－처분의 과정 가운데 구매에만 국한되어 연구되어 온 것은 구매가 시장에 미치는 영향이 크고 측정이 상대적으로 용이하기 때문이다. 최근에는 소비의 사용 측면에 대한 관심이 증가하고 있는데 이를 위해서는 구매한 재화와 서비스의 사용뿐만 내구재의 소비에 의한 사용가치 측정과 평가가 필요하며 이는 임대로 간주하여 비용을 계산하기도 하지만 실제로 측정하기가 어렵고 비용이 많이 든다.

가계경제 용어

- **가계지출(家計支出 : expenditure)**
  가계지출은 실질적으로 가계의 자산이 감소되는 지출로써, 소비지출과 비소비지출로 구성

  가계지출의 구성

  (1) 소비지출
    01. 식료품및비주류음료
    02. 주류및담배
    03. 의류및신발
    04. 주거및수도광열
    05. 가정용품및가사서비스
    06. 보건
    07. 교통
    08. 통신
    09. 오락·문화
    10. 교육
    11. 음식·숙박
    12. 기타상품및서비스

  (2) 비소비 지출 : 조세, 공적연금, 사회보험, 비영리단체로이전, 가구간 이전 등
- **소비지출(所費支出 : consumption)**
  생계 및 생활을 위해 소비하는 내구재, 비내구재, 준내구재의 상품 및 서비스의 구입에 대한 대가로 지출하는 비용
- **비소비지출(非所費支出 : current transfer paid)**
  조세, 공적연금, 사회보험, 비영리단체로 이전, 가구간이전 등 소비지출 및 자산구입이 아닌 금액
- **평균소비성향(propensity to consume)**
  가구가 벌어들인 소득 중에서 세금 등의 비소비지출을 제외한 처분가능소득 중 소비지출 하는 비중을 나타내는 지표로서 소비지출을 가처분소득으로 나누어 백분율로 계산
- **흑자액(黑字額 : Surplus)**
  가구의 처분가능소득에서 소비지출을 차감한 금액으로 남은 금액은 자산의 구입이나 저축 등에 이용. 처분가능소득(소득-비소비지출)-소비지출
- **흑자율(黑字率 : surplus rate)**
  가처분소득에서 지출하지 않고 남은 부분으로 평균소비성향과 흑자율을 합하면 100이 됨
  (흑자액/처분가능소득)×100

가계지출을 분석할 때 경상지출과 임시지출(비경상지출), 소비지출과 비소비지출, 지출비목은 자주 사용되는 개념이다. 경상지출이란 매 회계기에 정기적으로 소비되는 지출을 말한다. 정기적으로 지출되는 식료품비, 주거비, 광열비 기타 각종 요금 등을 일반적으로 경상지출로 본다. 임시지출이란 갑자기 예상하지 못한 일로 지출이 생기거나 어느 정도 예상할 수 있으나 규칙적으로 지출되지 않는 지출을 말한다. 의료비, 관혼상제비, 손님접대비, 의류구입 및 가구구입비 등이 해당된다.

소비지출은 순자산 가치를 감소시키는 지출인 실지출 가운데 식료품비, 피복비, 주거비, 광열비, 잡비 등과 같이 가족의 생계를 위한 재화와 서비스를 구입하는데 직접 소비하는 것을 말한다. 비소비지출은 가계가 직접 소비하지 않고 세금과 제 공과금 및 이자와 부채 상환 등 가족의 생계 및 활동을 위해 직접 소비되지 않는 지출을 말한다.

[그림 7-3]에 제시되어 있듯이 소비지출의 구성을 파악하기 위해서는 지출 비목을 분류하여 살펴본다. 소비지출비목을 분류하는 데는 두 가지 방법이 있다. 품목별 분류는 지출하는 목적과는 관계없이 동일한 상품은 동일한 비목으로 분류하는 방법이다. 보통 거시적인 소비량을 추계하는데 사용한다. 두 번째 방법은 용도별 분류인데 같은 종류의 상품을 구입하더라도 용도가 다른 경우에는 다른 비목으로 분류될 수 있다. 보통 가계 분석을 할 때는 용도별 분류를 사용한다. 통계청 '가계동향조사'에서 사용하는 소비지출 비목을 보면, 식료품 및 비주류음료, 음식과 숙박비, 교통비, 교육비, 주거·수도·광열비, 보건비, 의류신발비, 통신비, 오락과 문화비, 가정용품·가사서비스, 주류와 담배, 기타상품과 서비스비로 구분된다.

가계소비에 영향을 주는 요인은 재화와 용역의 가격, 소득수준, 자산수준, 가계노동력, 선호와 가치에 의해 영향을 받는다. 수요의 법칙에 따라 재화와 용역의 가격이 증가하면 가계소비는 감소할 것이다. 소득수준이 증가할 경우 일반적으로 소비는 증가하는데 소득증가율보다 적게 또는 높게 소비증가율을 보이기도 한다. 수요의 소득탄력성이란, 소득의 변화율에 대한 수요(소비지출)의 변화율을 의미한다. 생필품의 경우는 수요의 소득탄력성이 1보다 적고(소득탄력성이 낮다) 사치품의 경우 1보다 큰 것(소득탄력성이 높다)을 의미한다.

〈항목별 구성비〉

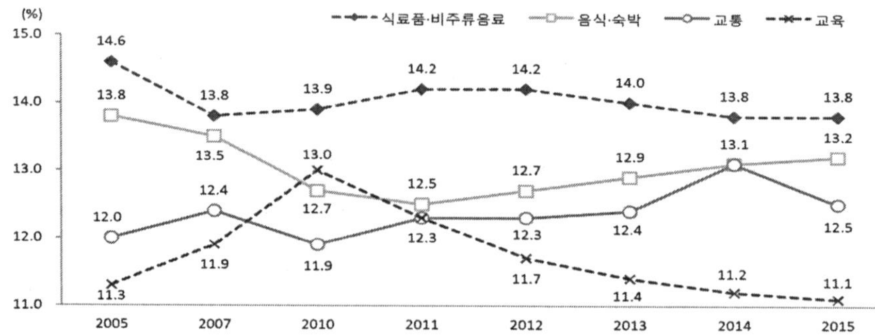

자료 : 통계청, 「가계동향조사」

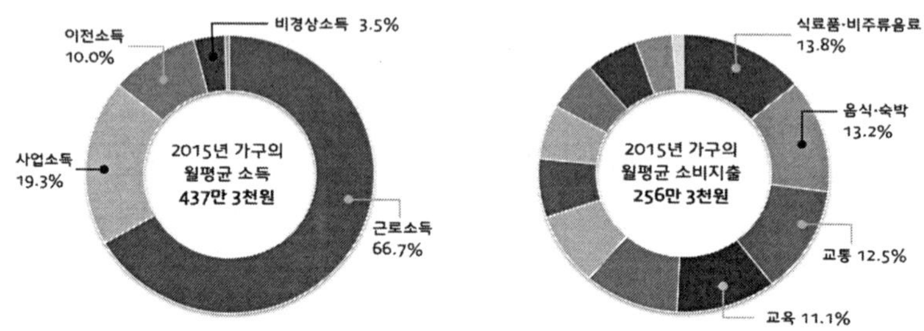

자료 : 통계청, 「가계동향조사」 2015

[그림 7-3] 가계지출 구조 동향

〈표 7-2〉 가구 소비지출[1] 및 항목별 구성비(단위 : 천원, %)

	2005	2007	2010	2011	2012	2013	2014	2015
월평균 소비지출	1,871.9	2,015.9	2,286.9	2,392.7	2,457.4	2,480.7	2,551.1	2,563.1
(전년비)	4.2	3.6	6.4	4.6	2.7	0.9	2.8	0.5
식료품·비주류음료	14.6	13.8	13.9	14.2	14.2	14.0	13.8	13.8
음식·숙박	13.8	13.5	12.7	12.5	12.7	12.9	13.1	13.2
교통	12.0	12.4	11.9	12.3	12.3	12.4	13.1	12.5
교육	11.3	11.9	13.0	12.3	11.7	11.4	11.2	11.1
주거·수도·광열	9.8	9.7	10.1	10.1	10.4	10.8	10.4	10.8
보건	5.9	6.4	6.7	6.5	6.5	6.6	6.6	6.8
의류·신발	6.3	6.4	6.4	6.5	6.8	6.8	6.6	6.3
통신	7.0	6.7	6.1	6.0	6.2	6.2	5.9	5.8
오락·문화	5.4	5.3	5.5	5.4	5.5	5.6	5.8	5.8
가정용품·가사서비스	3.6	3.7	3.8	3.8	3.8	4.0	4.1	4.1
주류·담배	1.5	1.4	1.2	1.2	1.1	1.1	1.1	1.3
기타상품·서비스	8.6	8.8	8.9	9.2	8.8	8.2	8.4	8.4

자료: 통계청, 「가계동향조사」 각년도.

주: 1) 전국가구(2인 이상 비농가).

'소비는 소득의 함수이다'라는 명제에 대하여 여러 가지 가설이 존재한다. 케인즈(Keynes)의 절대소득가설은 소비는 현재소득의 함수라고 주장한다. 즉 현재 소득이 증가하면 소비가 증가하는데 증가한 소득 전부 모두 소비되지 않으며 일부는 저축된다고 보았다. 듀젠베리(Dusenberry)의 상대소득가설은 소비는 현재소득보다는 과거의 최고소득이나 최고소비수준, 그리고 한 사회의 소득분포에서 자신의 상대적 위치에 의해 결정된다고 보았다. 프리드만(Friedman)의 항상소득 가설은 소비는 미래에 지속적으로 얻을 수 있는 것으로 기대되는 평균소득수준, 즉 항상 소득에 의해 결정된다고 보았다. 앤도와 모딜리아니(Ando & Modigliani)의 생애주기가설은 소비자는 전생애에 걸쳐 일정한 소비수준을 유지하기 위해 일생동안 소비할 수 있는 소득액의 총액에 의해 결정되는데 자산의 가치를 고려하였다.

자산수준이 높은 경우 소비를 증가시킬 가능성이 높지만 내구재의 소유는 일종의 서비스를 제공하기 때문에 소비를 감소시킬 수 있다. 신용은 미래의 소득을 끌어와서 현재에 소비를 위해 지출하는 것이므로 현재의 신용은 소비를 증가시킨다. 가계의 선호나 가치는 소비성향이나 특정 제품의 선호에 영향을 미칠 수 있다. 하지만 가계의 선호나 가치는 전체 사회의 문화에 의해 큰 영향을 받기도 한다. 그리고 가계의 미래 경제에 대한 전망이 현재의 소비에 영향을 미치기도 한다.

소비자동향조사

1. **조사대상** : 전국 도시 2,200 가구(응답 2,039 가구)
2. **소비자동향지수(CSI)의 개념 및 조사내용**

– 소비자동향지수(Consumer Survey Index: CSI)는 소비자의 경제상황에 대한 인식과 향후 소비지출전망 등을 설문조사하여 그 결과를 지수화한 통계자료임

• 개별 소비자동향지수 $= \dfrac{(\text{매우긍정}\times 1.0+\text{다소긍정}\times 0.5+\text{비슷}\times 0.0)-(\text{다소부정}\times 0.5+\text{매우부정}\times 1.0)}{\text{전체 응답가구수}}\times 100+100$

조 사 항 목		조 사 내 용
경제인식	현재생활형편[1]	6개월 전과 비교한 현재
	현재경기판단[1]	〃
경제전망	생활형편전망[1]	현재와 비교한 6개월 후 전망
	향후경기전망[1]	〃
	취업기회전망[2]	〃
	금리수준전망[2]	〃
소비지출전망	가계수입전망[2]	현재와 비교한 6개월 후 전망
	소비지출전망[2]	〃
가계저축 및 부채	현재가계저축[2]	6개월 전과 비교한 현재
	가계저축전망[2]	현재와 비교한 6개월 후 전망
	현재가계부채[2]	6개월 전과 비교한 현재
	가계부채전망[2]	현재와 비교한 6개월 후 전망
물가전망	물가수준전망[2]	현재와 비교한 1년 후 전망
	주택가격전망[2]	〃
	임금수준전망[2]	〃
	물 가 인 식	지난 1년간 소비자물가상승률에 대한 인식
	기대인플레이션	향후 1년간 소비자물가상승률 전망

주: 1) 100보다 큰 경우 긍정적으로 응답한 가구수가 부정적으로 응답한 가구수보다 많음을, 100보다 작은 경우 그 반대를 나타냄

2) 100보다 큰 경우 증가 또는 상승할 것으로 응답한 가구수가 감소 또는 하락할 것으로 응답한 가구수보다 많음을, 100보다 작은 경우 그 반대를 나타냄

3. **소비자심리지수(Composite Consumer Sentiment Index: CCSI)의 개념**

– 현재생활형편, 생활형편전망, 가계수입전망, 소비지출전망, 현재경기판단, 향후경기전망 등 6개의 주요 개별지수를 표준화하여 합성한 지수로서 소비자의 경제에 대한 전반적인 인식을 종합적으로 판단

- 6개 개별지수를 표준화 구간(2003년~전년 12월, 매년 초에 전년 12월까지 연장)의 평균과 표준편차를 이용하여 표준화한 후 이를 합성한 종합적인 소비자심리지표임
- 소비자심리지수가 100보다 클 경우 경제상황에 대한 소비자의 주관적인 기대심리가 과거(2003년~전년 12월) 평균보다 낙관적임을, 100보다 작을 경우에는 비관적임을 의미

〈표 7-3〉 가계수지표

수입			지출		
내역	금액	비율	내역	금액	비율
경상소득			고정지출		
남편소득			소득세/주민세		
부인소득			연금기여금		
이자 및 배당금			퇴직적립금		
부동산임대소득			건강보험료		
이전소득			저축 및 보험		
정부 및 사회단체보조금			부채상환금		
친척/친지보조금			월세		
기타 보조금			소계		
연금소득			변동지출		
기타소득			주식비와 부식비		
소계			외식비		
비경상소득			공교육비		
			사교육비		
소계			교재 및 참고서 구입비		
총소득			광열수도비		
			가구 가사용품 구입비		
			피목 및 신발비		
			보건의료비		
			교양오락비		
			차량유지비		
			대중교통비		
			통신비		
			이미용비		
			장신구 구입비		
			경조사비		
			잡비		
			소계		
			기타지출		
			소계		
			총지출		

2. 가계의 경제적 복지

가계의 경제활동의 궁극적 목적은 가계의 경제적 복지를 증진시켜 행복한 가족을 이루는 것이다. 우선 경제적 복지의 개념은 Pigou(1938)에 의해 처음으로 정의되었는데 "경제적 복지가 사회복지의 일부분으로 화폐 측정과 직접적 또는 간접적 관계를 갖는다"고 하였다. 경제적 복지는 전체 복지 즉 행복의 일부분이기 때문에 경제적 측면에서 복지수준이 증가한 만큼 전체 행복이 비례적으로 증가하는 것을 의미하지는 않는다. 그러나 가계의 경제활동은 경제적 복지를 매개로 행복에 기여하는 것은 분명하므로 경제적 복지의 구성요소를 살펴보고 어떻게 평가할 수 있는 지 살펴보고자 한다.

1) 가계의 경제적 복지의 개념과 측정

경제적 복지는 주관적인 평가를 포함하는 것이나 흔히 가족이 경험하는 객관적인 경제적 상태, 즉 경제적 지위로 규정한다. 객관적 경제적 복지는 가계구성원의 욕구를 충족시키는데 투입된 총 재화와 용역 또는 그것을 획득할 수 있는 구매력이나 자원의 총합으로 본다. 주관적 경제적 복지란 가족의 주관적 판단과 인식을 기초로 하여 가족이 누리는 경제적 수준에 대한 만족이라고 정의할 수 있다.

경제적 복지 수준을 평가할 때 여러 가지 고려할 점이 있다. 첫째, 현재 또는 어떤 시점의 경제적 복지 수준만을 측정하는 것인지 아니면 일정한 기간의 복지수준으로 봐야 할 것인가가 중요하다. 복지의 항상성 즉 일정기간 복지수준이 유지되지 못하고 급격히 변동된다면 어떤 개인 또는 가계의 복지수준을 파악하기 위해서는 한 시점의 평가나 질문만으로 정확히 평가할 수 없다. 그리고 현재소득이 낮다 하더라도 장래의 소득이 높은 경우 한 시점에서의 복지측정은 한계가 있다.

둘째, 복지의 적정성이다. 경제적 복지가 개인 또는 가계가 원하는 욕구의 충족이라고 정의한다면 가계의 어떤 욕구를 충족시킬 것인가가 규정되어야 한다. 연령, 성별, 문화적 기대, 사회적 지위 등 가계 특성에 따라서 가계복지수준이 다르다. 일반적으로 가족 수와 가계특성의 영향을 고려할 수 있는 간단한 방법으로 소비요구에 따른 '등가척도'(equivalency scale) 사용하여 가구원 수를 일정한 수준으로 통제한 상태에서 소득이나 자산의 가치를 환산하는 방법을 사용한다. OECD에서 사용하고 있는 가구원수를 고려한 개인의 균등화 소득은 가구의 소득을 $\sqrt{\text{가구원수}}$로 나누어 모든 가구 구성원이 동일한 크기의 후생수준을 누리는 것으로 간주한다.[1)]

1) 예를 들어, 1인 200만원으로 사는 가구가 결혼하여 2인가구가 된 경우에 동일한 후생수준을 누리

셋째, 복지의 평등성이다. 개인 또는 가계의 욕구를 충족시킬 만큼 경제적 수준을 누린다고 해도 상대적으로 박탈감을 느낀다면 주관적으로 경제적 복지수준이 높다고 생각할 수 없다.

가계경제 용어

- **지니계수(Gini coefficient)**
  전체가구(인구)의 소득불평등도를 나타내는 지표로 0에서 1사이 값을 가지며 1에 가까울수록 불평등도가 높은 상태임
- **소득 5분위배율(所得5分衛倍率 : the 5th quintile over 1st quintile)**
  소득 상위 20%의 평균소득/소득 하위 20% 평균소득 으로 계층간 소득격차를 보여줌
- **상대적빈곤율**
  소득수준으로 정렬한 상태에서 한가운데 소득(중위소득)의 50% 미만의 인구비중

넷째, 가능한 소득이나 자산, 그리고 소비 등 다양한 자원의 지표들을 고려할 수 있다. 가령 소득은 화폐소득, 정부보조, 사적보조, 가계생산, 인적자본 고려해야 한다. 소득만으로 가계의 복지 수준을 완전히 평가할 수 없는 이유는 자산 때문으로 자산과 부채의 정도를 고려할수록 경제적 복지의 평가는 더욱 정교해진다. 그리고 일반적으로 소비가 복지를 나타내는 좋은 지표로 간주되고 있어 경제적 복지를 평가할 때 소비를 고려할 수 있다. 소비를 경제적 복지 평가에 반영할 경우 시장에서의 구매와 비시상 부문에서의 획득, 즉 사적이전, 가계생산도 포함해야 한다. 또 가계지출과 내구재 사용가치, 공공서비스의 이용까지도 포함하여 정확한 경제적 복지를 측정하는 시도가 증가하고 있다.

결론적으로 가계의 경제적 복지를 측정할 때 ① 화폐소득 ② 소득뿐만 아니라 자산에서 얻을 수 있는 서비스 ③ 소득, 자산 이외에 비화폐적 요소의 추가적인 측면을 고려한 연구 등과 같은 소득수준에 의한 경우와 ④ 선택된 재화와 품목의 소유여부⑤ 가계총지출 ⑥ 가족이 총 소비한 재화와 용역의 총가치측정법 등 소비수준에 의한 경우가 있다.

주관적인 경제적 복지를 평가할 때 소득 적정도, 재정문제 곤경도, 재정안정도를

기 위해서는 400만원이 필요한 것이 아니라, 함께 거주함으로써 추가 구입없이 공동 사용할 수 있는 주택이나 가구 등은 공유하고, 상품 및 서비스 구매에도 규모의 경제가 수반됨에 따라 절약되어 283만원($200\times\sqrt{2}$)만 있어도 동일한 후생을 누릴 수 있음을 의미(통계청, 2015 가계동향조사 개요).

파악한다. 소득적정도란 주관적 경제복지의 구성 요소 중에서 가장 큰 비중을 차지하는 것으로서 인간생활의 객관적, 환경적 조건과 주관적 가치가 상호 작용하는 과정에서 발생하는 가계소득에 대한 주관적 심리적 인지도이다. 재정문제 곤경도란 기대수준향상과 물가상승이 가족자원의 자원관리에 긴장을 초래하게 되는데, 긴장을 해결하려는 가정의 노력에도 불구하고 재정적 어려움을 경험하는 것으로서 소득수요가 소득공급을 초과할 때 발생한다. 재정안정도란 재정적 위험을 해결할 수 있는 재정능력이나 은퇴시 적절한 재정자원의 확보정도를 의미한다. 가족 구성원들은 미래에 대한 준비, 적절한 생활수준, 미래의 안정, 생활수준의 향상 등의 의미에서 재정적 안정에 관심을 가져왔다.

〈표 7-4〉 소득 및 소비생활 만족도

<소득 만족도> (단위 : %)

	30대	40대	50대	60세 이상
* 만 족 :	1.7	0.3	0.0	0.5
* 불만족 :	1.2	2.7	3.5	6.3

【소득 만족도(19세 이상)】 (단위 : %)

	소득 있음	소계	만족			보통	불만족		
				매우	약간			약간	매우
2015	78.5	100.0	11.4	1.6	9.8	42.3	46.3	33.7	12.6

【소비생활 만족도(19세 이상)】 (단위 : %)

	계	만족			보통	불만족		
			매우	약간			약간	매우
2015	100.0	13.9	2.0	11.9	48.1	38.1	28.6	9.5
19~29세	100.0	17.4	3.3	14.1	49.6	32.9	24.6	8.3
30~39세	100.0	15.3	2.0	13.3	49.7	35.0	27.3	7.7
40~49세	100.0	15.1	1.8	13.3	46.7	38.1	28.3	9.9
50~59세	100.0	12.8	1.8	11.0	46.8	40.4	29.5	10.9
60세이상	100.0	9.8	1.2	8.6	47.9	42.3	32.0	10.3

자료: 통계청, 「사회조사보고서」 각년도.

2015년 한국인의 사회지표를 살펴보면, 우리나라 국민의 소득 만족도를 살펴보면 소득이 있는 사람들 중에 본인의 소득에 대하여 「만족」하는 사람은 11.4%, 「불만족」하는 사람은 46.3%로 나타났다. 소득에 「만족」하는 사람은 30대에서 가장 많이 감소하고, 「불만족」하는 사람은 40대 이후 연령이 높아질수록 감소폭도 증가하는 것으로 나타났다. 2015년 의식주, 여가 및 취미생활 등을 포함한 현재의 전반적인 소비생활에 대한 만족도는 약 절반 수준인 48.1%가 「보통」이라고 응답하였다. 연령이 높아질수록 소비생활에 대한 만족도는 떨어지고, 불만족도는 높아지는 경향을 보였다.

2) 가계의 경제적 복지와 삶의 질, 행복

행복의 결정요인은 무엇일까? 존 헬리엘은 46개국 9만명을 조사한 결과, 행복의 하락 포인트를 찾아냈는데 별거 8점, 이혼 5점, 독신 4.5점, 사별 4점, 동거2점이었다. 그리스철학자 에피쿠로스는 '한 사람이 평생을 행복하게 살아가기 위해서 필요한 것 가운데 가장 위대한 것은 친구다'고 하였다. 행복의 결정요인에 대한 최근 연구를 보면 다양한 요인이 행복의 요인임을 알 수 있다. 보크(2011)는 결혼, 인간관계, 직장, 건강 상태, 종교, 정부의 질이라고 하고, 레이어드(2011)는 가족관계, 재정(소득), 일, 공동체와 친구, 건강, 개인의 자유, 개인의 가치관, 해밀턴(2011)은 자존감, 자신의 삶에 대한 스스로의 통제, 낙관적 태도, 외향적 성향이라고 한다(윤영진, 2012). 이를 정리해 보면, 관계적 측면과 개인적 특성, 외재적 요인으로 구분할 수 있는데 관계적 측면에는 결혼 등의 가족관계, 친구 등과의 인간관계, 직장(일)이 포함되고, 개인적 특성에는 소득과 건강 상태, 개인적 성향이나 가치관이, 외재적 요인에는 정부의 질이 포함된다. 이러한 요인에 사회적 환경이 영향을 미치기도 한다. 종교, 낙천성, 자원봉사나 선행, 민주주의, 법치주의, 효율적인 정부기관, 낮은 수준의 부패와 폭력, 공무원에 대한 높은 신뢰도, 시민과 공공기관 및 공무원간의 소통, 소수자 집단의 관용 등 매우 다양한 요인이 행복과의 관련성에서 거론되고 있다.

소득에 대한 만족에 관한 최근의 연구들은 소득에 대한 만족이 상대적인 것이라고 한다. 레이어드 실험에서는 실험자들에게 '당신은 1년에 평균 5만 달러를 벌고 다른 사람들은 평균 2만5천 달러를 버는 세상'과 '당신은 평균 10만 달러를 벌고 다른 사람들은 평균 25만 달러를 버는 세상' 가운데 어디서 살고 싶은 지를 선택하게 하였다. 이스털린의 역설에 따르면 일정 소득 수준을 달성한 부터는 소득이 늘어도 행복은 나아지지 않는다. 한나라의 소득이 주택, 식량, 물, 에너지에 대한 수요를 충족시킬 수 있는 기본 수준을 일단 넘어서면 경제가 성장한다 해도 국민의 평균적인 행복감이 더 이상 증가하지 않는다. 소득에 대한 만족은 사회적 비교와 습관화에 의해 좌우되며 이러한 요인 때문에 더 이상 행복이 증가하지 않는다. 심지어 소득 증가에 따른 행복 체감의 법칙을 주장한다. 즉 소득 증가에 따른 추가 행복의 증진 효과는 점차 감소한다는 것을 의미한다(윤영진, 2012).

경제적인 부가 행복을 가져다주지 못하는가에 대한 의구심은 삶의 질, 삶의 만족도, 웰빙, GNH(국민총행복지수)에 대한 연구를 자극하였다. 부탄은 '국민 행복 추구정책'에 따라 부탄연구센터에서 행복지수 측정하였고 국민행복지수위원회가 만들어지면서 1974년부터 나라 통치의 기준을 GDP가 아닌 국민들의 행복지수(Gross National Happiness)로 삼겠다고 밝혔다. 부탄대통령은 2012년 제66차 UN총회에서 복지와 행복에 대한 고위급회의에서 "국가별 발전 정도를 GDP나 국민총소득(GNI)이 아닌 GNH로 나타내야 한다"고 하였다. GNH에는 건강, 시간활용 방법, 생활수준, 공동체, 심리적 행복, 문화, 교육, 환경, 올바른 정치 등 9개 분야가 포함된다.

유엔도 2006년부터 '인간개발지수(Human Development Index: HDI)'를 개발, 발표해오고 있다. HDI는 인간다운 생활수준을 평가하기 위해 개발된 복합지수로 소득과 교육, 빈곤, 실업, 환경, 건강, 종교 등 인간생활과 밀접한 여러 가지 기본 요소들을 기초로 사회생활에서 느끼는 행복감을 측정하는 행복지수다. UN은 '세계행복보고서(World Happiness Report)'를 통해 행복도 객관적으로 측정하였다. 기대수명과 기대교육년수, 평균교육년수, 1인당 국내총소득(GNI) 등 4개의 간단한 지표로 100여개 이상의 국가간 비교와 장기 시계열 비교를 하고 있다.

경제협력개발기구(OECD) 역시 지난해 '더나은 삶의 지수(Better life Initiative: BLI)'[2]를 만들어 34개 회원국을 대상으로 총 11개 영역에 대해 평가하였다. BLI 지표는 주거, 소득과 재산, 직업과 수입, 사회관계·공동체, 교육과 능력, 환경의 질, 시민참여 및 거버넌스, 건강, 삶의 만족, 안전, 일과 삶의 균형 등 11개 영역의 객관적 지표와 설문조사 결과 등 24개 지표로 구성돼 있으며, 가장 높은 활용도를 보인다. 캐나다는 행복지수(Canadian Index of Well Being)를 만들었다. 다음의 표는 한국의 행복지수를 국제지표를 통해 비교한 결과이다. UN의 WHR은 주관적인 행복의 정도로 구성하고 있다.

우리나라에서도 행복에 대한 조사가 이루어지고 있다. 2011년 한국갤럽 '행복한 삶' 조사에 따르면 전체 국민의 52% 행복하다 응답하였다. 2012년 어린이·청소년 행복지수 국제비교에서는 한국 69.29점(OECD 평균 100)으로 OECD 국가 중 최하점으로 나타났다.[3]

---

2) http://www.oecd.org/statistics/datalab/bli.htm

3) 연합뉴스, 한국 어린이·청소년 '행복지수' 꼴찌, 2011년 5월 4일자.

〈표 7-5〉 삶의 질 측정방법

유형	측정 지표	측정 방법
협의의 행복 측정	삶의 만족도	회상적 평가 모든 일을 고려했을 때 최근 당신의 삶 전반에 대해 얼마나 만족하십니까? 완전 불만족 1점－완전 만족 10점 간의 척도
	현재 감정 상태 －긍정적 감정 －부정적 감정	감정균형(감정수지): 긍정적 감정－부정적 감정 경험표출법 당신은 현재 얼마나 행복하십니까
광의의 행복 측정	삶의 질	소득, 일자리, 건강, 교육, 환경 등 영역 실업률, 자살률, 기대수명, 지니계수, 빈곤율, 이혼율 등 지표

출처: 윤영진(2012), 복지국가 재정전략, 대영문화사, p.96.

KDI는 2010년 삶의 질 지표를 수명, 사회지출, 보건, 사회적 안전, 경제적 안전, 분배, 빈곤율로 구성하였다. 현대경제연구원 삶의 질 지수(HQLI)는 경제적 안정, 사회적 유대, 보건복지, 생활기반으로 구성되어 있다.

3) 빈곤 가계

가계의 경제적 복지분야에서 사회 정책적으로 가장 중요한 개념은 빈곤의 문제이다. 빈곤의 개념은 절대적 빈곤과 상대적 빈곤으로 구분된다. 절대적 빈곤이란 한 가계 소득이 '최저생활'을 유지하는데 필요한 생계비에 미달했을 경우에 빈곤가계로 규정하는 개념이다. 절대적 빈곤에는 살아가는데 필요한 최소한의 경제적 자원이 얼마인가를 찾아내는 것이 중요하다. 최소한의 생활을 영위하는데 필요한 수입이나 지출을 빈곤선이라고 하는데 이 빈곤선은 최저생계비를 산출하여 이를 근거로 설정하게 된다.

상대적 빈곤이란 한 사회의 기준이 되는 생활수준과의 비교에 의해 빈곤을 정의하는 개념이다. 추정하는 방법은 순수상대빈곤과 유사상대빈곤이 있다. 상대적 빈곤개념은 소득분배와 밀접한 관련을 지니며 사회적 조건에 따라 변화되는 상대적 개념이 더 타당하다는 인식에 근거한다. 주로 소득 순으로 하위에 있는 일정비율의 국민을 빈곤층으로 정의하거나 빈곤선을 전체 평균소득 또는 소비의 일정비율로 정의하는 방법을 적용한다.

---

http://www.keepeek.com/Digital－Asset－Management/oecd/education/pisa－2015－results－volume－iii_9789264273856－en#page1참조.

정책적 의미에서의 빈곤은 매우 중요하다. 사회정책상으로 빈민을 돕기 위한 정부 또는 사회단체의 정책이나 프로그램을 추진 운영할 때 주요 수혜대상을 규정할 때 사용된다. 정부나 사회단체로부터의 공적수혜를 받는 가계를 규정하며 우리나라는 기초생활수급자, 차상위계층 등 사회보장정책의 공적 부조 대상자의 기준이 된다.

빈곤 가계를 대상으로 사회보장정책을 제공할 때 어느 정도의 수혜를 제공하여야 하는가는 생계비의 계산에 따라 달라진다. 또 생계비 계산은 최저임금수준의 결정이나 노동자들의 임금협상 등에서도 중요한 참고자료가 되고 있다. 가계의 실태와 생활수준의 변동을 파악하고 앞으로의 경향을 예측하기 위해서는 가계조사가 이루어져야 한다. 생계비를 계산하는 방식은 표준생계비와 이론 생계비로 구분된다.

생계비란 가족원이 생활을 유지하기 위해서 필요한 지출의 총계를 말하며 표준생계비란 평균계층이 생계유지를 위한 가계지출을 말한다. 미국 노동통계국에서는 부부와 자녀 두 명이 있는 가족들의 총 소비 지출수준의 중앙치에 있는 가족을 표준가족으로 보고 그 가족의 소비지출수준을 표준생계비(보편적 가족표준: Prevailing Family Standard)로 설정. 표준생계비보다 50% 높은 소비수준을 '사회적 풍요표준'으로 보고, 표준생계비의 2/3 수준을 '낮은 생활표준'으로, 1/2수준을 최저생계비(사회적 최소표준 : Social Minimum Stamdard)로 설정하고 있다. 생계비의 산출은 가족의 크기 및 구성, 가구주의 직업, 계절, 물가수준에 따라 큰 영향을 받는다.

생계비에 관한 연구가운데 국민생활의 최저생계비는 정치·경제적 이해와 밀접한 관계가 있다는 점에서 사회적인 관심이 증가하고 있다. 본질적으로 최저생계비는 과연 '인간의 최저생활'을 어떻게 규정할 것인가가 문제가 된다. 최저생계비는 건강을 유지할 수 있으며 그 사회에서 필요한 최저한도의 사회문화적 욕구충족이 어느 정도 이루어져 노동력을 재생산하는데 필요한 최저의 생활수준이라고 하였다. 인간의 최저생활을 어떻게 규정할 것인가? 두 가지 의견이 있다. 첫째, 먼저 생존을 유지하는 수준을 최저생활의 기준으로 본다는 견해와 둘째, 일정한 사회문화적인 조건에서 인간다운 생활을 할 수 있는 수준을 최저생활의 기준으로 보고 있다. 최저생계비의 산정방법은 전물량방식(라운트리 방식), 알렌보울리방식(실태적 생계비) 등이 많이 이용된다.

생계비 계산법

A. 이론적 생계비

현실적으로 소득이나 소비수준과는 무관한 방법으로 여러 과학의 이론을 도입하여 일정한 소비패턴을 이론적으로 설정하고 필요한 양에 가격을 투입한 것이다. 이상적이며 합리적인 방법이지만 보편타당성문제, 객관성에 있어서 문제가 있을 수 있으며 현실성이 결여된다.

① 전물량방식(MARKET BASKET METHOD : 라운트리 방식)

가족원에게 필요한 전비목에 대해서 물량계산을 하여 소요금액을 집계하는 방법이다. 1개월 단위로 계산하되 내구재의 경우 사용기간을 추정하여 구입가격을 내구기간으로 나누어서 계산한다.

② 반물량방식(ENGEL METHOD)

음식물비만을 물량계산하고 다른 비목은 음식물비 계산에 의해서 유도하는 방법이다. 즉 음식물비를 엥겔계수로 나누어서 생계비를 산출한다. 방법이 간단하기는 하나 물가변동에 의해서 변화를 받게 되고 가족구성 및 그 밖의 상황의 차이를 적용시키기 어려운 단점이 있다.

B. 실태적 생계비

가계조사를 하여 실제로 소비한 생활자료의 양과 가격을 기초로 하여 계산하는 방법이다. 전국 도시·농촌의 가계에 대해서 표준조사를 하여 계산하게 된다. 주로 현실적인 수입에 의해 규제되므로 현실성은 있으나 바람직한 생활상을 제시하기 어렵다. 알렌보울리 방식은 먼저 생계에 필요한 소비품목과 사치품목을 나눈 후 사치품목을 제외한 소득수준과 품목별 소비지출과의 관계를 실태조사를 통해 구하여 설정한 후 각각의 소득수준에 필요한 품목별 소비지출수준을 추정하여 이를 합산하여 최저생계비를 구할 수 있다.

우리나라 최저생계비는 2015년에 4인 가구 1,668,329원, 1인가구인 경우 617,281원이다. 그리고 현금급여기준은 4인 가구 135만원, 1인 가구 50만원 수준이 된다. 현금 급여기준은 소득이 전혀 없는 수급자에게 현금으로 지급할 수 있는 최대 상한액으로, 최저생계비에서 현물로 지급되는 의료비·교육비와 TV수신료 등 타법지원액을 차감한 금액을 말한다.

〈표 7-6〉 2014년 및 2015년 최저생계비 (단위: 원/월)

구 분	1인가구	2인가구	3인가구	4인가구	5인가구	6인가구
2014년	603,403	1,027,417	1,329,118	1,630,820	1,932,522	2,234,223
2015년	617,281	1,051,048	1,359,688	1,668,329	1,976,970	2,285,610

자료: 보건복지부, 2015 최저생계비 보도자료, 2014. 8. 29일자.

3. 가족행동의 경제학적 접근

가계의 경제활동은 소득과 지출, 그리고 자산관리행동에 한정되지 않는다. 가계 구성원들의 삶을 유지하기 위한 수많은 의사결정은 경제적인 요인을 고려하지 않을 수 없다. 경제적 의사결정이란 경제적으로 이득과 비용을 분석함으로써 특정 대안을 채택했을 경우에 발생할 수 있는 실익을 사전에 파악하는 과정이다. 경제적 접근방법은 경제적 자원의 획득이나 소비의사결정 이외에도 가족행동, 즉 결혼과 이혼, 출산, 자녀교육 등의 사회적 의사결정을 할 때도 적용된다. 본 장에서는 가족의 사회적 의사결정과정에 경제적 접근방법을 적용하는 이론들을 살펴본다. 이러한 시도는 외연적으로는 사회문화적인 의사결정일지라도 내면에는 가족원들이 부담해야하는 비용을 점검하는 경제적 의사결정이 융합되는 통합적 접근방법이라고 할 수 있다.

1) 결혼과 이혼

어느 사회든 대부분의 남녀는 일정연령에 다다르면 결혼을 한다. 사회가 현대화될수록 만혼의 경향이 증가하고 독신자의 비율이 높아지고 이혼율도 높아지는 현상은 알려져 있다. 이러한 현상을 설명하기 위해 일정연령에 다다른 성인남녀로 구성된 한 사회의 추상적 집단을 결혼시장으로 생각해보자. 그곳에서 행해지는 여러 가지 의사결정의 과정을 경제적인 접근으로 이해할 수 있다.

사람들은 왜 결혼하는가? 결혼을 했을 때 이익이 비용보다 더 클 경우에 결혼할 동기를 가진다. 결혼을 통해 얻을 것으로 예상되는 기대이익은 경제적 이익과 비경제적 이익으로 나누어 분석할 수 있는데 결혼의 경제적 이익은 배우자로부터 얻는 평생에 걸친 경제적 부양이 대표적이다. 또한 결혼이후 출산한 자녀로부터 노후의 생활을 부양받을 수 있다는 점도 중요한 경제적 이득이다. 반면 결혼의 비경제적 이익은 안정감이나 행복, 사회적 지위의 획득, 자녀로부터 얻을 수 있는 행복감 등이다. 반면 결혼을 통해 부담할 것으로 예상하는 기대비용은 결혼을 하기 위해 또는 결혼생활을 유지하기 위해 소요되는 여러 가지 비용이 있다. 가령 결혼식 비용이나 결혼생활을 유지하기 위해 들이는 노력, 시간 등이 결혼의 경제적 기대비용이며 결혼을 통해 발생할 수 있는 스트레스, 독신생활이면 누렸을 자유의 포기 등이 결혼의 비경제적 기대비용이다. 여기서 주목할 점은 결혼을 통해 포기하게 되는 기회비용이 있다는 것이다. 즉 결혼을 하게 될 경우 직장생활을 그만두어야 한다면 직장을 통해서 얻을 수 있었던 소득, 사회적 관계, 자존감, 기타 이익 등을 상실하게 되며 이는 결혼의 기회비용이 된다.

결혼으로부터 기대되는 이익과 비용을 평가했을 때 결혼의 순이익이 클 때 각자에게 가능한 배우자후보가 된다. 가능한 대안이 많을 경우에 각 남녀는 각자에게 주어진 시간과 정보 내에서 최선의 대안을 선택할 것이고, 만약 그 대안이 서로에게 최선이면 결혼하게 된다. 그런데 결혼의 이익과 비용에 대한 판단이 주관적이므로 배우자 선택 기준도 제각기 다르다는 데 문제가 있다. 성별에 따라 결혼의 이익에 관해 어느 정도 일관된 판단을 하는 것으로 알려져 있다. 여자들은 결혼을 통해 대체로 경제적 안정과 사회적 지위를 주요 이익으로 생각하는 것으로 알려진다. 남자들은 대체로 결혼을 통해 좋은 성격과 외모를 가진 배우자의 보살핌을 주요 이익으로 생각하는 것으로 알려졌다. 이러한 경향에서만 본다면 만약 여자들이 기대했던 결혼 후 경제적 안정과 사회적 지위에 변화가 예상된다면 여자들은 결혼을 포기하거나 미룰 것이다. 남자들 결혼 후 역시 좋은 외모와 보살핌을 기대할 수 없다면 결혼을 포기하거나 미룰 것이다.

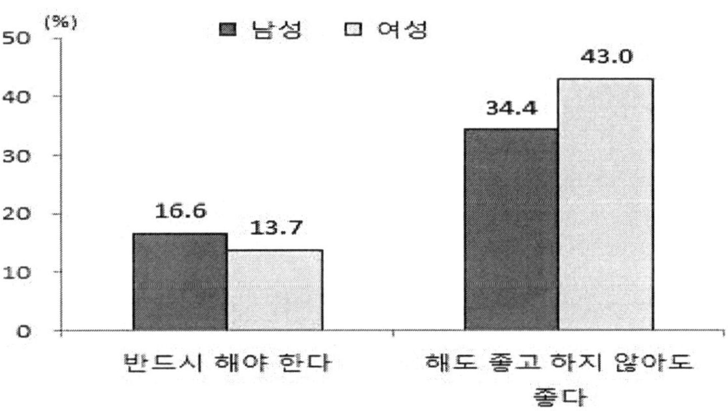

주: 1) 만 15세 이상 인구를 분석대상으로 함.
2) 설문문항은 '귀하는 결혼에 대해 어떻게 생각하십니까?'라고 질문되었고, 응답범주는 '반드시 해야 한다', '하는 것이 좋다', '해도 좋고, 하지 않아도 좋다', '하지 않는 것이 좋다', '하지 말아야 한다', '잘 모르겠다' 등 6개 범주로 구성되었음.
3) 여기에서는 결혼에 대한 당위적 태도와 선택적 태도라고 할 수 있는 '반드시 해야 한다'와 '해도 좋고, 하지 않아도 좋다'의 응답률만을 제시하였음.
4) 설문문항은 '귀하는 결혼생활은 당사자보다 가족 간의 관계가 우선한다에 대하여 어느 정도 동의하십니까?'라고 질문되었고, 응답범주는 '전적으로 동의', '약간 동의', '약간 반대', '전적으로 반대' 등 4개 범주로 구성되었음.
5) 통계치는 '약간 반대'와 '전적으로 반대'를 합한 응답률임.

출처: 통계청, 「사회조사」, 원자료, 2014.

[그림 7-4] 결혼에 대한 태도

현대사회의 만혼과 독신경향이 증가하고 있는데 이는 여성측면의 만혼과 독신이 특히 두드러진 것으로 나타났다. 여성들이 판단하기에 결혼의 이익이 낮아지고 있다는 점이 작용한 것으로 보인다. 여성의 결혼하는 큰 이익 중의 하나가 경제적인 안정을 얻는 것인데 여성의 학력수준이 증가하고 여성노동에 대한 수요가 증가하면서 결혼의 큰 이득 중 경제적 부양에 의한 이익의 정도는 감소한 반면 여성의 사회진출로 인해 결혼의 기회비용은 높아졌기 때문이다.

구체적으로 결혼시장 모델을 가정하고 누가 누구와 결혼하는지를 생각해보자. 결혼시장의 현실은 훨씬 더 복잡하지만 단순한 분석을 위해 결혼시장의 가정을 먼저 만든다. 결혼시장의 가정은 첫째, 결혼시장에서의 남자 수와 여자 수는 동일하다. 둘째, 모든 결혼은 한 남자와 한 여자가 결합하는 단일혼 형태이다. 상품시장과 마찬가지로 결혼시장은 가격체계를 통해 결혼 수요와 공급이 결정된다. 결혼할 의사가 있는 사람은 공급자인 동시 수요자인 결혼시장의 특성이 있다.

결혼시장에서의 남녀의 결합유형으로 동질혼과 이질혼이 있다. 동질혼은 자질이 비슷한 남녀의 결합을 말하는데 남녀의 특성이 서로 보완재일 경우 나타난다. 보완적으로 작용하는 특성은 지능, 교육수준, 키, 연령, 종교, 출신지역 등으로 이러한 특성이 비

〈표 7-7〉 혼인·이혼 건수 및 연령

(단위 : 건, 세)

	혼인건수	초혼연령		이혼건수	이혼연령	
		남자	여자		남자	여자
1990	399,312	27.8	24.8	45,694	36.8	32.7
1995	398,484	28.4	25.3	68,279	38.3	34.5
2000	332,090	29.3	26.5	119,455	40.1	36.5
2005	314,304	30.9	27.7	128,035	42.1	38.6
2010	326,104	31.8	28.9	116,858	45.0	41.1
2011	329,087	31.9	29.1	114,284	45.4	41.5
2012	327,073	32.1	29.4	114,316	45.9	42.0
2013	322,807	32.2	29.6	115,292	46.2	42.4
2014	**305,507**	**32.4**	**29.8**	**115,510**	**46.5**	**42.8**

자료: 통계청, 「인구동태통계연보(혼인·이혼편)」 각년도.

슷한 사람끼리 결합하면 비용이 적게 들고 생산성이 향상되는 장점이 있다. 이질혼은 자질이 우월한 남자와 열등한 여자, 자질이 열등한 남자와 우월한 여자와 맺어지는 결합이다. 남녀의 어떤 특성이 서로 대체재일 경우 일반적으로 나타난다. 대체재로 작용하는 특성이 무엇일까? 우월한 사람끼리의 결합은 서로의 장점을 상쇄시키기 때문이다. 대체재로 작용하는 특성은 임금률, 타인에 대한 지배성향, 타인에 대한 배려, 적개심 등은 이질혼의 형태를 이끈다는 것으로 알려졌다. 즉 이질혼은 노동 분업의 이익을 극대화할 수 있다.

경제적 접근방법으로 볼 때 이혼에 관한 의사결정은 어떠한가? 이혼에 관한 의사결정은 결혼의 기대이익과 기대비용과 실제 이익과 실제 비용에서 차이가 나기 때문으로 해석할 수 있다. 그러면 결혼의 기대이익과 기대비용이 실제와 왜 차이가 나는가? 첫째, 기대이익과 기대비용이 불확실한 정보에 기초하여 제한된 시간 내에 평가되기 때문이다. 결혼 전 배우자에 관한 정보탐색에 비용이 필요하므로 불확실한 정보에 기초하여 의사결정하게 된다. 배우자에 대한 신장, 키, 직업 등에 관한 정보는 비교적 쉽게 얻어지지만 성격이나 어떤 능력은 오랜 교제를 통해서도 파악하기 힘들다. 따라서 탐색비용이 많이 드는 배우자 정보는 불확실할 가능성이 높다. 동거라는 방법은 후자의 정보를 얻기에 좋은 방법이나 동거에 따른 값비싼 비용을 치러야 하므로 채택되기 어렵다. 둘째, 배우자의 특성이 결혼생활이 지속됨에 따라 변하기 때문이다. 결혼이 지속된 이후 배우자의 건강상태, 경제적 능력, 외모 등은 시간이 지나면서 변하기 마련이다. 이는 결혼의 기대이익을 현저히 감소시키는 요인으로 작동된다. 결혼이 기대보다 불행하고, 이혼 후의 가능한 대안에서의 생활보다도 못하다면 사람들은 이혼하려고 하기 때문이다.

결혼 초기의 이혼 증가는 결혼에 대한 불완전한 정보가 이혼에 더 큰 영향 미쳤기 때문이다. 교육, 외모, 연령, 기타 쉽게 평가되는 여러 가지 특성은 결혼 후에 더 많이 알게 되는 것이 아니므로 이혼의 주요원인이 되지 않고 결혼 전에 비교적 정확하게 평가되며 결혼 후에도 크게 변화하지 않는다. 그러나 성격, 사랑 등 쉽게 파악되지 않는 특성에 대한 정보가 불완전하기 쉽고 그것이 이혼사유가 된다. 결혼 초기 성격차이, 사랑의 부재가 이혼 사유로 자주 등장하는 이유이다. 반면 황혼이혼 등 중년이 지나 하는 이혼도 최근 증가하고 있는데 남편의 외도나 경제적 갈등이 주요 이혼사유가 되는 것은 결혼 지속으로 인한 배우자의 특성이 변화하였기 때문으로 해석된다.

이처럼 이혼의 사유가 발생하더라도 이혼은 여러 가지 원인에서 쉽게 결정하기 어렵다. 이혼에 따른 기대이익과 기대비용을 판단하기 때문이다. 특히 이혼의 비용이 복잡한데 이혼의 비용은 개인적 측면과 사회적 측면에 의해 결정된다. 이혼의 개인적 비용은 결혼을 통해 특별히 형성된 인적자본 즉 결혼특화자본의 가치 하락과 직결된다. 결혼특화자본은 결혼을 유지할 경우에 가치가 극대화되는 자본이기 때문이다. 결혼이 유지되어야만 가치가 있는 결혼특화자본의 대표적인 예는 자녀와 가사노동자본이다. 자녀가 많은 경우나 어린 자녀가 있는 경우 이혼율이 감소하는 이유이다. 또 많은 여성의 경우 결혼기간이 길수록 그리고 비취업주부일수록 가사노동의 특화자본의 가치는 매우 크다. 이러한 경우 이혼은 부부가 축적해 온 결혼특화자본의 가치를 현저히 감소시키므로 이혼비용을 증가한다. 이혼과 관련된 사회적 요인인 이혼자에 대한 사회적 낙인이나 이혼의 복잡한 절차 등도 이혼률을 감소시킨다. 그 외 이혼의 비용은 전쟁, 도시화 정도, 공황 같은 사회경제적 조건에 의해서도 좌우될 수 있다.

2) 자녀출산

출산율의 저하는 2차 세계대전 이후 선진국의 공통된 현상이지만 우리나라의 경우 합계출산율은 경제안정기에 들어선 '75년 3.3명에서 '80년 2.7명, '90년 1.6명, 2000년 1.47, 2005년 1.08, 2010년 1.23, 2015년 현재 1.24로 급속도로 낮아졌다. 합계출산율이란 가임여성 1명이 평생 동안 낳을 것으로 예상되는 평균 출생아수를 말한다.

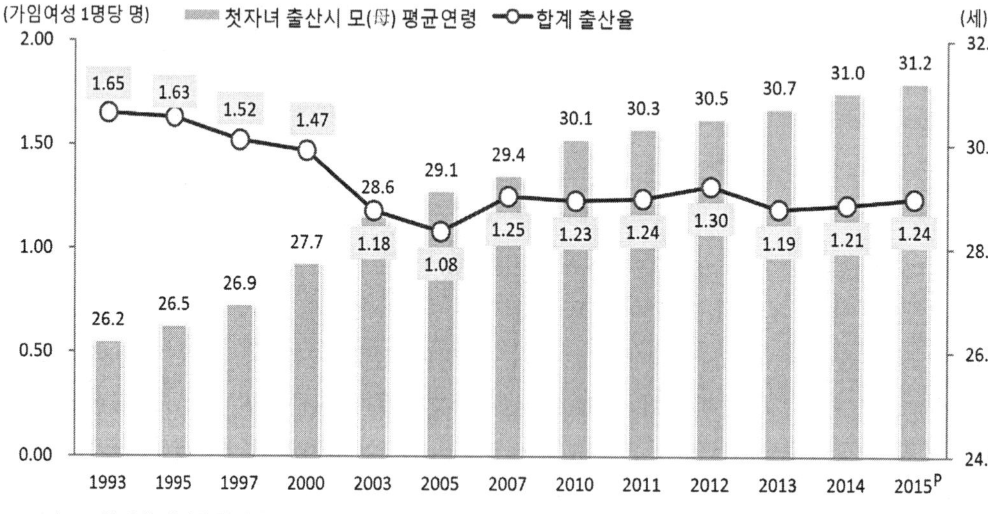

자료 : 통계청, 「인구동태통계연보(총괄·출생·사망편)」

[그림 7-5] 첫 자녀 출산시 모평균연령과 합계출산율

결혼을 하면 통과의례로 자녀를 출산하는 것이 당연시 되었었지만 현대사회에서는 자녀출산을 하나의 선택행위로 간주한다. 우리는 자녀를 왜 필요로 할까? 자녀가 필요한 이유는 우선 가족의 장래를 위한 투자로서의 가치를 지니기 때문이다. 가정의 존속 및 부모의 노후생활보장을 위해 자녀는 매우 중요하다. 그리고 자녀는 소비재로서의 가치를 지닌다. 순수하게 애정의 대상으로만 자녀를 원하는 것이다. 자녀가 사랑스럽기 때문에 낳아 기르는데 이는 자녀를 일종의 소비대상으로 간주하는 것이다.

자녀출산에 대한 의사결정에 영향을 미치는 요인으로 자녀를 기르는데 드는 비용과 소득수준이 가장 중요하다. 자녀를 기르는데 드는 비용은 자녀 출산에 드는 직접비용, 의식주 생활을 위한 비용, 교육비, 시간비용 고려. 그리고 어머니의 자녀양육을 위한 기회비용을 고려해야한다. 여성의 시간가치, 즉 임금수준이 증가할 때 자녀양육서비스는 상대적으로 더 비싸지게 되므로 출산율 낮아진다. 오늘날 각 가정의 자녀 수 감소는 임금율의 증가로 자녀의 양육비용이 증가하기 때문으로 보이고 따라서 소득과 출산율은 부적 관계이다. 특히 여성의 잠재적인 소득의 증가는 자녀양육에 대한 기회비용을 증가시켜, 자녀수 감소시킨다. 그런데 여성의 임금수준이 충분히 높아지는 어느 정도의 단계를 넘으면 자녀가 사치재라 생각할 수 있어 자녀수의 증가를 가져오는 소득효과가 커져 높은 소득수준에서 여성의 임금이 상승할 경우 오히려 자녀출산의 증가를 가져올 수도 있다.

한편 자녀를 적게 낳은 이유를 설명할 때 자녀의 숫자가 중요하기 보다는 한 자녀라도 더 훌륭하게 키우는 것을 원하는 부모가 증가하기 때문이라고 설명하기도 한다. 부모가 자녀로부터 얻는 효용은 자녀의 수의 함수일 뿐 아니라 질의 함수라는 것이다. 자녀를 추가 출산함으로써 기대되는 이익보다 자녀의 질을 한 단위 높임으로써 기대되는 이익이 더 클 경우 추가 출산보다 기존 자녀에게 더 투자를 할 것이다. 자녀에게 할당하는 자원이 한정되어 있다면 자녀수가 적을수록 한 명당 쓸 수 있는 비용이 많아지므로 자녀의 양과 질은 상충관계라고 할 수 있다. 즉 가계의 소득이 증가할 때 자녀양육자의 기회비용증가, 자녀의 질을 더 중요시할 경우 출산자녀의 수는 감소하는 것으로 나타날 것이다. 한편 자녀의 '근로소득' 잠재력이 증가하면 자녀에 대한 수요 증가할 것이다. 농촌의 경우 과거에 상대적으로 자녀양육 비용이 적어 농촌의 출산율이 도시 보다 높게 나타났었다. 하지만 농촌의 기계화로 자녀의 소득 기여도가 감소하였고 자녀의 학교교육기간이 연장되어 비용이 수익을 초과하는 경우가 발생하자 농촌의 출산율이 도시보다 낮은 곳도 발생하였다.

3) 인적자본투자로서의 자녀교육

자녀교육을 위해 어느 정도 지원해야 할 것인가? 교육을 하나의 투자(investment)행위로 간주하는 인적자본이론(human capital theory) 관점에서 의사결정과정을 살펴보도록 하자. 인적자본이론은 1960년대 Schultz, Becker, Mincer 등에 의해 정립되어 가계의 소득획득 및 나아가서 경제복지와 관련된 새로운 관점을 제공하였다. 그들은 생산성의 향상이 기존의 물적 자본의 성장 및 단순한 노동의 투입량의 증가에 의해서만 설명될 수 없으며 생산성을 향상시키는 것은 인간이 지니는 자원인 인적자본이라 주장하였다. 21세기 정보기술시대의 인적자본의 중요성과 가치에 적합한 이론이다.

인적자본에 대한 투자 결정은 기대비용과 투자로 인한 이익을 비교하여 결정한다. 인적자본 투자에 소요될 것으로 예상되는 기대비용은 직접비용, 기회비용, 정신적 비용이 있다. 또 인적자본의 투자로부터 기대되는 이익이 발생하는데 인적자본의 투자가 노동생산성에 기여하고, 그 결과 소득이 증가하는 것이다. 인적자본투자로부터 기대되는 미래의 복지수준은 금전적 소득이 주요 관심대상이나 정신적 소득에 의해서도 증가될 것이다. 인적자본투자의 예로 교육, 직업훈련, 건강유지, 이주 등이 연구되어 왔다.

근로자는 노동시장에서 교육, 훈련, 이주 등 세 종류의 투자를 하게 된다.[4] 경험으로부터 얻게 되는 학습을 포함하여 교육과 훈련의 결과로 근로자가 보유하게 되는 지식과 기술은 생산적인 자본보유량으로 축적된다. 생산적 자본의 가치는 이 기술이 노동시장에서 얼마만큼을 벌어들일 수 있는가로 부터 도출할 수 있다. 인간은 세 단계에 걸쳐 인적자본에 투자한다. 첫째는 어린 시절의 인적자본 획득으로 부모의 경제력과 가르침, 문화적 환경과 조기학교교육경험이 이에 해당한다. 이 시기의 교육투자를 통해 기본 언어기술, 수리적 능력, 학습에 대한 태도, 건강상태라는 인적 자본을 획득한다. 두 번째 단계는 10대와 청년들의 고등학교, 대학교, 직업훈련프로그램의 풀타임 학생으로 교육투자를 하는 것이다. 세 번째 단계는 현장실무훈련(on-the-jon training), 야간학교, 단기프로그램 등을 통해 교육훈련을 받는 것이다.

인적자본 투자의 비용에는 첫째, 등록금과 책 및 기타 문구류에 대한 지출을 포함하는 직접비용, 둘째, 투자기간 동안 적어도 풀타임은 아니더라도 보통 일하는 것이 불가능하기 때문에 나타나는 포기한 근로소득(forgone earnings), 마지막으로 학습이 종종 어렵고 지루하기 때문에 발생하는 정신적 손실(psychic losses)이 포함된다. 인적자본 투자의 기대소득은 미래근로소득의 증가, 생애에 걸쳐 나타나는 직무만족의 증가, 비경제

4) Ehrenberg R.C, and R. S. Smith(2012), Modern labor economics 참조.

적 활동과 관심사에 대한 이해 증진이다. 인적자본 투자에 의한 기대 소득은 주로 미래에 실현되는 것이다. 만약 미래에 받게 되는 이익은 현재 받게 되는 편익이 동일한 크기일 지라도 두 가지 이유로 가치가 작아진다. 첫째, 시간선호인데 사람들은 미래에 얻을 것으로 예상되는 이익이 현재와 동일하다면 좀 더 일찍 소비하는 것을 선호하기 때문에 미래 이익의 크기가 더 커야 채택할 수 있다. 둘째, 인적자본 투자비용을 투자했다면 투자를 통해 벌어들일 수 있는 이자수익을 고려해야 하고 이 경우 더 많은 미래자금이 될 수 있기 때문에 투자 수익율이 통상적인 투자 수익율에 비해 더 높아야 인적자본 투자를 채택할 수 있다. 이외에 인적자본 투자결정에 영향을 미치는 요인은 학습에 있어서의 용이성 및 속도, 열망 및 기대, 금융자원에 대한 접근 등이 있다.

인적자본이론을 자녀 교육에 적용할 경우 교육은 자녀의 시장 생산성을 향상 시키는 가계의 중요한 의사결정이다. 교육비는 소비가 아니라 상품생산에 필요한 노동력을 증가시키기 위한 투자비용이 된다. 교육활동에 의한 산출의 질과 양은 투자한 교육비에 의하여 결정되므로 많은 사람이 좋은 교육을 받을수록 개인과 사회의 노동생산성이 더욱 높아진다. 소득의 증가와 함께 인적자본에 대한 투자인 교육비 지출이 증가하는 것은 이러한 인적자본 투자의 관점이 반영된 것을 반증한다.

인적자본투자를 하는 데는 개인의 기대에 따라 개인마다 다르다. 미래에 많은 시간은 시장노동에 할애할 것으로 예상하는 경우에 시장노동생산성을 증진시키는 인적자본에 투자할 것이다. 성별에 따라 인적자본투자를 달리하는 경우 있는데 역사적으로 여성은 주로 가사노동 및 여가활동에 소비하는 것으로 기대되어 시장노동의 한계이익이 남성보다 낮은 것으로 인식되어 여성시장노동에 대한 인적자본투자량은 남성에 비해 상대적으로 적었다. 시간이 흐르면서 여성의 장래역할에 대한 기대감이 변화되었으며 교육으로부터 수익률도 증가되어 여성의 교육열도 상대적으로 높아졌다. 같은 양의 인적자본을 투자했더라도 재능이 많은 자녀는 재능이 적은 자녀보다 더 많은 이익을 얻을 수 있기 때문에 수익률이 높을 것이다. 최근 교육에 대한 투자가 계속 증가되는 추세이며 인적투자는 점점 더 중요한 가족행동으로 간주된다. 국가적 차원에서 미래의 중요한 인적자본을 위하여 양적인 투자뿐만 아니라 질적인 투자를 병행시키기 위한 교육정책 필요하면 공정하고 평등한 교육기회가 부여될 것이다.

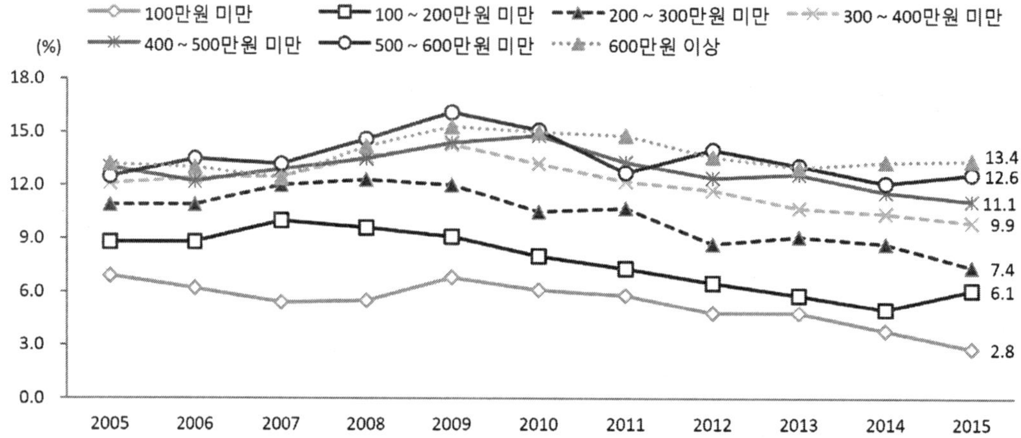

자료 : 통계청, 「가계동향조사」

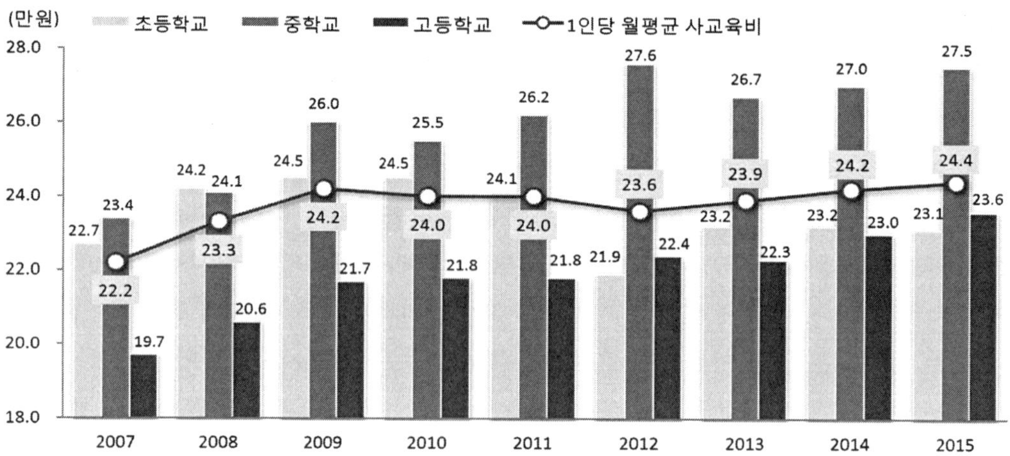

자료 : 통계청·교육부, 「초·중·고 사교육비조사」

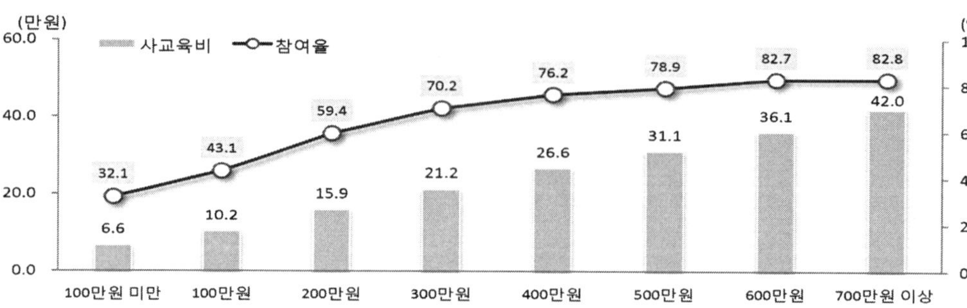

자료 : 통계청·교육부, 「초·중·고 사교육비조사」 2015

[그림 7-6] 초·중·고 교육비

4) 가사노동과 취업

1950년 말부터 경제학에서 확장된 이론들은 가족에 관한 경제학자들의 오랜 무관심을 바꾸는데 베커의 시간분배 이론이 기여하였다. 1965년 베커의 '시간배분이론(A theory of the Allocation of Time)'은 그 동안 화폐가치로 측정 가능한 경제현상밖에 설명할 수 없었던 경제학의 범위를 획기적으로 확장하여 시간 가치로 측정할 수 있는 많은 인간행동을 설명할 수 있게 되었다. 베커는 가정을 하나의 생산단위로 파악하고 가족은 가족원이 추구하는 만족을 충족시키기 위해 가족원의 시간과 여러 자원을 마치 생산요소를 이용하여 생산품을 생산하는 기업과 같다고 보았다. 경제학의 한계를 극복하고 사회학이나 심리학의 연구대상이었던 인간행동의 일반에까지 경제학적 논리를 적용하였다.

베커의 시간배분이론은 기존의 소비자선택이론을 확장한 것으로 소득이라는 제약조건이외에 다른 제약조건으로 희소한 시간을 첨가한 것이다. 희소자원의 효율적 배분을 위한 모든 선택의 문제에 수반되는 비용에 화폐비용과 시간비용의 두 가지 측면을 포함한다. 시간배분이론은 시간비용의 개념을 도입하여 화폐 비용만으로는 설명할 수 없었던 비시장 활동, 특히 가정에서 이루어지는 활동을 설명 가능케 하였다. 베커이론에 의하면 가정은 기업과 같은 생산의 주체로 파악하였다. 가정은 시장에서 구입한 물품에서 바로 효용을 얻는 것이 아니라 그 상품을 소비하는 과정에 가족원의 시간이 할애된 최종생산품을 최종적으로 소비함으로써 효용을 얻는다.

시장재와 가계생산(household production)활동이 결합하여 최종가계생산물(household commodity)을 생산하게 되고 가족원들은 이 최종가계생산물을 소비함으로써 효용 즉 만족을 얻게 된다. 가족의 효용 극대화는 가장 많은 효용을 창출해내는 최종생산물의 조합을 생산함으로써 달성할 수 있다. 최종생산품은 물질적인 것에서 비물질적인 것에 이르기까지 다양하다. 예를 들면, 손수 만든 음식, 정돈된 거실, 자녀, 행복감, 위신과 존경 등으로 범위가 폭넓다. 시간가치의 개념이 도입되면서부터 가정에서 이루어지는 활동에 대한 폭넓은 경제학적 분석이 가능해졌다. 최종가계생산물의 잠재가격(shadow price)은 시장재화의 가격과 가계생산에 투여된 시간의 가격(대개 시간당 임금율 이용)으로 책정된다.

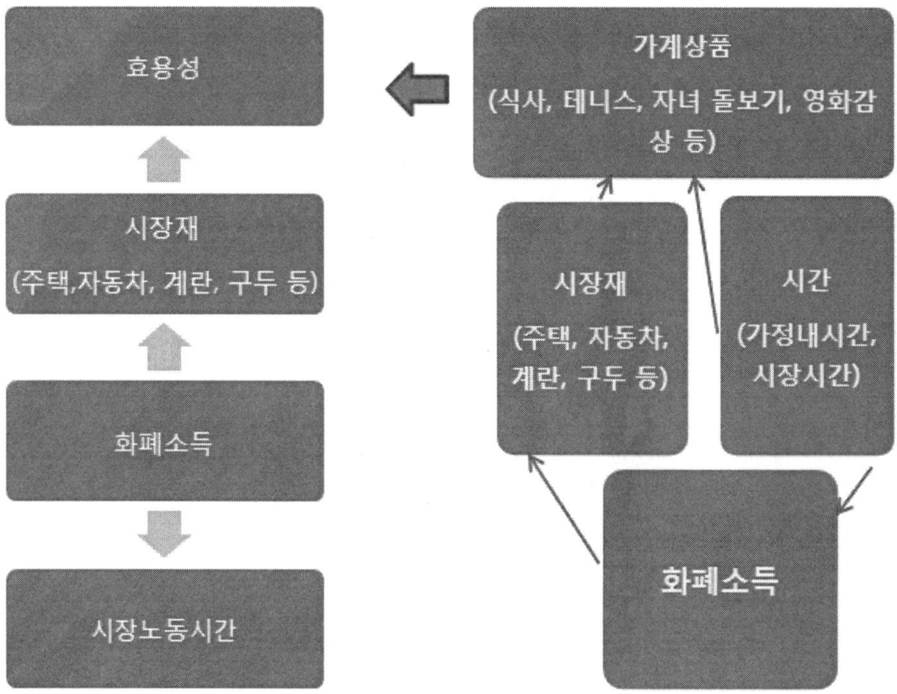

자료: Berk(1980), The new home economics: an Agenda for socialogical Research, Berk Sarah ed. Women and Household Labor, Sage.

[그림 7-7] 가계생산 모형

최종생산물의 생산을 위해서는 재화와 용역의 구입이 필요한데 이를 위해서는 소득이 필요하며 소득을 얻기 위해서는 시장노동에 시간을 할애하여야 하고 시장재화를 재료로 최종가계생산물을 생산하기 위한 비시장노동에도 시간을 할애해야 한다. 즉효용의 극대화는 가사노동과 시장노동에의 효율적인 시간배분이 요구된다. 가장 효율적인 경제학적 해결 방법은 전문화와 교환에 따르는 효율성을 이용하는 것으로 남편은 시장노동에 전문화되어 있고 아내가 가사노동에 전문화되어 있다면 가장 효율적으로 최종생산물을 생산하는 방법은 전문화된 영역으로의 역할분담이다. 그러나 여성의 경제활동참가가 증가하였고 그 추세가 지속적으로 이루어짐에 따라 맞벌이 가정이 증가하였으며 가정에서의 전통적인 성별 노동 분담에서의 변화가 요구되었다.

성역할 분담은 어디에서 기인하는 것일까? 경제학에서 여성은 가사활동, 남성은 시장 활동에 종사함으로써 보편적인 노동 분담이 이루어진다고 보고 있으나 여성학계에서는 이러한 성역할 분담은 생물학적 경험과 교육의 차이에서 기인한다고 보고 있다.

첫째, 전문화와 교환에 따른 순수 노동 분업의 이익이 있다는 관점이다. 모든 사람이 생물학적으로 동일하다는 가정 아래, 남편과 아내의 개인적 능력이 동일해도 부부가 역할분담으로 함으로써 각자의 생산성이 증가하여 가족전체에게 이익이 돌아간다. 둘째, 남녀 간의 생물학적 차이가 있다는 관점이다. 여성은 자녀출산과 양육에 보다 긴밀하게 연계되어 있으며 여성이 남성보다 가정경영 영역에 비교우위를 갖는다고 설명한다. 셋째, 여성의 취업기회가 남성에 비해 제한되어 있다는 관점이다. 사회적으로 만들어진 비교우위 아래 남성이 시장에서 일하는 것이 효율적이다. 넷째, 남녀 간의 생물학적·사회적 차이가 비록 작은 것이라 할지라도 이것은 남녀 간의 교육과 훈련의 차이에 따라 사후적으로 증가될 수 있다는 설명이다.

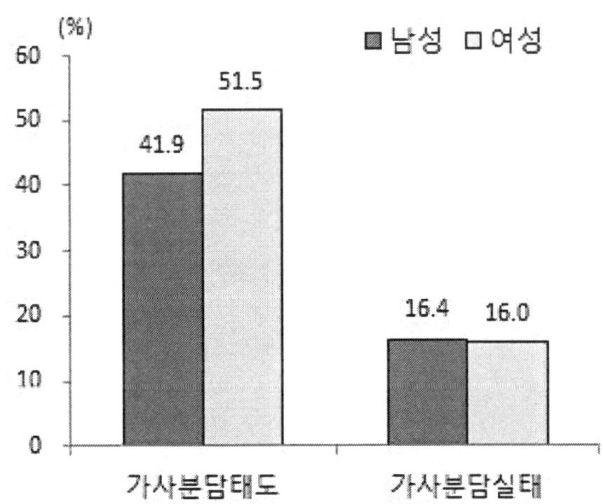

주: 1) 가사분담에 대한 태도는 부부 간 가사분담에 대해 '공평하게 분담해야 한다'라고 응답한 사람들의 비율임. 만 15세 이상 응답자를 대상으로 함.
2) 가사분담에 대한 실태는 배우자와 함께 동거하고 있는 남편과 아내가 응답한 결과로, 이들 중 평소 가사분담을 '공평하게 하고 있다'라고 응답한 사람들의 비율임.

출처: 통계청, 「사회조사」, 원자료, 2014.

[그림 7-8] 성별에 따른 가사분담태도와 실태

〈고용률〉

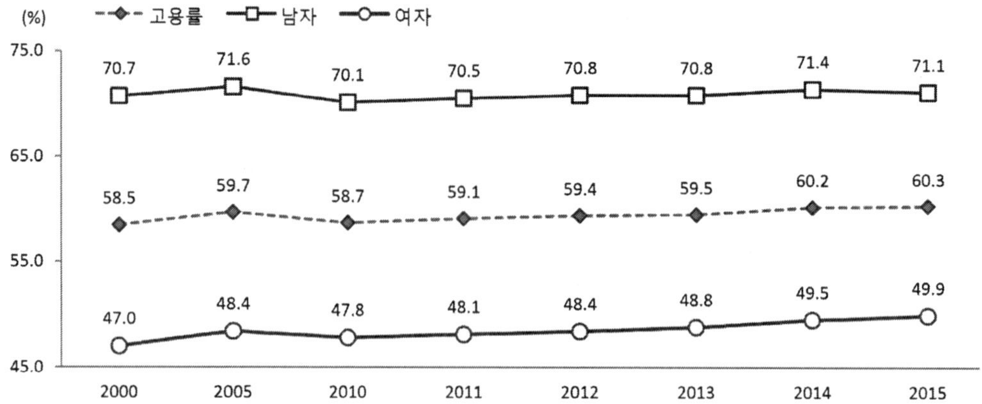

자료 : 통계청, 「경제활동인구연보」

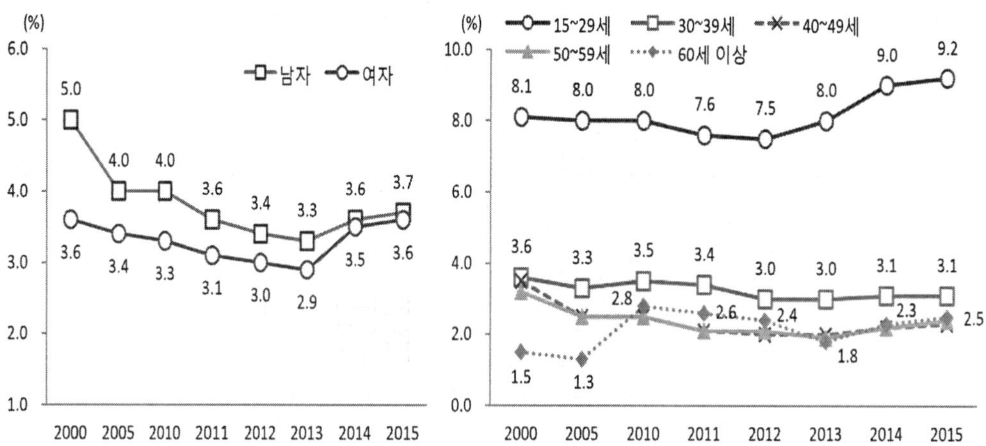

자료 : 통계청, 「경제활동인구연보」

[그림 7-9] 성별 경제활동

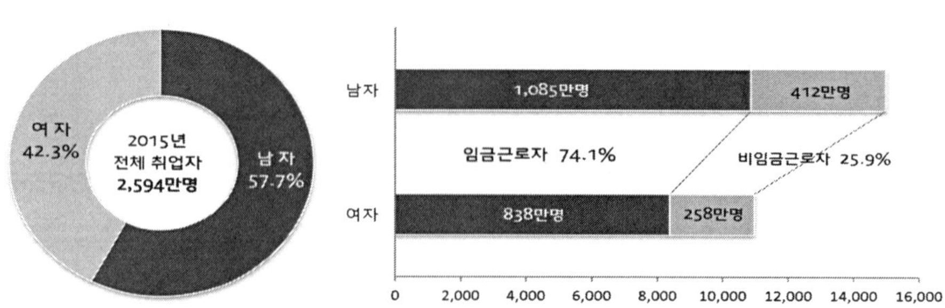

자료 : 통계청, 「경제활동인구연보」 2015

[그림 7-10] 취업자 구성비

여성의 사회참여율이 바른 속도로 증가되면서 여성의 경제활동 참가율도 빠르게 증가되어 왔다. 여성의 결혼 후 지속적으로 노동시장에 참여하는 경향이 높아지면서 맞벌이 가계가 증가하고 여성의 일과 가정의 양립문제가 대두되었다. 여성의 가사노동과 시장노동사이의 시간배분은 여성의 취업 여부 결정을 의미한다. 이는 가사노동시간의 가치와 시장노동시간의 가치를 비교하여 결정하게 된다. 시장노동시간의 가치는 시장임금에 의해 영향을 받으며 임금이 상승함에 따라 대체효과와 소득효과가 발생하여 그 상대적 크기에 따라 취업결정에 영향을 미친다. 임금상승에 따른 대체효과란 가치가 올라가는 시장노동시간을 더 많이 선택하게 되어 가사노동시간이 시장노동시간으로 대체될 것이라는 효과이다. 임금상승에 따른 소득효과란 소득이 증가함에 따라 더 많은 가사노동시간이 요구되어 가사노동시간이 더 증가하는 효과를 의미한다.

가사노동시간의 가치는 가족원의 기호와 선호, 가사노동의 대체여부, 가사노동시간에 대한 수요, 다른 원천으로부터 얻게 되는 소득의 이용가능성에 영향을 받는다. 지금까지 여성 경제활동참가의 증가는 그들의 가사노동시간의 가치보다 시장노동시간의 가치가 더욱 빠르게 증가한다는 사실을 입증하는 것이며 대체효과가 소득효과보다 컸음을 의미한다. 최근의 자녀수의 감소, 가사노동의 대체가능성의 증가, 임금 증가, 취업에 대한 높은 선호, 전업주부에의 사회적 압력의 감소 등은 가사노동시간의 가치에 비해 시장노동시간의 가치를 상대적으로 높이는 요인으로 작용하여 취업률을 더욱 증가시키는데 기여한다.

더 생각해보기

- GDP 대체적인 경제수준 비교 지표인 행복지수를 설명해보고 우리나라는 어떻게 평가받고 있는지 찾아보자. 그리고 어떤 부분의 개선이 필요한지 설명해보자.
- 가사노동은 어떻게 평가될 수 있을까? 시장에서 교환되지 않는 가정내 노동이기 때문에 무보수로 제공되기 때문에 시장가격을 알 수 없다. 가사노동의 가치평가방법을 알아보자.
- 한국의 저출산 문제는 매우 심각한 수준이라고 한다. 결혼절벽, 출산절벽, 그래서 인구절벽이라는 사회적 진단에 대해서 그 원인과 대책을 살펴보자.
- 〈표 7-3〉에 제시된 가계수지표를 작성해보자.

CHAPTER 08

소비자학 전공자의 진로설계

제 8 장 소비자학 전공자의 진로설계

1. 전공과 진로

소비자정보학과 전공자의 졸업 후 진로, 전공과 관련된 자격증, 관련 링크를 중심으로 전공에 대해 소개한다.

1) 소비자정보학과의 교육목표와 진로

소비자정보학과는 '소비자'와 '재무설계' 전문 인력의 양성을 교육목표로 한다. 계명대학교 소비자정보학과 홈페이지에 게시된 교육목표를 중심으로 소개하면 다음과 같다([그림 8-1] 참조).

첫째, 소비자의 경제생활에 필요한 개인재무관리 교과목을 통해 재무설계 전문가를 양성하고 있다. 소비자가 경제생활을 만족스럽게 영위해 나가기 위해 가장 필요한 개인재무관리를 중심으로 투자상담 등 자산관리 전문인을 양성한다. 투자상담사, 자산관리사(FP), 국제공인재무설계사(CFP), 은행텔러 등의 자격증을 소지하게 되면 은행, 증권사, 보험사를 비롯한 금융기관, 그리고 신용회복위원회, 재무컨설팅회사 등에 진출할 수 있다. 특히 소비자정보학과는 한국 FP 협회에서 인증하는 AFPK(국제공인재무설계사) 자격증 취득을 위한 교육인증기관으로 선정되었다.

둘째, 소비자 정보와 의사결정, 행동, 소비문화, 디지털 경제환경, 전자상거래, 유통환경론 등의 교과목은 소비자 정보와 트렌드를 분석할 수 있는 전문가 양성을 목표로 한다. 디지털 혁명으로 시장환경이 급변하면서 무한 경쟁시대에 있는 기업이 시장에서 생존하는 최선의 방법은 소비자에 대한 정확한 정보를 알고 변화를 읽는 것이다. 소비자의 트렌드와 정보를 넘나들 수 있는 소비트렌드 전문가는 기업의 마케팅, 고객지원실, 시장정보 조사전문가, 상품 개발 및 머천다이저 등으로 진출할 수 있다.

셋째, 고객서비스, 소비자피해구제와 관련된 교과목을 통해 소비자상담 전문가를 양성하고 있다. 기업 및 공공기관과 거래하는 소비자들의 불만 예방과 해결, 나아가 건강한 고객관계를 구축하는 것은 궁극적으로 시장경제 및 경제주체의 신뢰 형성에 기여한다. 인터넷과 모바일을 매개로 한 전자상거래의 활성화로 인해 전문상담능력을 가진 전문가를 더욱 필요로 하게 되었다.

넷째, 소비자정보학과는 가정과 2급 정교사 자격증 취득과정을 운영하고 있다. 자격을 갖춘 전공자가 전공교과목 중 가계경제학, 주거학을 포함한 7개 과목과 전공교직과목, 일반교직과목 등 교직과정에서 요구하는 학점과 실습을 이수하면 자격증을 취득할 수 있으며 임용고사에 응시해 중고등학교 교사로 진출할 수 있다(계명대학교 교직과정 홈페이지 참조 : http://web.kmu.ac.kr/teach/).

출처: 계명대학교 소비자정보학과 홈페이지(http://cms.kmu.ac.kr/user/consumer/)

[그림 8-1] 계명대학교 소비자정보학과 홈페이지

2) 소비자정보학과 관련 자격증

소비자정보학과 교과과정을 이수하면서 도전할 수 있는 자격증을 홈페이지에 예시된 관련 자격증을 중심으로 소개한다([그림 8-2] 참조). 전술한 네 가지 교육목표 및 진로와 관련된 자격증은 금융분야, 소비자상담분야, 유통분야, 가정과 2급 교사자격증으로, 분야에 따라 자신의 진로설계 후 여러 자격증을 탐색해보고 도전해보자. 진로탐색과정에서 자격증 취득 후 진출할 수 있는 전문분야와 활동내용에 대한 정보는 관련 링크의 전문기관에서 알아보자([그림 8-3] 참조).

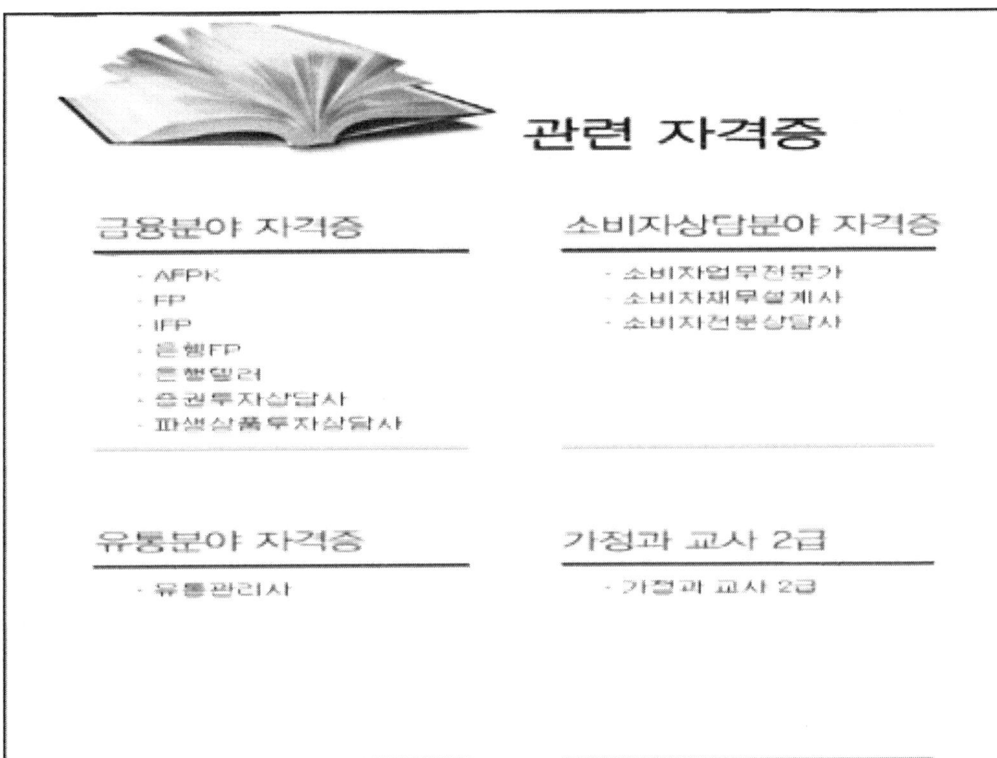

출처: 계명대학교 소비자정보학과 홈페이지(http://cms.kmu.ac.kr/user/consumer/)

[그림 8-2] 소비자정보학과 관련 자격증

출처: 계명대학교 소비자정보학과 홈페이지(http://cms.kmu.ac.kr/user/consumer/)

[그림 8-3] 소비자정보학과 관련 링크

2. 직업 찾기

대학생의 중요한 발달과업 중 하나는 미래의 직업 찾기이다. 직업을 찾기 위해서는 먼저 자신의 진로를 설계해야 한다. 즉, 자신의 특성을 알고 직업세계에 대한 이해를 바탕으로 자신에게 맞는 진로목표를 수립하고, 목표를 달성하기 위한 구체적인 직업을 찾고 직업에서 요구하는 소양과 조건을 준비하는 것이다. 이 절에서는 직업 찾기의 과정으로 자신의 성격과 적성에 대한 객관적, 주관적 평가와 판단, 직업 선택에 영향을 미칠 수 있는 가계 특성, 그리고 사회와 직업세계의 변화 등을 알아보고 어떻게 준비할 것인가에 대해 알아본다.[1)]

1) 직업 찾기의 배경과 동기

취업은 대학생들의 가장 큰 도전이자 고민거리이다. 그에 앞서 고등학생들이 희망 대학과 전공을 선택하는 시점에서도 자신이 원하는 전공보다는 취업에 유리한 전공을 선택하는 경향이다. 지속적인 경기 불황과 청년 취업난, 미래에 대한 불확실성 등 사회경제적 불안요인도 취업에 대한 걱정을 가중시키는 요인이다. 그러나 미래의 불안 때문

1) 이경희·곽인숙·김순미·홍성희·김혜연·고선강(2010), 생활경영: 자기개발을 위한 워크북을 참고로 재구성함.

에 사회적으로 인지도가 높고 안정적인 직업을 목표로 하거나 고려하는 것은 직업이 개인의 삶에 미치는 영향을 간과하는 것이다.

우리가 안정적인 직업을 갖고자 하는 것은 직업이 생활의 수단을 제공해주는 경제적 역할 뿐 아니라 사회적 지위와 성공 정도 등을 보여주는 척도이며, 개인의 정체성을 보여주기 때문이다. 즉, 개인의 일생을 통해 직업과 일은 경제적, 사회적, 심리적 측면에서 의미를 가진다. 그렇다면 나의 일생을 보여주는 직업은 어떻게 찾고 준비해야 할 것인가? 직업이 점차 전문화되는 한편 새로운 직업이 생겨나고 융합되는 경향도 동시에 진행되고 있다. 앞으로 100세 시대를 살게 될 청년들은 평생 동안 한 직업에 헌신하기 보다는 여러 번 직업을 찾아야 할 것이다. 직업 찾기의 필요성을 생각해보자.

(1) 직업에 대한 현실적 인식

대학생은 직업에 대해 피상적으로 생각하고 환상적인 태도를 형성하고 있으며, 특정 직업군에만 관심을 보이는 경향이 있다. 그러나 사회에는 다양한 직업군이 존재하며, 기술 혁신과 산업구조의 변화에 따라 현재 각광받는 직업이 곧 사라질 위기에 처하거나 반대로 새로운 직업이 생기기도 한다. 따라서 자신의 막연한 기대나 주변 성인들이 알고 있는 일반적인 정보에 의존하기 보다는 현재 직업세계에서 필요로 하는 능력과 자격에 대한 정보를 그때 그때 파악해야 한다. 또 각 직업군의 상점 또는 특정 직장의 높은 대우 뿐 아니라 직무수행의 어려움, 근무조건 등을 객관적으로 비교 파악하고 현실적으로 인식할 필요가 있다.

(2) 직업의식의 확인

대부분의 대학생들은 졸업 후 좋은 직장에 취업하고 싶은 욕망이 강한 동시에 취업여부에 대한 불안감이 크다. 그러나 취업을 위해 지금 무엇을 해야 할 것인가에 대한 고민과 실천은 상대적으로 약하다. 심지어 좋은 직업과 가고 싶은 직장에 대한 확고한 생각도 해보지 않은 경우가 많다. 그렇다면 나의 직업에 대해 먼저 생각해보자.

- 내가 생각하는 좋은 직장이란 어떤 곳일까?
- 나는 왜 직업을 가지려고 하나? 또는 왜 직업을 가져야 하나? 성인이라면 당연히 부모로부터 경제적으로 독립하고 스스로 생활하기 위해서 돈을 벌어야 하는 것일까? 직업을 통해 나의 정체성을 찾고 자아를 성취하기 위한 것일까? 혹은 주변 사람들의 기대와 사회적 책임을 위해서 직업을 가져야 하는 것일까?

(3) 이상적 직업 찾기

자신이 좋아하는 일을 평생 계속할 수 있다면 가장 행복한 직업인이 될 수 있을 것이다. 따라서 내가 진정으로 좋아하는 일이 무엇인지를 찾아내는 것이 우선이다. 좋아하는 일과 직업을 선택해야 전념할 수 있고 만족과 행복을 얻을 수 있기 때문이다. 이상적인 직업을 찾기 위해서 다음과 같은 질문을 스스로 던져보자. 자신을 통찰할 수 있는 기회를 가짐으로써 자신이 원하는 이상적인 직업을 발견해보자.

- 시간 가는 줄 모르고 몰두하는 일은 무엇인가?
- 보수와 상관 없이 하고 싶은 일이 있는가?
- 내가 좋아하는 직업인은 누구인가? 왜 좋아하는가?
- 지금까지 아르바이트나 봉사활동을 했을 때 즐거웠던 경험이 있는가?

2) 직업의 의미

자신의 삶에서 직업이 차지하는 경제적, 사회적, 심리적 의미를 파악한다. 직업을 갖는 것이 자신에게 경제적으로 어떤 의미를 주며, 사회적으로는 어떤 의미를 주는가, 심리적으로는 어떤 만족감을 주는가를 정리해보자.

- 경제적 측면 : 생계 유지, 가족부양, 문화생활과 취미생활의 영위
- 사회적 측면 : 사회적 책임과 역할 수행, 소속감, 공동체 의식, 인간관계, 사회적 자본의 개발과 유지
- 심리적 측면 : 자기정체성 확립, 자신감, 성취감, 가족의 인정과 존중, 사회적 대우

3) 나의 진로가계도

진로나 직업 선택에 영향을 줄 수 있는 환경적 요인으로 가족을 들 수 있다. 가족은 지금까지 나를 키우고 교육시킨 부모를 비롯한 혈연관계에 있는 사람들로, 생활환경과 생활양식, 그리고 경우에 따라서는 생각과 가치관을 공유하기도 한다. 특히 우리는 성인기 이전까지는 부모의 가치관과 교육관의 영향 하에서 성장하였으며 손위형제는 나의 진로상담자와 모델이 될 수도 있다. 그러므로 나의 직계가족을 중심으로 친척들이 종사하는 직업과 직업관, 그들이 나의 진로와 직업 선택에 가지는 기대와 역할 등은 내가 선망하는 직업에 영향을 미칠 수 있다. 가족과 친척들 중 좋아하는 직업에 헌신하며 만족한 삶을 살거나 주변에서 성공했다는 좋은 평판을 얻는 사람이 있다면 그들은 나에게 가장 가까운 거리에서 만날 수 있는 직업역할모델이 되며, 나의 성장과정에서 자연스러운 간접경험이 될 수 있기 때문이다. 반면 가족의 기대와 지나친 관심이 내가 원하는 직업과 다르거나 부담이 될 수도 있다. 그러므로 나를 중심으로 3대 정도의 친척의 직업을 표시한 진로가계도를 그려 보자([그림 8-4]).

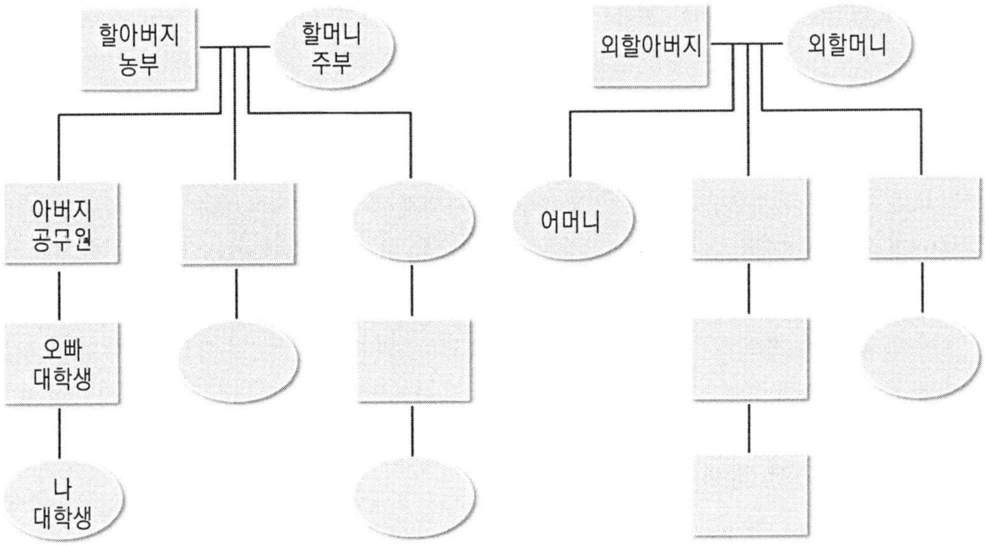

[그림 8-4] 나의 진로가계도

진로가계도를 통해 자신이 이상적으로 생각하거나 지금 관심을 가지고 있는 직업을 가진 친척은 누구인지, 상담과 조언을 구하고 싶은 사람은 누구인지, 또 자신의 진로와 직업 선택에 중요한 역할을 하는 사람은 누구인지를 살펴보자.

4) 산업구조와 직업의 변화

최근 4차 산업혁명이 사회의 큰 관심사로 등장하였다. 4차 산업혁명에 대해 명확히 이해되지 않은 상태에서 국가나 산업계에서도 전망과 예측을 내놓지 못하고 있는 가운데 많은 일자리와 직업이 사라질 것이라는 부정적 견해가 제시되고 있다. 반면 새로운 직업이 탄생하고 일자리도 생겨날 것으로 전망되기도 한다. 새로운 산업혁명의 물결이 예고된 가운데 이를 이끌 기술적 기반 중 인공지능(Artificial Intelligence)을 중심으로 박가열 외(2017)의 연구 내용을 요약하여 소개한다.

2016년 3월 다국적 정보처리업체 구글의 딥마인드 엔지니어들이 만든 컴퓨터 프로그램 알파고(Alphago)가 세계를 깜짝 놀라게 했다. 알파고가 세계 바둑챔피언 이세돌과 바둑 대국을 벌인 결과 예상과 달리 알파고가 다섯 번의 대국 중 네 번을 이겼기 때문이다. 이를 계기로 우리 사회에서 인공지능기술에 대한 관심이 매우 높아진 한편 이 기술이 미래의 우리 삶에 어떤 영향을 미칠 것인지에 대한 불안이 증폭되었다. 인공지능은 인간의 지각, 추론, 학습능력 등을 컴퓨터 기술을 이용하여 구현함으로써 금융, 의료, 제조업 등 산업계에서는 물론 사회 문화적 측면에서 광범위한 파급효과를 가져올 전망이다. 인공지능기술의 발달은 타 분야 기술에 내재되어 활용되는 소프트웨어 형으로, 자연어 처리, 이미지 인식, 딥러닝 등이 기업 업무 환경에서 적용될 연계기술이다. 또한 인공지능을 통한 자동화와 함께 로봇기술은 산업계와 서비스 분야의 변화를 초래할 것으로 예상된다. 이미 IBM의 인공지능 수퍼컴퓨터 왓슨(Watson)은 전문적인 서비스인 의사의 진단에 대한 의사결정을 지원하고 있다. 향후 20년 후에는 인간이 업무를 수행하는 데 있어 인공지능과 협업하여 의사결정하게 될 것으로 전망되기도 한다. 이 같은 경제적 사회적 변화로 고용이나 일의 성격도 변화하여 일부 직업은 소멸되고 새로운 직업이 탄생하게 된다.

5) 직업 찾기의 장애요인

(1) 자신에 대한 이해 및 정보 부족

자신의 성격, 적성, 가치관, 잠재능력에 대해 깊이 생각해 본 적이 없거나 자신의 장단점, 잘 하는 것에 대한 객관적인 정보가 부족하면 직업 찾기가 어려워진다.

내가 할 수 있는 일은 무엇이며, 지금까지 내가 한 일 중에서 자랑스러운 일은 무엇인가? 내가 잘하는 일은 무엇이며, 내게 부족한 점이 있다면 무엇인가? 주변 사람들이 내게 말하는 장점이나 잘 하는 것, 반대로 단점은 무엇인지 생각해보자. 내가 지금부터 갖추고 배워야 할 능력이 있다면 무엇인지에 대해 이해하는 것이 필요하다.

(2) 불분명한 목표

지금까지 목표를 가져본 적이 없거나 가족과 주위 사람들의 기대를 자신의 목표로 수용하는 수동적인 자세로 그때 그때 주어진 일을 해결하는데 급급한 것이 우리 대부분의 현실이다. 목표가 분명하지 않고 스스로 설정한 것이 아니라면 그 목표를 향해 노력하는 과정에서 의미를 찾기 어려우며 달성했을 때도 성취감이 크지 않다. 또한 목표 달성 과정에서 위기에 처할 경우 그때까지 성취한 것과 의지가 통째로 흔들리는 경험을 하게 될 수 있다.

직장인 중 좋아하는 일을 하며 사는 사람은 많지 않은 것으로 보인다. 스웨덴의 리서치 기업 유니버섬(Universum)이 57개국의 젊은 직장인 20만 명을 대상으로 만족도를 포함한 '직장인 행복지수'를 평가한 결과 우리나라 직장인 행복지수는 57개국 중 49위에 머물렀다(한국경제, 2016년 12월 3일자). 그러면 직장을 갖기 전, 즉 취업준비단계에서는 누구나 좋아하는 일, 하고 싶은 일을 하면서 살고 싶다는 꿈을 갖고 있지만 직장인이 되었을 때 만족과 행복감을 느끼는 정도가 낮은 이유는 무엇일까? 그 이유는 좋아하는 일을 하지 못하고 있기 때문이다. 대부분은 자신이 좋아하는 일을 선택했을 때 경제적으로 안정된 삶을 살 수 있을까 또는 해고나 실직의 위험 없이 정년퇴직을 보장받을 수 있는가 등 경제적 이유에서 좋아하는 일보다는 안정적인 일을 직업으로 선택할 수밖에 없다고 생각한다. 그러나 실제로 대부분은 자신이 진정으로 좋아하는 일이 무엇인지 잘 알지 못하기 때문에 그 일을 할 수 없는 것이다. 그러므로 직업에서 얻는 결과에 앞서 직업을 선택하는 동기를 먼저 찾고, 동기를 보다 구체화시킨 목표를 세워보자.

(3) 실천의 부재

자신의 삶에서 가장 중요하다고 생각되는 목표를 정했으나 실천을 잘 하지 않는 이유는 무엇일까? 실천을 위한 구체적인 과정에 대한 계획이 부족하거나 반대로 계획이 너무 거창하고 현실적이지 못해 핑계거리를 생각하면서 미루고 있는 것은 아닌지 확인해보자.

취업을 준비하는 대학생들에게 자격증 취득이 필수조건인 것으로 되어 있다. 그러나 전공과 무관한 자격증 또는 내가 목표로 하는 일과 직무연관성이 없는 자격증을 일단 따고 보자는 식으로 목적의식이 상실된 경우가 많다. 이처럼 목표의식 없는 자격증을 취득하기 위해 '취업 사교육'을 받는데 경제적 부담이 크고, 누구나 가지고 있는 자격증은 정작 취업에 실효성이 없기도 한다. 자격증을 준비하기에 앞서 자신에게 필요한 것이 무엇이며 자신의 업무능력을 입증할 수 있는 것은 어떤 자격증인지, 원하는 직종에서 어느 정도 인정받을 수 있는 것인지를 알아보는 것이 우선이다.

6) 직업 찾기 전략

나에게 적합한 직업을 찾는 과정이 합리적인 결과를 가져다주는 과정이 되려면 일종의 전략이 필요하다. 구체적인 직업을 여러 각도에서 생각해보고 정보를 탐색해보자. 예를 들어, 선호직업, 가능한 직업, 직업에 대한 정보 탐색, 직업과 자신과의 적합성, 취업 전망 등을 평가한 후 적합한 직업을 잠정적으로 선택하도록 한다. 최근에는 대입수험생들도 취업을 염두에 두고 대학과 전공을 지원하는 추세이지만, 졸업을 하면 취업이 될 것이라는 막연한 기대감, 또는 취업을 위해 대학에 입학했다는 수단적 목적으로 정작 입학한 후에는 자신에게 필요한 전략에 소홀할 수 있다. 직업 찾기 전략은 자신의 선호 직업에서 시작하여 주변에서 정보를 구하는데서 끝나기 쉽다. 그러나 4차 산업혁명이라는 변화의 물결 앞에서 주변의 정보는 이미 최신의 정보가 아닐 수 있으며, 더구나 미래사회의 변화를 고려하기에는 부족한 정보일 가능성이 크다. 따라서 신뢰할 수 있는 객관적인 정보를 구하기 위해서는 공신력 있는 기관의 정보를 탐색한다. 자신이 좋아하는 일이 무엇인지 명확하지 않거나 자신의 선호와 능력에 대한 판단도 확신할 수 없을 때는 성격검사, 적성검사, 직무능력검사 등 자신을 객관적으로 파악하는 검사를 먼저 시도해보자. 이 단계에서는 학교의 취업지원부서를 찾거나 입학과 동시에 취업지원시스템을 이용할 수 있다([그림 8-5], [그림 8-6] 참조). 또한 정부와 각 지방자치단체의 진로정보 및 고용정보 시스템을 통해 진로 상담, 심리검사, 직종 안내 등을 받을 수 있다([그림 8-7], [그림 8-8], [그림 8-9] 참조).

이와 같은 탐색과정을 거쳐 적합한 직업을 선택 했다면 직업 찾기가 끝났다고 생각할 수 있다. 그러나 선택한 직업에 대한 도전은 이제 시작이다. 즉, 직업을 선택한 후에는 어느 직장에 지원할 것인가, 지원할 때는 어떤 지원서를 제출하고 어떻게 준비해야 하는가를 고민할 단계이다. 그러므로 자기소개서와 이력서를 준비하는 것부터 시작해보자.

- 자신이 원하는 직업목록 작성
- 부모, 교사, 친척 등 주변 사람들이 권했던 직업목록 추가
- 인터넷 등 기타 정보원을 통해 알게 된 직업목록 추가
- 관심 있는 직업에 관련된 세부적인 직업정보 탐색
- 자신의 선호, 능력, 가치관 등과 부합여부 확인
- 위의 과정을 통해 자신에게 적합한 3개의 직업을 잠정적으로 선택
- 자기소개서와 이력서 작성

아직 자기소개서나 이력서에 쓸 만한 경험, 취득한 자격증과 봉사활동, 특이한 경력 등이 많지 않다면 졸업을 앞둔 시점에서 '미래의 나의 직장'에 지원할 때 내가 기재하기를 희망하는 미래의 자기소개서와 이력서를 써두자. 현재 또는 미래의 나를 나타내 줄 이력서는 내가 살아온 이력이자 내가 앞으로 살아갈 이력이기 때문이다.

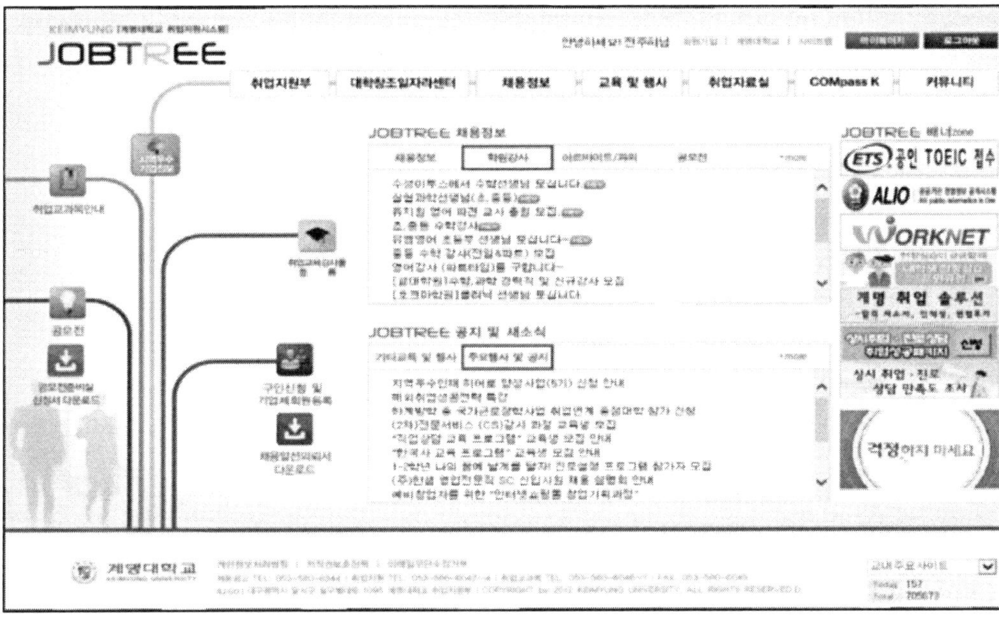

출처: https://jobs.kmu.ac.kr/main.do

[그림 8-5] 계명대학교 취업지원시스템(JOBTREE)

출처: https://jobs.kmu.ac.kr/compassK.do?method=compassK

[그림 8-6] 계명대학교 계명인재역량관리시스템(Compass-K)

출처: http://www.work.go.kr/seekWantedMain.do

[그림 8-7] 고용노동부 고용정보시스템 워크넷

출처: http://www.career.go.kr/cnet/front/main/main.do

[그림 8-8] 교육부 진로정보망 커리어넷

출처: http://www.keis.or.kr/main/index.do

[그림 8-9] 한국고용정보원

3. 셀프리더십 –'미래의 나'로 '현재의 나'를 리드 한다

1절과 2절에서 소개한 내용은 소비자정보학 전공자가 진출할 수 있는 진로와 그중 자신이 원하는 진로 및 구체적인 직업을 찾기 위한 정보에 해당한다. 그러나 아직 원하는 진로나 희망하는 직업에 대한 확신이 없다면 또는 탐색하는 과정을 더 필요로 한다면 보다 근원적으로 접근해보자. 인생의 비전(vision)에 대해 고민해보자. 처음 가는 등산길에서 산의 어디까지 올라왔는지, 올바른 길을 가고 있는지 잘 알 수가 없다. 숲 속에서 잠시 나와 내가 올라야 할 정상이 어디인지, 어떤 길로 가야할 지 알아보는 시간을 가져보자.

1) 비전이란?

우리는 '비전이라는 말을 자주 듣는다. 청년들에게 '비전을 가져라' 라고 조언하기도 하고, 잘 될 것 같은 일이나 평판이 좋은 직업에 대해 '비전 있다'고 표현하기도 한다. 산을 오를 때 정상이라는 목표가 있듯이 삶에도 정상이 있다. 그 정상이 바로 '비전(vision)'이다. 내가 가야 할 정상은 바로 '미래의 나'이다. '미래의 나'라는 비전을 세우려면 그만한 공간과 시간이 필요하다. 또한 그런 비전을 보려면 그만큼 멀리 떨어져야 한다. 멀리 떨어져서 나를 객관적으로 보아야 하며, 이를 위한 작업이 2절에서 다룬 '직업 찾기'의 과정이라고 할 수 있다.

비전은 흔들리지 않는다. 빅터 프랭클(Viktor Frankl) 박사는 독일계 유태인 정신과 의사로 나치의 유태인 수용소에서 살아남은 몇 안 되는 생존자 중의 한 사람이다. 그가 수용소의 극한 고통과 절망적 상황에서도 생존할 수 있었던 이유는 나치의 잔혹함을 고발하고 인류에게 경종을 울리는 꿈과 소명을 비전으로 세웠기 때문이다. 이러한 비전으로 매일 매일 죽음에 직면하는 공포와 절망을 견딜 수 있었으며, 이때의 경험을 "삶의 의미를 찾아서", "죽음의 수용소에서" 등의 책으로 펴내고 강연을 통해 세상에 알리는 실천을 하였다. 그는 강연에서 '언젠가 나치 강제수용소에서 살아 나가 나치의 실상을 말할 날이 있기를 꿈꿔 왔으며, 그 꿈 안에서 낯 선 곳, 낯 선 사람들 앞에서 강연하는 자신의 모습을 천 번도 더 그렸다'고(빅터 프랭클 저, 이시형 역, 2010) 말하였다.

비전은 더 높은 곳을 향하는 것이다. 바람직한 것을 적극적으로 추구하는 것이다. 높기 때문에 낮은 '현재'를 끌어올릴 수 있다. '미래의 나'가 '현재의 나'를 이끌어야 한다.

2) 비전(Vision)과 꿈(Dream)

꿈★은 이루어진다.

'꿈★은 이루어진다'는 2002년 월드컵 개최 당시 우리나라의 우승을 바라는 염원을 담은 캐치프레이즈였다. 사람은 믿는 대로 정말 그렇게 된다는 이론이 있다. 성취에 대한 강한 믿음이 실제로 현실로 나타나는 현상을 자기 성취적 예언(self-fulfilling prophecy) 또는 자기 충족적 예언이라고 한다. 그만큼 자신에 대한 믿음이 중요한 동기가 된다. 그러나 행동이 뒤따르지 않는 꿈은 환상이다. 강한 믿음과 함께 강한 실행이 있어야 비전이 실현된다. 행동이 따르지 않는 비전은 꿈에 지나지 않으며, 비전이 없는 행동은 소일하는 것에 지나지 않으며, 행동이 따라주는 비전일 때 꿈은 실현되는 것이다.

비전의 실현을 위해서는 단계 단계의 목표가 있고 그 목표를 달성하기 위한 행동들이 따른다. 목표는 비전의 수단이다. 수단이 제대로 갖추어지고 뒷받침될 때 비전이 실현될 수 있다. 비전을 세웠다면 비전에 한 발씩 다가가기 위해 목표를 세우고 목표에 따라 실행해야 할 것이다.

3) 셀프리더십(self leadership)

셀프 리더는 적극적이고 긍정적인 비전을 통해 스스로를 관리하는 사람이다. 셀프리더가 갖추어야 할 리더십, 즉 셀프리더십은 머리로 아는 것, 가슴으로 느끼는 것, 몸으로 행하는 것을 균형 있게 개발시켜 나가는 것이다.

'머리로 아는 것'이란 객관적 상황에 대해 올바로 알고, 나의 통찰력과 창의적인 사고능력을 동원해 인지하고, 생각하고, 판단하는 일이다. '가슴'에서는 정, 애정과 열정, 감사함, 동정심, 아낌, 친절, 이해심, 즉 사랑이 나온다. 셀프리더는 순수한 가슴에서 나오는 사랑이 있어야 한다. '몸'을 잃으면 모두를 잃는다. 그러므로 몸에 대한 집착이 클 수밖에 없다. 몸에 대한 집착, 생명에의 집착은 죽음 또는 신변에 대한 두려움을 야기한다. 뿐만 아니라 몸에 가지고 있는 본능이 강하게 작용하는 경우도 있다. 편안함과 쾌락을 추구하는 것이다. 셀프리더는 우리 몸의 한계를 자각하면서 몸에서 나오는 에너지를 잘 쓸 수 있는 사람이다.

셀프리더십은 생각하고 느끼고 말하는 것을 실제 몸, 행동으로 옮기는 것이며, 행동으로 옮기는 데는 용기와 결단, 의지, 신념이 필요하다. 이러한 용기와 의지, 신념에는 머리와 가슴의 올바른 판단과 사랑이 함께 해야 한다. 셀프리더십으로 자신을 이끄는 사람은 미래의 비전을 실현할 수 있다.

더 생각해보기

- 나의 진로가계도에서 내가 원하는 직업과 동일하거나 가장 유사한 직업을 가진 가족원을 만나 직업을 갖기 전 원했던 일과 현재 직업에 차이가 있는지 인터뷰를 통해 알아보자. 만약 차이가 있다면 왜 원했던 일을 선택하지 못했는지 들어보고, 나의 경우 어떤 선택을 할 것인지 생각해보자.
- 학과의 선배들이 재학 중 취득했던 자격증에 대해 알아보자. 어떤 과정을 통해 특정 자격증을 취득하기로 결정했으며 자격증 취득이 취업에 도움이 되었는지 조언을 구해보자.

참고문헌

<국내문헌>

- 고대균·여정성(2014), 소비자의사결정과정에서의 구매고민, 한국소비자학회 2014년 춘계 학술대회, 2014. 5, 233-237.
- 국가법령정보센터(1987), 소비자보호법.
  http://www.korealaw.go.kr/lsInfoP.do?lsiSeq=7014&chrClsCd=010204#0000
- 국민연금(2017), 노후 30년, 지금부터 준비.
  http://news.nps.or.kr/newshome/mtnmain.php?mtnkey=articleview&mkey=scatelist&mkey2=3&aid=579
- 국립특수교육원(2009), 특수교육학 용어사전, 하우.
- 금융위원회(2012), 똑똑한 금융내비게이션, 2012. 5. 17.
  https://www.fsc.go.kr/policy/ply_rest_view.jsp?bbsid=BBS0030&page=4&sch1=&sword=&r_url=&menu=7310300&no=28678
- 기획재정부(2010), 시사경제용어사전, 대한민국정부.
- 김기옥·정순희·허경옥·김혜선(2012), 시장경제와 소비자, 교문사.
- 김기홍(2017), 디지털경제 3.0, 제3판, 법문사.
- 김경자(2010), 우리나라 소비문화와 소비트렌드 연구의 동향과 전망, 소비자학연구, 21(2), 115-139.
- 김상욱(2004), 교육평가용어사전, 학지사.
- 김상현·한동철(2012), 유통관리, 이프레스.
- 김승권·박종서·김유경·김연우·최영준·손창균·윤아름(2012), 2012년 전국 결혼 및 출산 동향 조사, 보건복지부 정책보고서 2012-88.
  https://www.kihasa.re.kr/common/filedown.do?seq=16475
- 김영신·박지영(2005), 소비자사회화 관점에서 본 대학생소비자의 의사결정 스타일, 한국가정관리학회지, 23(3), 77-91.
- 김영신·이승신·이희숙·김인숙(2015), 소비자법과 정책, 교문사.
- 김재휘(2013), 설득 심리 이론, 커뮤니케이션북스.
- 김현용(2012), 재무설계학교, 프로방스.
- 경향신문(2007), 베이컨 '귀납법'.

http://news.khan.co.kr/kh_news/khan_art_view.html?artid=200710090936461&code=900314#csidx48465b7ce31ca0e95bf771c4b46469f

- 권오상(2014), 노벨상과 수리공, 미래의 창.
- 남경태(2006), 개념어사전, 들녘.
- 노규성·김의창·문용은·박경혜·박기호(2013). 스마트시대의 전자상거래, 생능출판사.
- 동아닷컴(2016). 포장 제로마켓의 적당한 불편. 2016년 11월 18일. http://news.donga.com/3/all/20161118/81405506/1
- 대한민국정부(2010), 시사경제용어사전, 기획재정부.
- 디지털데일리(2016), 노후 대비에 제격인 비과세연금보험, 수령액 비교하는 방법은? 2016년 8월 31일. http://www.ddaily.co.kr/news/article.html?no=146856
- 로버트 메이어(Mayer, Robert)(1989), 이기춘, 여정성, 조은정, 조유현 옮김(1996), 소비자주의 -시장을 지키는 파수꾼-, 도서출판 하우.
- 매일경제(2016), 일본 마이너스 금리 도입…예금하면서 수수료내는 것, 2016년 1월 30일. http://news.mk.co.kr/newsRead.php?no=86087&year=2016
- 머니투데이(2016), 2017년에는 '적당히 불편한 사람들이 행복하다?' 2016년 11월12일. http://news.mt.co.kr/mtview.php?no=2016110909511344002&outlink=1&ref=http%3A%2F%2Fsearch.naver.com
- 미래와 경영연구소(2006), NEW 경제용어사전, 미래와경영.
- 민경찬·차봉수(2011), 성공하는 창의적 상품개발 WHAT&HOW, 좋은땅.
- 박가열·강경균·김동규·박성원·이 랑·황윤하·전효리·손양수(2017), 2030 미래 직업세계 연구Ⅱ, 한국고용정보원 연구보고서.
- 박명희, 박명숙, 제미경, 박미혜, 정주원, 최경숙(2013), 가치소비시대의 소비자의사결정. 교문사.
- 박봉두·박종희·노정구·김상조·문성암·성 민(2016), 디지털시대의 유통론, 한경사.
- 박선영(2017), 핀테크 시대의 금융소비자 보호: 문제점과 검토사항, KRI 리포트, 2017년 1월 23일, 포커스.
- 박병률(2014), 영화속 경제학, 원앤원북스.
- 박주희·안재두(2006), 고객서비스, 도서출판 대명.
- 박종희·김용대(2015), 차세대 사회과학을 위한 리서치방법론의 교육과 역량강화, 서울대학교 사회과학대학 설립 40주년 기념 심포지움.
- 박찬수(2008), 마케팅원론, 제3판. 법문사.
- 박찬수(2014), 마케팅 원리, 법문사.
- 박혜정(2005), 고객서비스 실무, 백산.
- 보건복지부(2015), 최저생계비 보도자료, 2014년 8월 29일.

- 빅터 프랭클 저, 이시형 역(2010), 죽음의 수용소에서, 청아출판사.
- 백만기의 아름다운은퇴연구소(2016), 결혼비용, 집 다음으로 돈 많이 들어가는 곳, 2016년 2월 2일.
  http://blog.joins.com/media/folderlistslide.asp?uid=cafe&list_id=13823279
- 송보경·김재옥(1987), 소비자운동－저항인가 협력인가－, 소비자문제를 연구하는 시민의 모임.
- 송인숙(1999), 소비자학 연구, 우리는 어디에 와 있는가?, 한국가정관리학회 제26차 학술대회 발표.
- 송인숙·이은희(1996), 소비자상담사 교육프로그램에 관한 연구－필수 이수교과목의 교과내용과 현장실습교육을 중심으로－, 대한가정학회지 34(3), 1－12.
- 시니어오늘(2016), 2015년 한국인 기대수명 82.3세, 건강수명 73.2세, 2016년 5월 23일,
  http://www.seniortoday.co.kr/news/articleView.html?idxno=1584
- 서울경제 (2017). [100세시대 동반자 퇴직연금]은퇴자금 5억 4,300만원 필요...30년간 매달 126만원 모아야, 2017년 2월 26일.
  http://www.sedaily.com/NewsView/1OC8TYLCAZ
- 서울대학교 교육리서치소(1995), 교육학 용어사전, 하우동설.
- 세계일보(2017). 포장 제로마켓 확산... 소비자들도 '엄지 척', 2017년 4월 6일.
  http://www.segye.com/content/html/2017/04/06/20170406002999.html?OutUrl=naver
- 안광호·조재운·한상린(2010), 유통원론, 학현사.
- 조선비즈(2017. 5. 16), '무료도서관' 반갑네.
  http://biz.chosun.com/site/data/html_dir/2017/05/15/2017051502909.html
- 오혜영(2014), 트렌드연구를 활용한 상품 및 서비스 기획실무, 교문사.
- 이기춘·송인숙·김경자·이은희(1995), 소비자상담사 제도화를 위한 연구－제도의 필요성과 타당성분석에 따른 방안 제시－, 대한가정학회지 33(6), 149－161.
- 이기춘·박명희·윤정혜·손상희·김경자·성영애(2009), 소비자재무설계론, 학현사.
- 이기춘·여정성·최현자·김난도·나종연(2007), 소비자학의 재조명과 조망: 학부교육을 중심으로, 소비자학연구, 18(4), 93－111.
- 이기춘·윤정혜(1998), 가정경제학, 한국방송대학출판부.
- 이기춘·박명희·이승신·송인숙·이은희·제미경(2012), 소비자상담의 이론과 실무, 학현사.
- 이경희·곽인숙·김순미, 홍성희·김혜연·고선강(2010), 생활경영: 자기개발을 위한 워크북, 시그마프레스.
- 이경탁·구동모·노미진(2011). 소비자의 지각된 가치가 소셜커머스 이용의도에 미치는 영향, 아시아마케팅저널, 13(3), 135－161.
- 이뉴스투데이(2017), 금융약자 20대 청년, 大졸업 전부터 파산 위기에 신용불량자 전락, 2017년 2월 16일.

http://www.enewstoday.co.kr/news/articleView.html?idxno=1006753
- 이기춘 외 15인(2001), 소비자학의 이해, 교문사
- 이수동, 여동기(2015), 소매경영, 학현사.
- 이승신(1999), 21세기의 소비자문제 해결을 위한 소비자정책, 한·일 소비자정책 국제포럼 자료집, 한국소비자보호원·일본국민생활센터.
- 이신철(2009), 칸트사전, 도서출판 B.
- 이유재(2012), 서비스마케팅, 3판, 학현사.
- 이와마 히토시 김정명(2010), 상품개발력을 기른다, 시식공각소.
- 이장호·정남운·조성호(1999), 상담심리학의 기초, 학문사.
- 이종수(2009), 행정학 사전, 대영문화사.
- 이정숙(1993), 현대가족의 변화와 가족생활주기에서 본 한국가족문제, 호남대학교, 172-187.
- 이뉴스투데이(2017), 금융약자 20대 청년, 大졸업 전부터 파산 위기에 신용불량자 전락, 2017년 2월 16일.
  http://www.enewstoday.co.kr/news/articleView.html?idxno=1006753
- 우용표(2016), 월급쟁이 재테크 상식사전, 길벗.
- 앰브레인트렌드모니터(2015), 금리 1%시대, 저축중심에서 소비패턴변화로.
  http://hybrid-lab.tistory.com/300
- 유동운(2006), 소비자 경제심리의 법칙, 북코리아.
- 유영진(2012), 복지국가 재정전략, 대영문화사
- 연합뉴스(2016), 신혼부부 결혼비용 2억 7천민원…1년새 3천600만원 늘어, 2016년 2월 1일.
  http://www.yonhapnews.co.kr/bulletin/2016/02/01/0200000000AKR20160201096300030.HTML
- 조선일보(2013), 꿈같은 이자 20~30% 재형저축, 80년대 중산층을 만들어낸 힘, 2013년 3월 16일.
  http://businessnews.chosun.com/site/data/html_dir/2013/03/16/2013031600274.html
- 조선일보(2017), '고령사회' 1년 일찍 왔다, 2017년 2월 22일.
  http://news.chosun.com/site/data/html_dir/2017/02/22/2017022200221.html
- 조선일보(2017), 美는 바로 상담원 한국은 10단계 미로...분통터지는 ARS. 2017년 5월 26일.
  http://news.chosun.com/site/data/html_dir/2017/05/25/2017052503077.html
- 전국투자자교육협의회(2009), 단기 금융상품 소개.
  https://www.kcie.or.kr/content/monthly/2009/guide_05_02/images/Guide_05_02.pdf
- 채서일(2015), 사회과학조사방법론, 비앰엔북스.
- 최은숙·이기춘·박명희·김기옥·윤정혜(1990), 소비자학의 성립과 연구영역, 소비자학연구, 1(1), p.23.
- 파이낸셜뉴스(2016), 기업 2곳 중 1 곳 정년제 실시..정년 연령 평균 '59세'. 2016년 12월 15일.
  http://www.fnnews.com/news/201612151041569187

- 하지철(2010), 마케팅 조사 실무노트 1, 이담북스.
- 한국금융신문(2017), 은행 정기예금 최고금리 연 1.9%, 2017년 5월 7일.
  http://www.fntimes.com/paper/view.aspx?num=180320
- 한국금융투자협회(2016), 표준투자권유준칙, 2016년 5월 7일.
  http://law.kofia.or.kr/service/law/lawFullScreenContent.do?seq=149&historySeq=428
- 한국교육심리학회(2000), 교육심리학용어사전, 학지사.
- 한국경제(2011), 신용등급 하락의 주범 '대출·카드 연체'. 2011년 4월 5일.
  http://www.hankyung.com/news/app/newsview.php?aid=2011040421671
- 한국경제(2016), 한국, 직장인 행복지수 최하위권 "세계 57개국 중 49위", 2016년 12월 3일.
  http://hei.hankyung.com/news/app/newsview.php?aid=201612036455H
- 한국경제(2017. 4. 4), 롯데, 인공지능·옴니채널로 '스마트 쇼핑' 선도.
  http://www.hankyung.com/news/app/newsview.php?aid=2017040393301
- 한국경제(2017), 고령화도 '빨리빨리'…미국 73년 걸린 고령사회 진입, 한국은 17년, 2017년 4월 6일.
  http://www.hankyung.com/news/app/newsview.php?aid=2017040609881
- 한국 AFPK(2017), 재무설계 개론, 한국 FPSB.
- 한국소비자원(2014), '한국인의 소비자역량 지수 조사' 보도자료 2014년 8월 21일.
- 한국인터넷 진흥원(2017), 인터넷 사용인구실태조사 자료.
  http://isis.kisa.or.kr/statistics/?pageId=020202.
- 한국은행(2014), 신용관리에 대해 알아야할 5가지, 한국은행 커뮤니케이션국 뉴미디어팀.
  http://m.bokeducation.or.kr/pdf/adult/trust5.pdf
- 한경닷컴(2016), 행동경제학, 한국경제용어사전.
  http://terms.naver.com/entry.nhn?docId=2067091&cid=50305&categoryId=50305
- 한겨레(2005), 소비예산 세워 지출관리를, 2005년 3월 7일.
  http://www.hani.co.kr/arti/economy/finance/16152.html#csidx2dc610e947ba585b80ebef84a9da39d
- 한화생명 공식블로그(2013), 신용카드 활용백서! 고수들의 카드 사용팁.
  http://www.lifentalk.com/346
- 황지은·오유미(2014), 한국 담배규제 정책의 평가 : 담배규제정책 전문가 의견 조사를 토대로. 보건행정학회지, 24(4), 342－348.
- 황하진·고일상·박경혜(2010), 전자상거래와 e－비즈니스, 경문사.
- 홍성열(2010), 사회과학도를 위한 연구방법론, 시그마프레스.
- 홍연금·송인숙(2010), 우리나라 윤리적 소비자에 대한 사례연구, 소비문화리서치, 13(2), 1－25.
- 황지은·오유미(2014), 한국 담배규제 정책의 평가 : 담배규제정책 전문가 의견 조사를 토대

로. 보건행정학회지, 24(4), 342-348.
- 허경옥·김혜선·정순희·김정훈(2005), 소비자상담의 실제, 시그마프레스.

<인터넷자료>

- 계명대학교 교직과정
  http://web.kmu.ac.kr/teach/
- 계명대학교 취업지원시스템
  https://jobs.kmu.ac.kr/main.do
- 계명인재역량관리시스템
  https://jobs.kmu.ac.kr/compassK.do?method=compassK
- 다음 자동차 비교
  http://search.daum.net/search?w=tot&DA=YZR&t__nil_searchbox=btn&sug=&sugo=&q=%EC%9E%90%EB%8F%99%EC%B0%A8+%EB%B9%84%EA%B5%90
- 신한금융투자
  https://open.shinhaninvest.com/open/place/task/invest_info.html
- 위키피디아 https://en.wikipedia.org/wiki/1936_Summer_Olympics
- 워크넷
  http://www.work.go.kr/seekWantedMain.do
- 한국고용정보원
  http://www.keis.or.kr/main/index.do
- 한국갤럽
  http://www.gallup.co.kr/gallupdb/reportDownload.asp?seqNo=252
- 한국소비자원 국제거래 소비자포털
  http://crossborder.kca.go.kr
- 한국소비자원
  www.kca.go.kr
- 한국소비자원
  http://www.kca.go.kr/brd/m_32/view.do?seq=2240&multi_itm_seq=0
- 커리어넷
  http://www.career.go.kr/cnet/front/main/main.do
- OECD(Better life Initiative : BLI)
  http://www.oecd.org/statistics/datalab/bli.htm
- UN, 유엔도 2006년부터 '인간개발지수(Human Development Index: HDI)'
  http://hdr.undp.org/en/content/human-development-index-hdi
- https://uwaterloo.ca/canadian-index-wellbeing/

<통계자료>

- 통계청「2014 사회조사」, 원자료.
- 통계청「인구동태통계연보(혼인 · 이혼편)」각년도.
- 통계청「인구동태통계연보(총괄 · 출생 · 사망편)」각년도.
- 통계청「2015 한국인의 사회지표 보도자료.
- 통계청「가계동향조사」각년도.
- 통계청「사회조사보고서」각년도.
- 통계청「2015 초중고 사교육비조사」.
- 한국은행「국민계정」각년도.
- 통계청, 2014 전자상거래규모 및 사이버쇼핑 동향.

<해외문헌>

- Ajzen, I.(1991), The Theory of Planned behavior. Organized Behavior and Human Decision Process, 50(2), 179–211.
- Becker, Gary S.(1965), A Theory of the Allocation of Time. *Economic* Journal, 75(299), 493-515.
- Becker, Gary S.(1973), A Theory of Marriage: Part I. *Journal of Political Economy*, 81(4), 813-846.
- Becker, Gary S.(1974), A Theory of Marriage: Part II. *Journal of Political Economy*, 82(2, pt 2):511-26.
- Berk, RA.(1980), *The New Home Rconomics: An Agenda for Socialogical Research*, Berk Sarah ed. Women and Household Labor, Sage.
- Bryant, W.K.(1990), The Economics Organization for the Household, NY: Cambridge University Press.
- Ehrenberg R. C., & Smith, R. S.(2012), *Modern Labor Economics,: Theory and Policy*, 11th ed., Prentice Hall.
- Fishbein, M., & Ajzen, I.(1975), Beliefs, Attitudes, Intention, and Behavior: An introduction to theory and research. Reading, MA: Addison–Wesley.
- Heider, F.(1958), The Psychology of Interpersonal Relations. New York: Wiley.
- Song, J., M. Kim, & Bhattacherjee, A.(2014), Social Science Research. Principles Methods and Practice.
- Jones, E. E., & Harris, V. A.(1967), The attribution of attitudes. Journal of Experimental Social Psychology, 3(1), 1–24.
- Klaus Schwab(2016), 클라우스 슈밥의 제4차 산업혁명, 송경진 역, 새로운 미래.
- Kotler, Philip(2012), 마케팅관리론, 윤훈연 역, Pearson.

- Lancaster, K.J.(1971). Consumer demand: A new approach. New York.
- Lucas, R.W.(1998), 고객서비스 어떻게 할 것인가, 이승신 외 역, 도서출판 석정.
- Shaun Smith, Joe Wheele(2003), 브랜드 가치를 높이는 고객경험, 정우찬 역, 다리미디어.
- The Science Times(2017), 돈으로 행복을 살 수 있을까? 2010년 8월 13일.
- http://www.sciencetimes.co.kr/?news=%EB%8F%88%EC%9C%BC%EB%A1%9C-%ED%96%89%EB%B3%B5%EC%9D%84-%EC%82%B4-%EC%88%98-%EC%9E%88%EC%9D%84%EA%B9%8C
- The Wall Street Journal (2014). Can Money Buy You Happiness? November 10, 2014. https://www.wsj.com/articles/can-money-buy-happiness-heres-what-science-has-to-say-1415569538?mod=trending_now_4
- Trading Economics.com(2017), South Korea Interest Rate. http://www.tradingeconomics.com/south-korea/interest-rate

찾아보기

기타

[저자 약력]

이 종 희

고려대학교 가정교육과 졸업
The Ohio State University, Consumer Sciences 박사
현) 계명대학교 소비자정보학과 조교수

홍 성 희

이화여자대학교 가정관리학과 졸업
이화여자대학교 가정관리학과 박사
현) 계명대학교 소비자정보학과 교수
　　한국가족자원경영학회장

주요 저서
공저(2010), 생활경영, 자기개발을 위한 워크북, 시그마프레스

김 민 정

서울대학교 가정관리학과 졸업
서울대 소비자학과 박사
전) 소비자정책교육학회장
현) 계명대학교 소비자정보학과 교수

주요 저서
소비트렌드와 소비문화

김 성 숙

서울대학교 가정관리학과 졸업
서울대 소비자아동학과 소비자학 박사
전) 한국소비자원 선임연구원
현) 계명대학교 소비자정보학과 교수

주요 저서
공저(2015), (소비자와 함께하는) 소비자법과 정책, 교문사
공저(2011), 위험사회를 사는 소비자와 생활안전, 도서출판 대영문화사

새로운 소비자정보학

초판인쇄　2017년 6월 15일
초판발행　2017년 6월 20일

지은이　이종희 · 홍성희 · 김민정 · 김성숙
펴낸이　박노일

총괄기획　김중용 · 최준규
편　집　심성보 · 김인숙

펴낸곳　pnc publishing and culture 피앤씨미디어
경기도 고양시 일산동구 강송로 153 310-1501
등록 제396-2012-000203호
전　화　070)7550-3758　팩　스　02)718-8554
홈페이지　www.pncmedia.co.kr　이메일　pnc@pncmedia.co.kr
ISBN　979-11-5730-419-6　93320

※ 무단복사 및 전재를 금합니다. 파본 및 낙장본은 교환하여 드립니다.

정 가　15,000원